브랜드만족
1위
박문각

2025

국가직 소방 공무원 시험대비

박문각
공무원

단원별 문제집

정태화
소방학개론

정태화 편저

KB021479

단원별
500제

최신 출제경향을 반영한 단원별 문제집
2025 국가직 소방 공무원 대비 최적화 교재

애영상 강의 www.pmg.co.kr

박문각

이 책의 **머리말**

2023년부터는 소방학개론의 문항수가 25문항으로 늘어남에 따라 보다 폭넓은 범위에서 다양한 문제가 출제될 것으로 예상됩니다. 기존의 기출문제 중에서 수험생들이 어렵다고 느끼는 대부분이 소방기술사 또는 위험물기능장에서 이미 출제되었던 부분으로 이전에도 간혹 출제되었습니다.

이러한 출제경향에 따라 소방공무원용 소방학개론도 점차 해당 내용까지 추가되어 시험에 나올 것으로 예측됩니다. 따라서 2025년 소방학개론의 시험대비를 위해서 학습해야 할 범위가 점차 확대되고 있습니다.

본 교재는 유사 유형의 문제를 단원별로 비교해서 반복적으로 풀어 봄으로써 그동안 익혔던 이론들을 적용하고 부족한 부분은 파악하여 보충할 수 있는 시간을 충분히 가질 수 있는 공부법으로 구성되어 있습니다.

소방학개론 단원별 500제를 제대로 완벽하게 반복하여 풀고 이해한 후 시험에 임한다면 원하는 점수 이상의 득점이 가능할 것이라고 확신합니다.

이제는 고득점을 노려야 하는 사정상 단원별 문제를 기반으로 다양한 문제풀이를 통해 실전 적응력을 최대치로 향상시키길 바랍니다.

수험생 여러분들의 합격을 기원합니다.

정태화 편저

소방직 시험 절차 안내 ✦

❶ 1단계 : 필기시험

(1) 시험과목 및 시간

구분	시험시간	시험과목		
공채	10:00~11:15 (75분)	소방학개론(25문항), 소방관계법규(25문항), 행정법총론(25문항)		
경채	10:00~11:05 (65분)	일반	소방학개론(25문항), 소방관계법규(40문항)
		구급	소방학개론(25문항), 응급처치학개론(40문항)
		화학	소방학개론(25문항), 화학개론(40문항)
		정보통신	소방학개론(25문항), 컴퓨터일반(40문항)

(2) 필기시험 절차 : 출제문제 공개 및 이의제기 → 채점 및 이의제기 → 필기시험 합격자 공고

(3) 필기시험 합격자 공고 : 필기시험 매 과목 40% 이상, 전 과목 총점의 60% 이상의 득점자 중 아래의 배수 범위에서 시험성적을 고려하여 높은 점수를 받은 사람부터 차례로 결정한다.

분야	공채		경채	
	선발예정인원	합격자 배수	선발예정인원	합격자 배수
필기시험 합격자 배수	1~10명	3배수	1명	3명
	11~20명	2.5배수	2명	8명
			3명	8명
	21~50명	2배수	4명	9명
			5명	10명
	51명 이상	1.5배수	6~50명	1.8배수
			51명 이상	1.5배수

❷ 2단계 : 체력시험

(1) 시험종목 : 악력, 배근력, 앉아윗몸앞으로굽히기, 제자리멀리뛰기, 윗몸일으키기, 왕복오래달리기

※ 합격자 결정 : 6종목 총점(60점)의 50%(30점) 이상을 득점한 자

(2) 측정방법 : 「소방공무원 채용시험에 관한 예규」 별표 4 적용

※ 2025년 이후 체력시험 종목과 채점 방법 등은 변경 예정

(3) 체력시험 절차 : 도핑테스트 → 체력시험 합격자 공고

❸ 3단계 : 서류전형 / 신체검사

(1) 필기시험 합격자는 응시자격, 근무경력증명서, 운전면허증 등을 119고시 온라인으로 제출한다.

(2) 체력시험 합격자는 소방청장이 지정한 의료기관에서 신체검사를 받은 후 기한 내 '소방공무원 채용 신체검사서'를 제출한다.

소방직 시험 절차 안내

❹ 4단계 : 종합적성검사 / 면접시험

(1) 체력시험 합격자는 시 · 도별로 운영되는 종합적성검사를 받는다.

(2) 체력시험 합격자는 소방청 주관 통합시험에 따른 면접시험을 치른다.

구분	평정요소(5개 분야 50점)	S	A	B	C	D
발표면접	① 문제해결능력(10점)	10	8	6	4	2
	② 의사소통능력(10점)	10	8	6	4	2
인성면접	③ 소방공무원으로서의 공직관(10점)	10	8	6	4	2
	④ 팀워크 및 협업능력(10점)	10	8	6	4	2
	⑤ 침착성 및 책임감(10점)	10	8	6	4	2

(3) 합격자 결정 : 평정요소에 대한 시험위원의 점수를 합산하여 총점의 50% 이상을 득점한 사람을 합격자로 결정한다. 다만 시험위원 과반수가 어느 하나의 평정요소에 대해 40% 미만의 점수를 평정한 경우 불합격으로 한다.

❺ 최종합격자

(1) **최종합격자 공고** : 119고시에 공고하며, 시험단계별 성적 반영비율은 다음과 같다.

채용분야	시험방법	반영비율
공채	필기시험 + 체력시험 + 면접시험	50% + 25% + 25%
경채	필기시험 + 체력시험 + 면접시험	50% + 25% + 25%

(2) **최종합격자 결정**

　① 「소방공무원임용령」 제46조에 따라 최종합격자의 결정은 면접시험 합격자 중에서 시험단계별 취득성적에 반영비율을 적용한 합산점수(소수점 이하 둘째 자리까지 계산)가 높은 사람부터 차례로 선발예정인원에 달할 때까지 합격으로 한다.

　② 선발예정인원을 초과하는 동점자는 모두 합격으로 한다.

(3) **최종합격자 교육**

　① 교육장소 : 소방학교 및 교육대

　② 교육기간 : 입교일부터 약 6개월(교육기관 입교 시기는 시 · 도마다 다를 수 있다)

　③ 입교유예 : 병역의무의 수행, 부상, 질병의 치료, 임신·출산·육아 등의 불가피한 사유로 교육훈련을 시작하거나 계속하기 어려운 경우 교육훈련을 유예하거나 정지할 수 있다.

※ 추후에 발표되는 소방공무원 채용시험 시행계획 공고문을 통해 자세한 시험일정과 개정내용을 반드시 확인하시기 바랍니다.

정태화
소방학개론
단원별 500제

 박문각   www.pmg.co.kr

연소이론

01 다음은 연소에 관한 설명이다. 옳지 않은 것은?

① 연소란 빛과 발열반응을 수반하는 산화반응이다.
② 연소의 3요소란 가연물, 산소공급원, 점화원을 말한다.
③ 가연물, 산소공급원, 점화원, 연쇄반응까지를 연소의 4요소라 한다.
④ 산소는 가연물질로서 그 양이 많을수록 연소를 활성화시킨다.
⑤ 연소범위는 물질이 연소하기 위한 물적 조건과 관련이 크다.

⊙ 해설 | 산소는 조연성 물질이다.

02 연소에 관한 설명으로 옳지 않은 것은?

① 연소는 빛과 열의 발생을 수반하는 급격한 산화반응이다.
② 연소의 3요소로는 메탄, 수소, 라이터불이다.
③ 이황화탄소 기체는 아세틸렌 기체보다 위험도가 더 높다.
④ 가연물의 인화점이 낮을수록 연소 위험성이 커진다.
⑤ 열분해에 의해 산소를 발생하면서 연소하는 현상은 자기연소이다.

⊙ 해설 | 연소의 3요소는 가연물, 산소공급원, 점화원을 말하는데, 메탄과 수소는 가연물이며, 라이터불
은 점화원이다. 따라서 산소공급원이 없다.

03 다음 중 연소의 3요소를 모두 갖춘 것은?

① 휘발유, 공기, 수소
② 적린, 수소, 성냥불
③ 성냥불, 황, 염소산암모늄
④ 알코올, 수소, 무기과산화물
⑤ 라이터불, 염소, 산소

🎯 해설 연소의 3요소는 가연물, 산소공급원, 점화원이다. ③에서 성냥불은 점화원, 황은 가연물, 염소산
암모늄은 산소공급원이다. 염소산암모늄(NH_4ClO_3)은 분해되어 산소를 발생시키므로 산소공급
원이 될 수 있다. 참고로 제1류 위험물인 염소산염류($HClO_3$)의 지정수량은 50kg이다.
① 휘발유(가연물), 공기(조연성 : 산소공급원). 수소(가연물) : 점화원이 없다.
② 적린(가연물), 수소(가연물), 성냥불(점화원) : 산소공급원이 없다.
④ 알코올(가연물), 수소(가연물). 무기과산화물(조연성 : 산소공급원) : 점화원이 없다.
⑤ 라이터불(점화원), 염소(조연성 : 산소공급원), 산소(조연성 : 산소공급원) : 가연물이 없다.

> **더 알아보기 가연성 · 조연성 가스 암기법**
> ° 가연성 가스 : 수소, 일산화탄소, 천연가스, 암모니아, 부탄, 메탄, 에탄, 프로판 등
>   * 암기법 : 가수일천 암부메에프
> ° 조연성 가스 : 산소, 공기, 염소, 오존, 불소 등
>   * 암기법 : 조산공염오불

04 연소이론에 대한 설명으로 옳지 않은 것은?

① 목탄, 활성탄은 흡착열에 의하여 자연발화가 가능하다.
② 공기 중에 있는 가연성 가스 중 아세틸렌의 연소범위가 가장 넓다.
③ 증발연소하는 액체 가연물질로는 가솔린, 경유, 등유 등이 있다.
④ 물질이 공기 중에서 산소를 공급받아 산화를 일으키는 현상으로 외부의 점화원 접촉에
의해 연소를 시작할 수 있는 최저온도를 인화점이라 한다.
⑤ 고체, 액체, 기체의 연소에 있어 산소가 공급되는 방법에 따라 정상연소 또는 비정상연
소를 하게 된다.

🎯 해설 액체나 고체는 공기의 공급에 따라 주어진 산소의 양만큼만 연소하게 되므로 비정상연소가 일어
나지 않지만, 기체는 산소가 공급되는 방법에 따라 정상연소 또는 비정상연소를 하게 된다.

> **더 알아보기 정상연소와 비정상연소**
> ° 정상연소 : 가연물질의 연소 시 충분한 공기의 공급이 이루어지고 연소 시의 기상조건이 양호할
>   때에는 정상적인 연소가 이루어지므로 화재의 위험성이 적으며, 연소상의 문제점이 발생되지 않
>   는다. 연소장치 · 기기 및 기구에서의 열효율도 높으며, 연소가 일어나는 곳의 열의 발생속도와
>   방산속도가 서로 균형을 이루고 있다.
> ° 비정상연소 : 가연물질이 연소할 때 공기의 공급이 불충분하거나 기상조건이 좋지 않은 경우 정
>   상적으로 연소가 이루어지지 않고 이상 연소 현상이 발생되므로 화재의 위험성이 증가하며, 연소
>   상의 문제점이 많이 발생하므로 연료를 취급 · 사용하는 연소장치 · 기기 및 기구의 안전관리에
>   주의가 요구된다. 비정상연소는 폭발의 경우와 같이 연소가 격렬하게 일어나며, 이는 열의 발생
>   속도가 방산속도를 능가할 때 발생한다.

▌**정답** 01 ④ 02 ② 03 ③ 04 ⑤

05 연소점(fire point)에 대한 설명으로 옳은 것은?

① 가연물에 점화원을 제거한 후에도 계속적인 연소를 일으킬 수 있는 온도이다.

② 외부로부터 에너지를 받아서 착화가 가능한 가연물질의 최저온도이다.

③ 외부로부터의 직접적인 점화에너지 공급 없이 물질 자체가 스스로 착화되는 최저온도이다.

④ 물질의 위험성을 평가하는 척도로 쓰이며, 위험물안전관리법에서 석유류를 분류하는 기준으로도 사용된다.

⑤ 고체의 연소점은 물질에 따라 차이가 있지만, 액체는 인화점과 연소점이 같다.

🔍 **해설** | ② 외부로부터 에너지를 받아서 착화가 가능한 가연물질의 최저온도는 인화점이다.
③ 외부로부터의 직접적인 점화에너지 공급 없이 물질 자체가 스스로 착화되는 최저온도는 발화점이다.
④ 물질의 위험성을 평가하는 척도로 쓰이며, 위험물안전관리법에서 석유류를 분류하는 기준으로도 사용되는 것은 인화점이다.
⑤ 고체·액체의 연소점은 물질에 따라 차이가 있으며, 인화점보다 최소 10°C 이상 높다.

06 햇빛에 방치한 기름걸레가 자연발화하였다. 다음 중 이때의 원인에 가장 가까운 것은?

① 광합성작용　　　　　　　　② 산화열축적

③ 흡열반응　　　　　　　　　④ 단열압축

⑤ 중합열축적

🔍 **해설** | 기름걸레를 빨랫줄에 걸어 놓으면 산화열이 축적되지 않아 자연발화가 일어나지 않지만, 햇빛에 방치하면 산화열이 축적되어 자연발화를 일으킬 수 있다.

> **더 알아보기　자연발화열**
> ◦ 분해열 : 셀룰로이드, 나이트로셀룰로오스
> ◦ 산화열 : 건성유, 석탄, 원면, 고무분말
> ◦ 발효열 : 퇴비, 먼지, 곡물
> ◦ 흡착열 : 목탄, 활성탄
> ◦ 중합열 : 시안화수소, 산화에틸렌

07 **자연발화란 밀폐된 공간 등에서 외부로부터 점화원 등 인위적인 열의 공급을 받지 않고 온도가 상승하는 현상을 말하는데, 다음 중 자연발화의 조건이라고 볼 수 없는 것은?**

① 자연발화하기 위해서는 열전도율이 낮아야 하며 표면적이 커야 한다.
② 자연발화하기 위해서는 열의 축적이 용이해야 하고 수분이 없어야 한다.
③ 자연발화의 원인으로는 산화열과 분해열 등이 있으며, 황린은 자연발화 온도가 낮은 대표적 물질로서 습한 공기 중에서는 30℃ 이상이면 산화열에 의해 자연발화가 일어난다.
④ 자연발화의 방지법으로는 통풍이나 환기를 통해 열이 있는 실내의 공기유통이 잘 되게 하여 열을 분산시키고 습도가 높지 않도록 하는 것이 있다.
⑤ 자연발화의 원인 중 분해열은 물질이 분해할 때 발생되는 열을 축적함으로써 자연발화가 일어나며, 질산에스터류, 아세틸렌, 산화에틸렌 등이 있다.

해설 | 자연발화하기 위해서는 주위 온도가 높고 수분이 적당해야 한다(고온 · 다습).

08 **자연발화에 대한 설명으로 옳지 않은 것은?**

① 열축적이 용이할수록 자연발화가 쉽다.
② 열전도율이 높을수록 자연발화가 쉽다.
③ 발열량이 큰 물질일수록 자연발화가 쉽다.
④ 주위 온도가 높을수록 자연발화가 쉽다.
⑤ 적당한 수분이 있으면 자연발화가 쉽다.

해설 | 열의 축적이 용이하도록 열전도의 값이 작아야 한다.

09 **자연발화가 일어나는 물질과 대표적인 에너지원의 관계로 옳지 않은 것은?**

① 셀룰로이드 – 흡착열에 의한 발열
② 활성탄 – 흡착열에 의한 발열
③ 퇴비 – 미생물에 의한 발열
④ 먼지 – 미생물에 의한 발열
⑤ 건성유 – 산화열에 의한 발열

해설 | 셀룰로이드는 분해열에 의한 발열이 자연발화의 주원인이다.

정답 | 05 ① 06 ② 07 ② 08 ② 09 ①

10 다음 중 물질이 연소할 때 온도에 따른 연소불꽃의 색깔로 바르지 않은 것은?

① 암적색 : 700℃   ② 적색 : 850℃
③ 휘적색 : 950℃   ④ 황적색 : 1,100℃
⑤ 휘백색 : 1,300℃

💿해설 │ 휘백색일 때의 온도는 1,500℃이다.

더 알아보기 연소불꽃의 색상에 따른 온도

연소불꽃의 색	온도(℃)	연소불꽃의 색	온도(℃)
암적색	700	황적색	1,100
적색	850	백적색	1,300
휘적색	950	휘백색	1,500

11 불꽃연소는 가연물이 탈 때 움직이는 불의 모습을 갖는 연소이다. 액체와 기체는 불꽃연소를 하며, 고체는 불꽃연소를 할 수도 있고 불씨연소를 할 수도 있는데, 다음 중 불꽃연소에 해당하는 것은?

① 표면연소   ② 유염연소
③ 작열연소   ④ 응축연소
⑤ 심부화재

💿해설 │ • 불꽃연소 = 유염연소 = 표면화재 = 발염연소 = 화염연소
│ • 불씨연소 = 무염연소 = 표면연소 = 직접연소 = 백열연소 = 작열연소 = 응축연소 = 심부화재
│   = 훈소

12 가연성 물질이 되기 쉬운 조건에 해당하지 않는 것은?

① 열전도도 값이 작아야 한다.
② 연쇄반응을 일으킬 수 있어야 한다.
③ 활성화 에너지가 크고 발열량이 작아야 한다.
④ 조연성 가스인 산소와의 결합력이 커야 한다.
⑤ 산소와 접촉할 수 있는 비표면적이 커야 한다.

💿해설 │ 활성화 에너지가 작고 발열량이 커야 한다.

13 다음의 가연물 구비조건 중 그 위험성에 관하여 옳지 않은 것은?

① 온도는 높을수록 위험성이 증가하며, 낮을수록 위험성이 감소한다.
② 일반적으로 압력은 높을수록 위험성이 증가하며, 낮을수록 위험성이 감소한다.
③ 흡착열은 클수록 위험성이 증가하며, 작을수록 위험성이 감소한다.
④ 증기압은 높을수록 위험성이 증가하며, 낮을수록 위험성이 감소한다.
⑤ 점성은 높을수록 위험성이 증가하며, 낮을수록 위험성이 감소한다.

해설 | 점성은 낮을수록 위험성이 증가하며, 높을수록 위험성이 감소한다.

14 가연성 물질의 화재 위험성에 대한 설명으로 옳지 않은 것은?

① 비열과 비점이 작거나 낮을수록, 연소열과 발열량은 높을수록 위험하다.
② 가연성 액체의 경우 인화점이, 가연성 고체의 경우 발화점이 위험도의 기준이다.
③ 증발열과 융점은 작거나 낮을수록, 연소열과 연소속도는 크거나 빠를수록 위험하다.
④ 가연성 기체의 경우 연소범위는 아세틸렌이 가장 넓으나, 위험도는 이황화탄소가 더 높다.
⑤ 활성화 에너지와 화학적 활성도는 높을수록, 열전도율과 연소범위는 낮거나 좁을수록 위험하다.

해설 | 화학적 활성도와 연소범위는 높거나 넓을수록, 열전도율과 활성화 에너지는 낮을수록 위험하다.

15 가연물의 구비조건에 대한 설명으로 옳은 것은?

① 비열, 연소열, 비점이 작거나 낮을수록 가연물 구비조건이 좋다.
② 증발열, 연소열, 연소속도가 크거나 빠를수록 가연물 구비조건이 좋다.
③ 점성, 인화점, 발화점이 작거나 낮을수록 가연물 구비조건이 좋다.
④ 비중, 압력, 융점이 크거나 높을수록 가연물 구비조건이 좋다.
⑤ 증기압, 연소속도, 착화온도는 높거나 빠를수록 가연물 구비조건이 좋다.

정답 | 10 ⑤ | 11 ② | 12 ③ | 13 ⑤ | 14 ⑤ | 15 ③ |

🎯해설 ① 연소열은 클수록, 비열과 비점은 작거나 낮을수록 가연물 구비조건이 좋다.
② 증발열은 작을수록, 연소열과 연소속도는 크거나 빠를수록 가연물 구비조건이 좋다.
④ 압력은 높을수록, 액체가연물의 비중과 융점은 작거나 낮을수록 가연물 구비조건이 좋다.
⑤ 증기압은 높을수록, 연소속도는 빠를수록, 착화온도는 낮을수록 가연물 구비조건이 좋다.

16 가연물의 구비조건으로 위험성에 관하여 옳지 않은 것은?

① 가연성 기체의 화학적 활성도가 클수록 위험성이 크다.
② 가연성 액체의 발열량이 클수록 위험성이 크다.
③ 가연성 액체의 활성화 에너지가 작을수록 위험성이 크다.
④ 가연성 기체의 비중이 작을수록 위험성이 크다.
⑤ 가연성 고체의 비표면적이 클수록 위험성이 크다.

🎯해설 가연성 기체의 경우 비중은 무겁기도 가볍기도 하기 때문에 가연물 구비조건의 영향인자가 아니다. 단, 가연성 액체의 경우에는 비중이 작을수록 위험성이 증가한다.

17 가연물의 구비조건에 관한 설명으로 옳지 않은 것은?

① 산소와 화학적 친화력이 클수록 연소가 활발하다.
② 발열량이 크고 산소와 접촉하는 표면적이 커야 한다.
③ 활성화 에너지가 작을수록 연소가 활발하다.
④ 열의 축적이 용이하도록 열전도율이 높아야 한다.
⑤ 연쇄반응을 일으킬 수 있는 물질이어야 한다.

🎯해설 가연물의 구비조건을 갖추기 위해서는 내부열의 축적이 용이하도록 열전도율이 작아야 한다.

18 **연소범위에 대한 설명으로 옳지 않은 것은?**

① 산소농도가 높아지면 연소범위는 넓어진다.
② 불활성 가스의 농도가 높아지면 연소범위는 좁아진다.
③ 가연성 가스의 온도가 높아지면 연소범위는 넓어진다.
④ 가연성 가스의 압력이 높아지면 연소범위는 좁아진다.
⑤ 일산화탄소(CO)는 압력이 높아지면 연소범위는 좁아진다.

해설 연소범위(폭발범위 또는 가연범위)란 가연물이 기체 상태에서 공기 중 산소와 혼합하여 일정 농도 한계 내에서 연소를 일으킬 수 있는 분자의 유효충돌 횟수의 증가에 따른 혼합비율의 범위이다. 즉, 연소범위란 공기 중 연소에 필요한 혼합가스의 농도를 말한다. 일반적으로 가스압력이 높아질 때에는 범위의 하한계는 크게 변하지 않으나 상한값이 커지며 연소범위는 압력의 변화에 따라 차이가 있다. 압력을 대기압(상압, 1기압) 이상으로 증가시키면 연소범위가 일반적으로 넓어진다. 단, CO와 H_2는 예외이다.
• 일산화탄소(CO)의 연소범위는 압력이 높아지면 반대로 좁아진다.
• 수소(H_2)의 연소범위는 압력이 낮거나 높을 때 일시적으로 좁아진다.

19 **각 기체의 법칙에 대한 설명으로 옳지 않은 것은?**

① 보일의 법칙 : 일정한 온도에서 기체의 부피는 압력에 반비례한다.
② 샤를의 법칙 : 일정한 압력에서 기체의 부피는 절대온도에 반비례한다.
③ 보일・샤를의 법칙 : 일정량의 기체의 부피는 압력에 반비례하고, 절대온도에 비례한다.
④ 이상기체 상태방정식 : 이상유체란 실제유체를 비압축성이며 점성이 없다고 가정한다.
⑤ 아보가드로의 법칙 : 모든 기체는 같은 온도와 압력에서 같은 부피 속에는 같은 수의 기체입자가 들어 있다.

해설 샤를의 법칙에 의하면 일정한 압력에서 기체의 부피는 절대온도에 '비례'한다.

▌정답 | 16 ④ 17 ④ 18 ④ 19 ②

20 에너지는 그 형태가 바뀌거나 한 물체에서 다른 물체로 에너지가 옮겨갈 때에도 항상 전체 에너지의 총량은 변하지 않는다는 법칙은 무엇인가?

① 배수비례의 법칙　　　　　　　　② 일정성분비의 법칙
③ 에너지보존의 법칙　　　　　　　④ 열량보존의 법칙
⑤ 질량 – 에너지보존법칙

해설　에너지보존의 법칙에 대한 설명이다.

> **더알아보기　열과 에너지 등의 법칙**
> ○ 열량보존의 법칙 : 외부와의 열의 출입이 없을 때 고온의 물체가 잃은 열량과 저온의 물체가 얻은 열량은 서로 같다는 법칙을 말한다.
> ○ 에너지보존의 법칙 : 에너지는 그 형태가 바뀌거나 한 물체에서 다른 물체로 에너지가 옮겨갈 때에도 항상 전체 에너지의 총량은 변하지 않는다는 법칙을 말한다. 독일의 의사이자 물리학자 마이어에 의해서 확립되었고, 에너지불멸의 법칙이라고도 한다.
> ○ 일정성분비의 법칙 : 화합물을 이루고 있는 각 성분원소의 질량비는 일정하다는 법칙을 말한다. 즉, 순수한 화합물에 있어서 성분원소의 중량비는 항상 일정불변하다는 원칙이고, 정비례의 법칙이라고도 한다.
> ○ 배수비례의 법칙 : 두 가지 원소를 화합하여 두 가지 이상의 화합물을 만들 때, 한쪽 원소의 일정량에 대한 다른 원소의 양은 간단한 정수비를 이룬다는 법칙을 말한다. 영국의 돌턴이 제창하였다.
> ○ 질량 – 에너지보존법칙 : 질량 및 에너지는 한 상태에서 다른 상태로 변화될 수는 있으나, 그 총량에 있어서 어떠한 손실도 발생하지 않는다는 법칙을 말한다.

21 대류(convection)에 의한 열전달에 관한 일반적인 설명으로 옳은 것은?

① 고체 또는 정지 상태의 유체 내에서 매질을 통한 열전달을 말한다.
② 전도현상에 비해 가연성 고체에서의 발화, 화염확산, 화재저항과 관련성이 크다.
③ 원격 발화의 열전달로 작용하고 특히 플래시오버를 일으키는 조건을 형성한다.
④ 열복사 수준이 낮은 화재 초기 상태에서 중요한 현상으로 부력의 영향을 받는다.
⑤ 전달 열량은 온도차, 열전도도에 비례하고 물질의 두께에는 반비례한다.

해설　① 푸리에의 법칙(열전도에 있어서의 기본 법칙)에 대한 설명이다.
　② 전도현상에 비해 가연성 고체에서의 발화, 화염확산, 화재저항과 관련성이 작다.
　③ 열복사에 대한 설명이다.
　⑤ 고체의 전도현상에 영향을 미치는 조건에 관한 설명이다.

22 연소이론 및 열이론에 대한 설명으로 옳지 않은 것은?

① 온도가 높은 물체와 낮은 물체를 접촉시키면 온도가 높은 물체에서 낮은 물체로 열이 이동한다.

② 물질의 열 출입이 온도변화 현상으로 나타나지 않고 상태 변화로 흡수, 방출되는 열은 잠열이다.

③ 증발연소하는 고체 가연물질 중에는 파라핀, 왁스, 장뇌 등이 있다.

④ 소염거리 이하에서는 방열이 발열보다 크기 때문에 불꽃이 발생하지 않지만, 소염거리에서 초과되면 방열이 발열보다 작기 때문에 불꽃이 발생된다.

⑤ 한계산소농도(LOI)란 예혼합연소에서 화염을 전파하기 위한 최소산소농도로 연소를 지속하기 위한 최저농도이다.

해설 • 한계산소지수(LOI, Limit Oxygen Index)란 물질이 연소하기 위해서는 최소한의 산소농도가 필요한데 이를 한계산소지수라 하고 섬유제품의 난연성 평가 방법으로 이용된다.
• 최소산소농도(MOC, Minimum Oxygen Concentration)란 예혼합(공기와 가연물이 미리 혼합) 연소에서 화염을 전파하기 위한 최소산소농도로 연소를 지속하기 위한 최저농도이다.

23 한계산소지수(LOI)와 최소산소농도(MOC)에 대한 설명으로 바르지 않은 것은?

① 물질을 연소시킬 때 산소 소모량이 작다는 것은 해당 물질이 가연성, 즉 가연물의 구비조건이 좋다는 것이다.

② 한계산소지수(LOI)는 섬유류와 같은 고분자 물질을 방염처리하여 연소 시 많은 산소가 필요한 제품을 생산하는 데 적용한다.

③ 가연성 기체의 화염을 전파하기 위해서는 최소한의 산소농도가 요구되며 이를 최소산소농도(MOC)라 한다.

④ 최소산소농도(MOC)는 가연성 가스가 연소를 지속하기 위해 필요한 최소한의 산소농도이기 때문에 가연성 가스의 농도가 얼마든지 산소농도를 MOC 이하로 낮추면 연소는 불가능하게 된다.

⑤ CO_2, 수증기, N_2 등의 불활성기체를 가연성 혼합기에 첨가하면 최소산소농도(MOC)는 증가한다.

정답 **20** ③ **21** ④ **22** ⑤ **23** ⑤

⚙️ **해설** | CO_2, 수증기, N_2 등의 불활성기체를 가연성 혼합기에 첨가하면 최소산소농도(MOC)는 감소한다.

> **더 알아보기 최소산소농도(MOC)**
> ◦ 예혼합연소에서 화염을 전파하기 위해서는 최소한의 산소농도가 요구되며 이를 최소산소농도라 한다.
> ◦ 폭발 및 화재는 연료의 농도에 무관하게 산소의 농도를 감소시킴으로써 방지할 수 있으므로 불연성 가스 등을 가연성 혼합가스에 첨가하면 최소산소농도를 감소시킬 수 있다.

24 한계산소지수(LOI)와 최소산소농도(MOC)에 대한 설명으로 바르지 않은 것은?

① 물질이 연소하기 위해서는 최소한의 산소농도가 필요한데, 이를 한계산소지수(LOI)라 하고 섬유제품의 난연성 평가 방법으로 이용된다.

② 한계산소농도(LOI)가 낮을수록 낮은 산소농도에서 연소가 가능하다.

③ 최소산소농도(MOC)는 완전연소 반응식에서 연소상한계(UFL)와 산소의 함량을 곱하여 구할 수 있다.

④ CO_2, 수증기, N_2 등의 불활성기체를 가연성 혼합기에 첨가하면 최소산소농도(MOC)는 감소한다.

⑤ 최소산소농도(MOC)는 연소할 때 화염이 전파되는 데 필요한 임계산소농도를 말하며, 완전연소 반응식의 산소 몰수에 의해 최소산소농도가 결정된다.

⚙️ **해설** | 최소산소농도(MOC)는 완전연소 반응식에서 연소하한계(LFL)와 산소의 함량을 곱하여 구할 수 있다.

25 안전간격에 따른 가스폭발 등급 중 1등급인 것은?

① 아세틸렌   ② 수소
③ 일산화탄소   ④ 에틸렌
⑤ 이황화탄소

⚙️ **해설** | ① · ② · ⑤는 3등급, ④는 2등급이다.

> **더 알아보기 가스폭발 등급과 안전간격**
>
> | 등급분류 | 가스(기체) | 안전간격 |
> |---|---|---|
> | 3등급 | 수소, 수성가스, 아세틸렌, 이황화탄소 등 | 0.4mm 이하 |
> | 2등급 | 에틸렌, 석탄가스 등 | 0.4mm 초과 0.6mm 이하 |
> | 1등급 | 프로판, 암모니아, 아세톤, 메탄, 일산화탄소, 에탄, 초산, 초산에틸, 벤젠, 메탄올, 톨루엔 등 | 0.6mm 초과 |

26 〈보기〉에서 공기 중 연소범위가 가장 넓은 것(㉠)과 위험도가 가장 낮은 것(㉡)을 순서대로 나열한 것은?

보기
수소, 아세틸렌, 메탄, 프로판

	㉠	㉡		㉠	㉡
①	수소	메탄	②	수소	아세틸렌
③	아세틸렌	메탄	④	아세틸렌	프로판
⑤	아세틸렌	아세틸렌			

해설 • 연소범위가 넓은 순서 : 아세틸렌 – 수소 – 메탄 – 프로판
• 위험도가 낮은 순서 : 메탄 – 프로판 – 수소 – 아세틸렌

더 알아보기 공기 중 가연물의 연소범위와 위험도

물질	연소범위	위험도
수소	4.0 ~ 75(71)	17.75
아세틸렌	2.5 ~ 81(78.5)	31.4
메탄	5.0 ~ 15(10)	2
프로판	2.1 ~ 9.5(7.4)	3.5

27 표준상태에서 공기 중 가연물의 위험도가 높은 순으로 나열된 것은?

가연물	ㄱ	ㄴ	ㄷ	ㄹ
연소범위(%)	4 ~ 16	3 ~ 33	1 ~ 14	6 ~ 36

① ㄴ > ㄹ > ㄱ > ㄷ   ② ㄴ > ㄹ > ㄷ > ㄱ
③ ㄷ > ㄴ > ㄱ > ㄹ   ④ ㄷ > ㄴ > ㄹ > ㄱ
⑤ ㄹ > ㄴ > ㄱ > ㄷ

해설

ㄱ. $\dfrac{16 - 4}{4} = 3$ ㄴ. $\dfrac{33 - 3}{3} = 10$

ㄷ. $\dfrac{14 - 1}{1} = 13$ ㄹ. $\dfrac{36 - 6}{6} = 5$

| 정답 | 24 ③ | 25 ③ | 26 ③ | 27 ④ |

28 가연성 증기가 공기와 혼합하여 기체를 형성하였을 때 연소범위가 가장 넓은 물질은?

① 수소　　　　　　　　　　　② 이황화탄소
③ 부탄　　　　　　　　　　　④ 아세틸렌
⑤ 산화에틸렌

🎯 **해설** │ 아세틸렌의 연소범위는 2.5 ~ 81(78.5)로 가장 넓다.
　　　　　① 수소 : 4 ~ 75(71)
　　　　　② 이황화탄소 : 1.2 ~ 44(42.8)
　　　　　③ 부탄 : 1.8 ~ 8.4(6.6)
　　　　　⑤ 산화에틸렌 : 3 ~ 80(77)

29 1기압, 20℃인 조건에서 메탄(CH_4) 2m³가 완전연소하는 데 필요한 산소 부피는 몇 m³인가?

① 2　　　　　　　　　　　　② 3
③ 4　　　　　　　　　　　　④ 5
⑤ 6.5

🎯 **해설** │ 메탄(CH_4) 1m³의 완전연소식 : $C_mH_n + (m + \frac{n}{4})O_2 \rightarrow mCO_2 + \frac{n}{2}H_2O$

따라서, $m + \frac{n}{4} = 1 + \frac{4}{4} = 2mol$이다.

메탄 1m³를 완전연소하기 위해서는 2mol의 산소가 필요하고, 2m³의 메탄을 완전연소하기 위해서는 2mol × 2m³ = 4m³가 필요하다.

30 다음은 부탄(Butane)이 완전연소할 때의 연소반응식이다. a + b + c의 값은?

$2C_4H_{10} + (a)O_2 \rightarrow (b)CO_2 + (c)H_2O$

① 10　　　　　　　　　　　② 17
③ 24　　　　　　　　　　　④ 31
⑤ 36

해설 $2C_4H_{10} + 13O_2 \rightarrow 8CO_2 + 10H_2O$

$\therefore a + b + c = 13 + 8 + 10 = 31$

더 알아보기 탄화수소계 가연성 가스의 연소방정식

탄화수소계 가연성 가스 1m³에서 완전연소식 : $C_mH_n + (m + \frac{n}{4})O_2 \rightarrow mCO_2 + \frac{n}{2}H_2O$

- 메탄(CH_4) : $CH_4 + 2O_2 \rightarrow CO_2 + 2H_2O$
- 에탄(C_2H_6) : $C_2H_6 + 3.5O_2 \rightarrow 2CO_2 + 3H_2O$
- 프로판(C_3H_8) : $C_3H_8 + 5O_2 \rightarrow 3CO_2 + 4H_2O$
- 부탄(C_4H_{10}) : $C_4H_{10} + 6.5O_2 \rightarrow 4CO_2 + 5H_2O$

---

31 메틸알코올(CH_3OH)의 최소산소농도(MOC : Minimum Oxygen Concentration, %)로 옳은 것은? (CH_3OH의 연소상한계는 37%, 연소범위의 상·하한 폭은 30%이다.)

① 5.0
② 8.5
③ 10.5
④ 14.0
⑤ 16.5

해설

- 탄화수소계 가연성 가스 연소방정식 : $C_mH_n + (m + \frac{n}{4})O_2 \rightarrow mCO_2 + \frac{n}{2}H_2O$

$$C_mH_nO_L + (m + \frac{n}{4} - \frac{L}{2})O_2 \rightarrow mCO_2 + \frac{n}{2}H_2O$$

- 메틸알코올의 완전연소식 : CH_3OH(시성식) → CH_4O(분자식)으로 변환

$$CH_4O + (1 + \frac{4}{4} - \frac{1}{2})O_2 \rightarrow CO_2 + \frac{4}{2}H_2O$$

따라서, $CH_3OH + 1.5O_2 \rightarrow CO_2 + 2H_2O$이다.

완전연소를 위한 산소 몰수는 1.5mol이다.

- 연소하한계 = 연소상한계 - 연소범위 = 37 - 30 = 7%

따라서, 연소하한계는 7%이다.

- 최소산소농도(MOC) = 산소 몰수 × 연소하한계

따라서, 1.5mol × 7% = 10.5%이다.

---

32 프로판올(C_3H_7OH)의 최소산소농도(MOC)는? (단, 프로판올의 연소범위는 10.9vol%이며, 연소상한계는 13.5vol%이고 완전연소생성물은 CO_2와 H_2O이다.)

① 10.5
② 11.7
③ 12.9
④ 14.1
⑤ 15.3

▶정답 | 28 ④ 29 ③ 30 ④ 31 ③ 32 ② |

💡 **해설** ·탄화수소계 가연성 가스 중 수산기(–OH)를 포함한 경우의 완전연소식

$$C_mH_nO_L + (m + \frac{n}{4} - \frac{L}{2})O_2 \rightarrow mCO_2 + \frac{n}{2}H_2O$$

·프로판올의 완전연소식 : C_3H_7OH(시성식) → C_3H_8O(분자식)

$$C_3H_8O + 4.5O_2 \rightarrow 3CO_2 + 4H_2O$$

따라서, 산소 몰수는 4.5mol이다.

·연소범위 = 연소상한값 – 연소하한값이므로, 연소하한값 = 연소상한값 – 연소범위이다.

따라서, 13.5 – 10.9 = 2.6vol%이다.

·최소산소농도(MOC) = 하한값 × 산소의 몰수

따라서, 2.6vol% × 4.5mol = 11.7%이다.

33 표준상태에서 프로판(C_3H_8) 22g이 완전연소할 때 생성되는 이산화탄소의 부피(L)는 몇 L인가? (C의 원자량은 12g, H의 원자량은 1g이다.)

① 22.4L

② 33.6L

③ 44.8L

④ 56L

⑤ 67.2L

💡 **해설** ·프로판의 물질량

$$C_3H_8 = (12 \times 3) + (1 \times 8) = 44g/mol$$

·프로판 22g의 산소의 몰수 = $\frac{22}{44}$ = 0.5mol

·프로판의 완전연소식 : $C_3H_8 + 5O_2 \rightarrow 3CO_2 + 4H_2O$

·프로판이 0.5mol이므로 $0.5C_3H_8 + 2.5O_2 \rightarrow 1.5CO_2 + 2H_2O$

·표준상태에서 기체 1mol의 부피는 22.4L이므로 1.5mol × 22.4L = 33.6L이다.

※ 기체는 분자의 종류에 상관없이 1mol = 22.4L이다(기체부피 1mol = 22.4L).

34 메탄(CH_4)과 부탄(C_4H_{10})으로 혼합기체를 만들었다. 이 혼합기체의 최소산소량(MOC)과 연소범위는 얼마인가? (혼합기체의 비율은 메탄 50%, 부탄 50%이며, 메탄의 연소범위는 5 ~ 15, 부탄의 연소범위는 1.8 ~ 8.4이다. 혼합가스의 연소범위는 르샤틀리에의 공식을 적용하고, 연소범위의 경우 소수점 둘째자리에서 반올림한다.)

	최소산소량(MOC)	연소범위		최소산소량(MOC)	연소범위
①	9.75	8.2	②	11.05	8.2
③	19.5	8.2	④	19.5	10.8
⑤	19.5	15.2			

해설

- 탄화수소계 가연성 가스의 완전연소식 : $C_mH_n + (m + \frac{n}{4})O_2 \rightarrow mCO_2 + \frac{n}{2}H_2O$

  - 메탄(CH_4) : $CH_4 + 2O_2 \rightarrow CO_2 + 2H_2O$
  - 부탄(C_4H_{10}) : $C_4H_{10} + 6.5O_2 \rightarrow 4CO_2 + 5H_2O$

- 혼합가스의 완전연소를 위한 산소의 몰수

  - 메탄(CH_4) : $0.5CH_4 + O_2 \rightarrow 0.5CO_2 + H_2O$
  - 부탄(C_4H_{10}) : $0.5C_4H_{10} + 3.25O_2 \rightarrow 2CO_2 + 2.5H_2O$

  따라서, 혼합가스의 완전연소를 위한 산소 몰수는 1 + 3.25 = 4.25이다.

- 르샤틀리에의 공식

  - 혼합가스의 하한계 구하는 공식 = $\dfrac{V_1 + V_2 + V_3 + \cdots + V_n}{\dfrac{V_1}{L_1} + \dfrac{V_2}{L_2} + \dfrac{V_3}{L_3} + \cdots + \dfrac{V_n}{L_n}}$

    * V = 혼합가스의 부피, L = 혼합가스의 하한값

  - 혼합가스의 상한계 구하는 공식 = $\dfrac{V_1 + V_2 + V_3 + \cdots + V_n}{\dfrac{V_1}{U_1} + \dfrac{V_2}{U_2} + \dfrac{V_3}{U_3} + \cdots + \dfrac{V_n}{U_n}}$

    * V = 혼합가스의 부피, U = 혼합가스의 상한값

  따라서,

  - 혼합가스 하한계 = $\dfrac{50 + 50}{\dfrac{50}{5} + \dfrac{50}{1.8}} = 2.6$

  - 혼합가스 상한계 = $\dfrac{50 + 50}{\dfrac{50}{15} + \dfrac{50}{8.4}} = 10.8$

- 연소범위 = 10.8 - 2.6 = 8.2%
- 최소산소량(MOC) = 하한계 × mol = 2.6% × 4.25mol = 11.05%

35 다음 조건에 따라 계산한 혼합기체의 연소하한계는?

- 르샤틀리에의 공식을 이용한다.
- 혼합기체의 부피비율은 A기체 60%, B기체 30%, C기체 10%이다.
- 연소하한계는 A기체 3.0%, B기체 1.5%, C기체 1.0%이다.

① 1.0%

③ 2.0%

⑤ 3.0%

② 1.5%

④ 2.5%

해설 르샤틀리에의 공식에 따른 혼합기체의 하한계 구하는 공식

$$\frac{V_1 + V_2 + V_3 + \cdots + V_n}{\dfrac{V_1}{L_1} + \dfrac{V_2}{L_2} + \dfrac{V_3}{L_3} + \cdots + \dfrac{V_n}{L_n}}$$

따라서, $\dfrac{60 + 30 + 10}{\dfrac{60}{3} + \dfrac{30}{1.5} + \dfrac{10}{1}} = 2\%$이다.

36 메탄(CH_4), 부탄(C_4H_{10}), 프로판(C_3H_8)으로 혼합기체를 만들었다. 이 혼합기체의 최소산소량(MOC)과 연소범위는 얼마인가? (혼합기체의 비율은 메탄 50%, 부탄 20%, 프로판 20%이며, 메탄의 연소범위는 5 ~ 15, 부탄의 연소범위는 1.8 ~ 8.4, 프로판의 연소범위는 2.1 ~ 9.50이다. 혼합가스의 연소범위는 르샤틀리에의 공식을 적용하고 연소범위의 경우 소수점 둘째자리에서 반올림한다.)

	최소산소량(MOC)	연소범위		최소산소량(MOC)	연소범위
①	7.9	4.6	②	9.6	8.6
③	19.5	10.8	④	27.0	10.8
⑤	36.5	15.8			

해설
- 탄화수소계 가연성 가스의 완전연소식 : $C_mH_n + (m + \frac{n}{4})O_2 \rightarrow mCO_2 + \frac{n}{2}H_2O$

  - 메탄(CH_4) : $CH_4 + 2O_2 \rightarrow CO_2 + 2H_2O$
  - 부탄(C_4H_{10}) : $C_4H_{10} + 6.5O_2 \rightarrow 4CO_2 + 5H_2O$
  - 프로판(C_3H_8) : $C_3H_8 + 5O_2 \rightarrow 3CO_2 + 4H_2O$
- 혼합가스의 완전연소를 위한 산소의 몰수
  - 메탄 : $0.5CH_4 + O_2 \rightarrow 0.5CO_2 + H_2O$
  - 부탄 : $0.2C_4H_{10} + 1.3O_2 \rightarrow 0.8CO_2 + H_2O$
  - 프로판 : $0.2C_3H_8 + O_2 \rightarrow 0.6CO_2 + 0.8H_2O$

  따라서, 혼합가스의 완전연소를 위한 산소 몰수는 1 + 1.3 + 1 = 3.30이다.
- 르샤틀리에의 공식

  - 혼합가스의 하한계 구하는 공식 $= \dfrac{V_1 + V_2 + V_3 + \cdots + V_n}{\dfrac{V_1}{L_1} + \dfrac{V_2}{L_2} + \dfrac{V_3}{L_3} + \cdots + \dfrac{V_n}{L_n}}$

    * V = 혼합가스의 부피, L = 혼합가스의 하한값

  - 혼합가스의 상한계 구하는 공식 $= \dfrac{V_1 + V_2 + V_3 + \cdots + V_n}{\dfrac{V_1}{U_1} + \dfrac{V_2}{U_2} + \dfrac{V_3}{U_3} + \cdots + \dfrac{V_n}{U_n}}$

    * V = 혼합가스의 부피, U = 혼합가스의 상한값

따라서,

− 혼합가스 하한계 = $\dfrac{50 + 20 + 20}{\dfrac{50}{5} + \dfrac{20}{1.8} + \dfrac{20}{2.1}}$ = 2.9

− 혼합가스 상한계 = $\dfrac{50 + 20 + 20}{\dfrac{50}{15} + \dfrac{20}{8.4} + \dfrac{20}{9.5}}$ = 11.5

• 연소범위 = 11.5 − 2.9 = 8.6%
• 최소산소량(MOC) = 하한계 × mol = 2.9% × 3.3mol = 9.6%

37 표준상태(0℃, 1atm)에서 공기 중 산소농도(부피비)가 21%일 때 메탄(CH_4)을 완전연소하는 데 필요한 공기량은 메탄의 체적의 몇 배인가?

① 약 2배
② 약 2.5배
③ 약 7.5배
④ 약 9.5배
⑤ 약 12배

해설 메탄(CH_4)의 완전연소식 : $CH_4 + 2O_2 \rightarrow CO_2 + 2H_2O$
즉, 메탄을 완전연소하는 데 2mol의 산소가 필요하고 공기 중 산소농도가 21%이다.
따라서, $2 \times \dfrac{100}{21}$ = 약 9.5배이다.

38 0℃, 1기압인 조건에서 프로판(C_3H_8)의 완전연소조성식으로부터 얻을 수 있는 내용으로 옳지 않은 것은? (단, 공기의 조성비는 질소(N_2) 79vol%, 산소(O_2) 21vol%이다.)

① 프로판 1mol이 완전연소하면 약 72g의 물이 생성된다.
② 프로판 0.5mol이 완전연소하는 데 약 2.5mol의 산소가 필요하다.
③ 프로판 44g이 완전연소하면 약 132g의 이산화탄소가 생성된다.
④ 프로판 1mol이 완전연소하는 데 약 23.8mol의 공기가 필요하다.
⑤ 프로판 0.5mol이 완전연소하는 데 필요한 공기 중 질소의 양은 약 18.8mol이다.

■정답 36 ② 37 ④ 38 ⑤

🎯해설

연소이론 중 가연성 기체의 특성
- C(탄소) = 12g / H(수소) = 1g / N(질소) = 14g / O(산소) = 16g
- 탄화수소계 가연성 가스의 완전연소 방정식

$$C_mH_n + (m + \frac{n}{4})O_2 \rightarrow mCO_2 + \frac{n}{2}H_2O$$

따라서 프로판의 완전연소식
$$C_3H_8 + 5O_2 \rightarrow 3CO_2 + 4H_2O$$

① 프로판 1mol이 완전연소하면 수증기는 4mol이 발생한다.
  따라서 4 × [(1 × 2) + 16] = 72g의 물이 생성된다.
② $0.5C_3H_8 + 2.5O_2 \rightarrow 1.5CO_2 + 2H_2O$
  따라서 프로판 0.5mol을 완전연소하기 위하여 2.5mol의 산소가 필요하다.
③ 프로판 1mol이 완전연소하면 이산화탄소는 3mol이 발생한다.
  따라서 3 × [12 + (16 × 2)] = 132g의 이산화탄소가 생성된다.
④ 프로판 1mol이 완전연소하려면 산소가 5mol이 필요하다.
  따라서 $5 × \frac{100}{21}$ = 약 23.8mol의 공기가 필요하다.
⑤ 프로판 1mol이 완전연소하려면 23.8mol의 공기가 필요하고 산소와 질소의 공기비는 21 : 79
  이므로 공기 중 질소의 mol수는 23.8 × 0.79 = 약 18.8mol이다.
  따라서 프로판 0.5mol이 완전연소하는 데 필요한 공기 중 질소의 양은 약 9.4mol이다.

39 다음 〈보기〉의 화학반응식에 대한 설명으로 틀린 것은?

보기

$$CH_4 + 2O_2 \rightarrow CO_2 + 2H_2O$$

① 메탄 0.5mol과 산소 1mol이 반응하면 이산화탄소 0.5mol과 수증기 1mol이 생성된다.
② 0℃, 1atm에서 메탄 11.2L를 완전연소시키기 위해서는 산소 44.8L가 필요하다.
③ 0℃, 1atm에서 메탄 44g과 산소 62g을 반응시키면 이산화탄소 44g과 수증기 36g이 생성된다.
④ 0℃, 1atm에서 메탄 1mol과 산소 2mol로 구성된 반응물의 부피는 67.2L이다.
⑤ 20℃, 1atm에서 메탄 24L를 완전연소시키기 위해서는 산소 48L가 필요하다.

해설

$CH_4 + 2O_2 \rightarrow CO_2 + 2H_2O$

$1mol \times 22.4L : 2mol \times 22.4L \rightarrow 1mol \times 22.4L : 2mol \times 22.4L$

0℃, 1atm에서는 22.4L이고, 20℃, 1atm에서는 24L이다.

따라서 0℃, 1atm에서 메탄 11.2L(0.5mol)를 완전연소하기 위한 산소의 부피는 22.4L이다.

---

40 800℃, 1기압에서 황(S) 1kg이 공기 중에서 완전연소할 때 발생되는 이산화황의 발생량(m^3)은? (단, 황(S)의 원자량은 32, 산소(O)의 원자량은 16이며, 이상기체로 가정한다.)

① 2.00

② 2.35

③ 2.50

④ 2.75

⑤ 3.00

해설

• 이상기체 상태방정식 $PV = nRT = \dfrac{w}{M}RT$

  *P = 압력, V = 기체의 부피, n = 몰수, w = 기체의 질량, M = 기체의 분자량, R = 기체상수, T = 절대온도

• 비례식의 경우 $S + O_2 \rightarrow SO_2$ (S의 원자량 = 32, O의 원자량 = 16)

  1 : 1 : 2이므로 비례식에 따라 $2m^3$가 발생한다.

  하지만 이상기체 상태방정식으로 구하라는 조건에 따라,

  $V = \dfrac{\dfrac{2,000}{64} \times 0.082 \times 1,073}{1} = 2,749 \times \dfrac{1}{1,000} = 2.75m^3$가 된다.

---

41 연소속도의 특징에 대한 설명으로 옳지 않은 것은?

① 연소속도는 온도와 압력이 높을수록 빨라지며, 화염이 미연소 혼합가스에 대하여 직각으로 들어오는 속도를 말한다.

② 연소속도는 혼합가스에서 연소속도가 빠른 수소, 에틸렌가스의 함유율이 많을수록 빨라진다.

③ 연소속도는 가스의 분출상태에 따라 층류 연소속도와 난류 연소속도로 구분되는데, 보통 연소속도라 함은 난류 연소속도를 말하며 화재는 층류 연소속도를 말한다.

④ 가스의 연소는 발열반응이므로 연소가 시작되면 발생한 열에 의해 혼합가스에 열이 전달되어 발화온도에 도달하게 되면 반응이 계속되어 연소가 계속 진행된다.

⑤ 가연성 가스를 공기 중에서 연소시킬 때 공기 중의 산소농도 증가 시 연소속도는 빨라진다.

■ 정답 | 39 ② 40 ④ 41 ③

🎯 **해설** 보통 연소속도라 함은 '층류' 연소속도를 말하며, 화재는 '난류' 연소속도를 말한다. 연소속도란 연소 시 화염이 미연소 혼합가스에 대하여 수직으로 이동하는 속도, 즉 단위시간에 단위면적당 연소하는 혼합가스량을 말한다. 이는 가스의 성분, 공기와의 혼합비율, 혼합가스의 온도 및 압력에 따라 달라진다.

42 다음 중 연소속도에 대한 내용으로 옳지 않은 것은?

① 연소속도는 가연물질에 공기가 공급되어 연소가 되면서 반응하여 연소생성물을 생성할 때의 반응속도를 의미한다.
② 일반적으로 온도가 $10\,°C$ 상승하면 연소속도는 $2 \sim 3$배 정도 빨라진다.
③ 정촉매는 반응속도를 빠르게 하고 부촉매는 반응속도를 느리게 한다.
④ 산소의 농도에 따라 가연물질과 접촉하는 속도가 빠를수록 연소속도는 빨라진다.
⑤ 압력을 증가시키면 단위부피 중의 입자수가 감소하여 기체농도가 증가하므로 연소속도가 빨라진다.

🎯 **해설** 압력을 증가시키면 단위부피 중의 입자수가 증가하여 기체농도가 증가하므로 연소속도가 빨라진다.

43 25℃, 1기압에서 황(S) 2kg이 공기 중에서 완전연소할 때 발생되는 이산화황(SO_2)의 발생량(m^3)은? (단, 황(S)의 원자량은 32, 산소(O)의 원자량은 16이며, 완전연소하였다.)

① 4.00
② 4.70
③ 5.00
④ 5.50
⑤ 5.90

🎯 **해설** $S + O_2 \rightarrow SO_2$ (S의 원자량 = 32, O의 원자량 = 16)
1 : 1 : 2의 비율로 이산화황(SO_2)이 발생한다.
따라서, 황(S) 2kg이 완전연소하면 이산화황(SO_2)은 $4m^3$가 발생한다.

44 정전기 예방대책으로 옳은 것만을 〈보기〉에서 모두 고른 것은?

> 보기
>
> ㄱ. 공기를 이온화한다.
> ㄴ. 전기전도성이 큰 물체를 사용한다.
> ㄷ. 접촉하는 전기의 전위차를 크게 한다.

① ㄱ   ② ㄷ
③ ㄱ, ㄴ   ④ ㄴ, ㄷ
⑤ ㄱ, ㄴ, ㄷ

해설

더 알아보기 정전기 예방대책	
정전기 완화대책	**정전기 억제대책**
• 접지와 본딩을 한다. • 공기 중의 상대습도를 70% 이상으로 높인다. • 공기는 이온화한다. • 전기의 도체를 사용한다.	• 유속을 제한한다(1m/s). • 이물질을 제거한다. • 유체류의 분출을 방지한다.

45 다음 중 정전기에 의한 발화과정 순서로 옳은 것은?

① 방전 → 전하의 축적 → 전하의 발생 → 발화
② 전하의 발생 → 전하의 축적 → 방전 → 발화
③ 전하의 발생 → 방전 → 전하의 축적 → 발화
④ 전하의 축적 → 방전 → 전하의 발생 → 발화
⑤ 전하의 축적 → 전하의 발생 → 방전 → 발화

해설 정전기의 발화과정 : 전하의 발생 → 전하의 축적 → 방전 → 발화

정답 **42** ⑤ **43** ① **44** ③ **45** ②

46 발화점 및 최소발화에너지(MIE, Minimum Ignition Energy)에 관한 설명으로 옳지 않은 것은?

① 발화점은 발화 지연시간, 압력, 산소농도, 촉매물질 등의 영향을 받는다.
② 파라핀계 탄화수소는 분자량이 클수록 발화온도가 높아진다.
③ 최소발화에너지는 가연성 혼합기를 발화시키는 데 필요한 최저에너지를 말한다.
④ 압력이 상승하면 최소발화에너지는 작아진다.
⑤ 발화점이 낮을수록 발화의 위험성은 커진다.

◉ 해설 파라핀계 탄화수소는 분자량이 클수록 발화온도가 낮아진다.

47 M.I.E(최소발화에너지)에 대한 설명이다. 바르지 않은 것은?

① 온도가 높으면 분자 간 운동이 활발해지므로 M.I.E(최소발화에너지)는 감소한다.
② 압력이 높으면 분자 간 거리가 가까워지므로 M.I.E(최소발화에너지)는 감소한다.
③ 가연성 가스의 조성이 화학양론적 농도 부근일 경우 M.I.E(최소발화에너지)는 최저가 된다.
④ 열전도율이 높으면 M.I.E(최소발화에너지)는 감소한다.
⑤ 최소발화에너지는 연소속도가 빠를수록 감소한다.

◉ 해설 열전도율이 낮으면 열축적이 용이하여 M.I.E(최소발화에너지)가 감소한다.

> **더 알아보기 최소발화에너지(M.I.E)에 영향을 미치는 요인**
> ◦ 온도가 높으면 분자 간 운동이 활발해지므로 최소발화에너지가 작아진다.
> ◦ 압력이 높으면 분자 간 거리가 가까워지므로 최소발화에너지가 작아진다.
> ◦ 농도가 높으면 분자 간 거리가 가까워지므로 최소발화에너지가 작아진다.
> ◦ 열전도율이 낮을수록 열축적이 용이하여 최소발화에너지가 작아진다.
> ◦ 가연성 가스의 조성이 화학양론적 농도 부근일 경우 최소발화에너지는 최저가 된다.

48 열에너지원의 종류에서 화학열로 옳은 것만을 〈보기〉에서 모두 고른 것은?

보기
ㄱ. 분해열   ㄴ. 연소열
ㄷ. 압축열   ㄹ. 산화열

① ㄹ   ② ㄱ, ㄴ
③ ㄷ, ㄹ   ④ ㄱ, ㄴ, ㄹ
⑤ ㄱ, ㄴ, ㄷ, ㄹ

해설 ㄷ. 압축열 – 기계적 점화원

49 다음 중 가연성 물질들의 인화점을 낮은 것에서 높은 순서대로 옳게 나열한 것은?

① 휘발유 < 벤젠 < 톨루엔 < 등유 < 글리세린
② 벤젠 < 휘발유 < 톨루엔 < 글리세린 < 등유
③ 휘발유 < 벤젠 < 등유 < 톨루엔 < 글리세린
④ 벤젠 < 톨루엔 < 휘발유 < 등유 < 글리세린
⑤ 휘발유 < 벤젠 < 톨루엔 < 글리세린 < 등유

해설 • 휘발유 : −43°C ~ −20°C   • 벤젠 : −11°C
• 톨루엔 : 4°C   • 등유 : 30°C ~ 60°C
• 글리세린 : 160°C

50 점화원에 따른 연소의 분류 중 발화점에 대한 설명으로 옳은 것은?

① 물질이 외부 점화원과 접촉이 없어도 연소를 시작할 수 있는 최저온도이다.
② 물질이 외부 점화원과 접촉하면 연소를 시작할 수 있는 최저온도이다.
③ 인화점 이후 점화원을 제거해도 지속적인 연소작용을 일으키는 최저온도이다.
④ 물질이 내부의 점화원 접촉 없이 연소를 시작할 수 있는 최저온도이다.
⑤ 물질이 외부가열이 없어도 내부의 반응열축적만으로 연소를 시작할 수 있는 최저온도이다.

정답 | 46 ② 47 ④ 48 ④ 49 ① 50 ①

> **◎ 해설** 외부의 직접적인 점화원이 없이 가열된 열의 축적에 의하여 발화가 되고 연소가 시작되는 최저 온도, 즉 점화원이 없이 스스로 불이 붙을 수 있는 최저온도를 발화점이라고 한다.

51 점화원 없이 불이 붙는 최저온도를 발화점이라고 하는데, 이 발화점이 낮아지는 조건에 해당하지 않는 것은?

① 열전도율이 낮을 것
② 발열량(반응열)이 클 것
③ 분자구조가 복잡할 것
④ 산소농도와 친화력이 적을 것
⑤ 화학적 활성도가 클 것

> **◎ 해설** '산소농도와의 친화력'이 아니라 '산소농도가 높을수록', '산소와 친화력이 클수록' 발화점이 낮 아진다. 따라서 조건에 해당하지 않는다.
>
> ┌───┐
> **더 알아보기 발화점이 낮아지는 조건**
> ° 의의 : 발화점이 낮아지는 조건이란 인화물질 등이 없어도 빨리 발화될 수 있는 조건을 의미한다. 이는 불이 붙는 온도가 낮아진다는 의미이다.
> ° 발화점이 낮아지는 조건
> － 직쇄탄산수소 계열의 분자량이 늘어날 때 또는 탄소쇄의 길이가 늘어날 때
> － 분자구조가 복잡할수록
> － 증기(가스)압, 활성화 에너지·열전도율이 낮을수록
> － 압력, 화학적 활성도가 클수록(산소농도가 높을수록, 산소와 친화력이 클수록)
> － 금속의 열전도율이 낮을수록
> － 발열량이 클수록
> └───┘

52 연소의 3요소 중 점화원에 관한 내용으로 옳지 않은 것은?

① 연소열은 어떤 물질이 완전히 연소되는 과정에서 발생하는 열을 말하며 화학적 점화원에 속한다.
② 용해열은 어떤 물질이 액체에 용해될 때 발생하는 열로서 농황산을 묽은 황산으로 만들 때 발생하는 열을 말하며 화학적 점화원에 속한다.
③ 고온표면은 작업장의 화기, 가열로, 건조장치, 굴뚝, 전기·기계설비 등 가연물 주변에 발화점 이상의 고온물질이 있어 쉽게 점화될 수 있으며 열적 점화원에 속한다.
④ 단열압축은 기체를 높은 압력으로 압축하면 온도상승으로 오일이나 윤활유가 열분해되 면서 저온 발화물을 생성하여 발화물질이 발화하여 폭발을 하게 되는 것이며 전기적 점 화원에 속한다.
⑤ 충격·마찰열은 두 개 이상의 물체가 상호 간 충격·마찰에 발생되는 작은 불꽃으로 기 계적 점화원에 속한다.

해설 단열압축은 기체를 높은 압력으로 압축하면 온도상승으로 오일이나 윤활유가 열분해되면서 저온 발화물을 생성하여 발화물질이 발화하여 폭발을 하게 되는 것이며 기계적 점화원에 속한다.

53 다음 중 자연발화에 대한 설명으로 옳지 않은 것은?

① 외부의 인위적인 점화원(불씨) 없이도 가연물에 산소가 공급이 있으면 연소되는 것을 말한다.
② 자연발화는 저온이고 건조할 때 발생한다.
③ 자연발화의 형태는 산화열, 분해열, 미생물열, 흡착열, 중합열 등이다.
④ 열전도도가 작을수록 열축적이 용이하여 자연발화하기 쉽다.
⑤ 공기의 유통이 잘 될수록 열의 축적이 어려워 자연발화하기 어렵다.

해설 자연발화는 고온이고 다습할 때 발생한다. 즉, 높은 온도와 적당한 수분은 촉매제 역할을 한다.

> **더 알아보기 자연발화**
> °의의 : 자연발화란 외부의 인위적인 점화원(불씨) 없이도 가연물에 산소공급원이 있으면 연소되는 것을 말한다.
> °자연발화 열의 종류 : 산화열, 흡착열, 발효열(미생물열), 중합열, 분해열 등이 있다.
> °자연발화의 조건
> – 열전도율이 작아야 한다.
> – 실내 공기유통이 어려워야 한다.
> – 주위 온도가 높고 수분이 적당해야 한다(고온·다습).
> – 표면적이 커야 한다.

54 위험물의 자연발화에 영향을 주는 인자로 옳지 않은 것은?

① 열의 전도율 : 열전도율이 작을수록 자연발화하기 쉽다.
② 퇴적방법 : 열축적이 용이하도록 가연물이 적재되어 있으면 자연발화하기 쉽다.
③ 공기의 유통 : 공기의 유통이 잘 될수록 열축적이 용이하여 자연발화하기 쉽다.
④ 발열량 : 발열량이 큰 물질인 경우 자연발화하기 쉽다.
⑤ 표면적 : 표면적이 넓을수록 자연발화하기 쉽다.

해설 공기의 유통이 잘 될수록 자연발화하기 쉬운 것이 아니라, 공기의 유통이 안 될수록 자연발화하기 쉽다.

▶**정답** 51 ④ 52 ④ 53 ② 54 ③

55 가연성 가스를 점화하기 위한 최소발화에너지는 물질의 종류, 혼합기의 온도, 압력, 농도에 따라 변화한다. 최소발화에너지와 가연물의 위험도에 대한 설명 중 옳지 않은 것은?

① 최소발화에너지는 온도와 압력이 상승하면 작아진다.
② 최소발화에너지는 가연성 가스의 조성이 화학양론적 조성 부근일 경우 최대가 된다.
③ 최소발화에너지의 단위는 통상적으로 [mJ] 단위를 사용한다.
④ 최소발화에너지는 연소속도가 빠를수록 작아진다.
⑤ 최소발화에너지는 열전도율이 낮을수록 작아진다.

🎯 **해설** 최소발화에너지는 가연성 가스의 조성이 화학양론적 조성 부근일 경우 최저가 된다. 이때 화학양론적 농도는 연료와 공기의 최적합의 조성비율로 가연가스와 공기 중의 산소가 과부족 없이 완전연소할 때 필요한 농도비이다.

56 M.I.E(최소발화에너지)에 대한 설명이다. 바르지 않은 것은?

① 연소범위 안에 있는 가연성 기체가 공기와 혼합하여 발화하는 데 필요한 최소한의 에너지를 말한다.
② 압력이 높으면 분자 간 거리가 가까워지므로 M.I.E(최소발화에너지)는 감소한다.
③ 온도가 높으면 분자 간 운동이 활발해지므로 M.I.E(최소발화에너지)는 감소한다.
④ 열전도율이 낮으면 M.I.E(최소발화에너지)는 감소한다.
⑤ 최소발화에너지 값이 클수록 발화가 더 잘 일어나게 된다.

🎯 **해설** 최소발화에너지 값이 작을수록 발화가 더 잘 일어나게 된다.

57 가연물의 발화온도와 발화에너지에 관한 설명으로 옳은 것은?

① 점화원에 의해서 가연물이 발화하기 시작하는 최저온도를 발화점(Ignition Point)이라고 한다.
② 점화원을 제거해도 자력으로 연소를 지속할 수 있는 최저온도를 연소점(Fire Point)이라고 한다.
③ 가연물의 최소발화에너지가 클수록 더 위험하다.
④ 가연물의 연소점은 발화점보다 높다.
⑤ 발화에너지 중 고온표면은 항상 화염을 가지고 있는 열 또는 화기를 말하며, 보일러, 담뱃불, 난로 등이 있다.

해설 ① 점화원에 의해서 가연물이 발화하기 시작하는 최저온도를 인화점(Flash Point)이라고 한다.
③ 가연물의 최소발화에너지가 작을수록 더 위험하다.
④ 가연물의 연소점은 발화점보다 낮다(인화점 < 연소점 < 발화점).
⑤ 발화에너지 중 나화는 항상 화염을 가지고 있는 열 또는 화기를 말하며, 보일러, 담뱃불, 난로 등이 있다.

58 다음 중 가연성 가스의 발화점에 영향을 주는 요인이 아닌 것은?

① 가연성 가스의 비중
② 가열시간
③ 발화원의 종류
④ 가연성 가스와 공기의 혼합비
⑤ 발화를 일으키는 공간의 형태와 크기

해설 가연성 가스는 무겁기도 하고 가볍기도 하다. 따라서 가연성 가스의 비중은 발화점에 영향을 주는 요인에 해당하지 않는다.

> **더 알아보기 발화점에 영향을 미치는 요인**
> ° 가연성 가스와 공기의 조성비
> ° 가열속도와 가열시간
> ° 발화를 일으키는 공간의 형태와 크기
> ° 발화원의 재질(종류)과 가열방식
> ° 촉매의 유무

59 연소이론에 대한 설명으로 옳지 않은 것은?

① 햇빛에 방치한 기름걸레는 산화열에 의하여 자연발화가 가능하나, 기름걸레를 빨랫줄에 걸어 놓으면 산화열이 축적되지 않아 자연발화는 일어나지 않는다.
② 불완전연소는 산소공급이 부족하거나 불꽃이 저온 물체와 접촉하여 온도가 내려가는 등의 원인으로 발생하며, 일산화탄소, 그을음과 같은 연소생성물이 발생한다.
③ 분해연소는 불꽃연소의 한 형태로 가연성 고체가 뜨거운 열을 만나 으스러지면서 분해생성물이 공기와 혼합기체를 만들어 연소하는 현상이다.
④ 휘발성이 없는 고체 가연물이 고온 시 열분해나 증발 없이 표면에서 가연성 가스를 발생하지 않고 산소와 급격히 산화 반응하여 그 물질 자체가 불꽃이 없이 연소하는 형태를 표면연소라고 하며, 불꽃연소에 비하여 연소속도가 빠르며, 화학적 소화가 가능하다.
⑤ 가연물의 열전도율이 작고, 표면적이 큰 물질일수록 연소반응이 용이하게 일어난다.

▶**정답** 55 ② 56 ⑤ 57 ② 58 ① 59 ④

해설 표면연소(Surface Combustion, 직접연소, 무염연소)는 휘발성이 없는 고체 가연물이 고온 시 열분해나 증발 없이 표면에서 가연성 가스를 발생하지 않고 산소와 급격히 산화 반응하여 그 물질 자체가 불꽃이 없이 연소하는 형태로서 가연물이 빨갛게 되며, 불꽃연소에 비하여 연소속도가 느리며, 화학적 소화(부촉매ㆍ억제소화)가 없다. 숯, 목탄, 코크스, 마그네슘(Mg), 나무의 연소말기, 금속분 등의 연소가 예이다.

60 자연발화의 촉진조건으로 옳지 않은 것은?

① 가연물 저장소의 주위 온도가 높은 경우에는 자연발화를 촉진시킨다.
② 열축적이 용이한 물질은 자연발화를 촉진시키는 역할을 한다.
③ 공기유통이 잘되지 않는 구획실은 자연발화를 촉진시키는 구조이다.
④ 열전도도가 높은 물질은 자연발화를 촉진시키는 역할을 한다.
⑤ 적당한 수분은 자연발화의 촉매제 역할을 한다.

해설 열전도도가 작은 물질은 자연발화를 촉진시키는 역할을 한다.

61 자연발화 방지방법에 대한 설명으로 옳지 않은 것은?

① 공기의 유통을 방지한다.
② 황린은 물 속에 저장한다.
③ 저장실의 온도를 낮게 유지한다.
④ 열의 축적이 용이하지 않도록 한다.
⑤ 발열반응에 정촉매작용을 하는 물질을 피하여야 한다.

해설 자연발화를 방지하기 위해 바람이 잘 통하는 구조로 하여 공기의 유통을 잘 시킨다.

> **더 알아보기 자연발화 방지방법**
> ◦ 통풍을 잘 시켜 퇴적 및 수납 시 열이 축적되지 않도록 한다.
> ◦ 습도가 높은 곳을 피한다.
> ◦ 저장실의 온도를 낮춘다.

62 자연발화를 일으키는 열원과 그 물질의 연결이 옳지 않은 것은?

① 분해열 – 셀룰로이드, 나이트로셀룰로오스, 질산에스터류, 아세틸렌, 산화에틸렌
② 산화열 – 석탄, 건성유, 기름걸레, 원면, 고무분말, 금속분
③ 발효열 – 퇴비, 먼지, 거름, 곡물
④ 흡착열 – 숯, 목탄, 활성탄
⑤ 중합열 – 액화시안화수소, 산화에틸렌, 황린

해설│ 황린은 산화열에 의해 자연발화가 일어나며, 산화에틸렌은 분해열과 중합열 모두에서 자연발화
가 일어난다.

63 기체연소의 분류에 포함되지 않는 것은?

① 확산연소　　　　　　　② 폭발연소
③ 예혼합연소　　　　　　④ 자기연소
⑤ Premixed Burning

해설│ 기체연소는 가연성 기체가 공기와 결합하여 연소범위에 들어가면서 연소가 시작되는 연소형태
이다. 기체연소의 가장 큰 특징은 연소 시 폭굉이나 폭발을 수반한다는 것이며, 폭발연소
(Explosion Burning), 확산연소(Diffusive Burning, 발염연소), 예혼합연소(Premixed Burning)
로 구분한다. 자기연소는 고체연소에 포함된다.

> **더 알아보기　연소의 형태**
> ◦ 기체연소
> － 폭발연소(Explosion Burning)
> － 확산연소(Diffusive Burning, 발염연소)
> － 예혼합연소(Premixed Burning)
> ◦ 액체연소
> － 증발연소(Evaporating Combustion, 액면연소)
> － 분해연소(Decomposing Combustion)
> － 분무연소(Spray Combustion, 액적연소)
> － 등심연소(Wick Combustion, 심지연소)
> ◦ 고체연소
> － 증발연소(Evaporating Combustion)
> － 표면연소(Surface Combustion, 직접연소, 무염연소)
> － 분해연소(Decomposing Combustion)
> － 자기연소(Self Combustion, 내부연소)

정답　60 ④　61 ①　62 ⑤　63 ④

64 가스연소 시 발생되는 이상현상에 대한 설명으로 옳지 않은 것은?

① 황염은 분출하는 기체연료와 공기의 화학양론비에서 공기량이 많을 때 발생한다.
② 연소소음이란 가연성 혼합가스의 연소속도나 분출속도가 대단히 클 때 연소음 및 폭발음 등이 발생하는 현상이다.
③ 선화란 연료가스의 분출속도가 연소속도보다 빠를 때 불꽃이 노즐에 정착되지 않고 떨어져서 연소하는 현상이다.
④ 역화란 기체연료를 연소시킬 때 혼합가스의 압력이 비정상적으로 낮거나 혼합가스의 양이 너무 적을 때 발생되는 이상 연소현상이다.
⑤ 블로우오프란 선화상태에서 연료가스의 분출속도가 증가하거나 공기의 유동이 강하여 불꽃이 노즐에서 정착되지 않고 떨어져서 꺼져버리는 현상이다.

◉ 해설 │ 황염은 분출하는 기체연료와 공기의 화학양론비에서 공기량이 적을 때 발생한다.

65 가스 이상연소 중 역화현상에 대한 설명으로 옳지 않은 것은?

① 연소속도보다 가스분출속도가 많을 때
② 가스분출압력이 작을 때
③ 노즐이 부식되어 분출구멍이 커질 때
④ 버너가 과열되었을 때
⑤ 내부압력이 낮고 연소속도의 압력이 과다할 때

◉ 해설 │ 백파이어(Back fire, 역화, 라이팅백, 플래시백) : 연소속도보다 가스분출속도가 적을 때 불꽃이 내부로 전파되는 현상이다. 이는 연소속도가 빠를 때, 혼합가스량이 적을 때, 내부압력이 낮고 연소속도의 압력이 과다할 때 나타나는 현상으로 버너가 과열되었을 때, 노즐의 부식으로 분출 구멍이 커진 때에도 발생한다.

66 LNG(액화천연가스)와 LPG(액화석유가스)의 일반적 특성을 비교 설명한 내용으로 옳지 않은 것은?

① LNG의 자연발화온도는 약 600℃로 LPG보다 비교적 안전하다.
② LNG와 도시가스는 메탄이 주원료이다.
③ LPG는 상온에서 기체로 존재하지만, 용기 내 압력을 6 ~ 7kg/cm²로 가압하면 쉽게 액화할 수 있다.
④ 가스누설경보기는 LNG는 지면에서 상방으로 30cm 이내에 설치하고, LPG는 천장면에서 하방으로 30cm 이내에 설치한다.
⑤ 용기 내에 LPG를 저장하는 경우 가스가 일부 방출되고 난 후에도 압력은 변하지 않는다.

🎯 **해설** 가스누설경보기는 LNG는 천장면에서 하방으로 30cm 이내에 설치하고, LPG는 지면에서 상방으로 30cm 이내에 설치한다.

67 가연성 혼합기의 최소발화(점화)에너지에 영향을 주는 요인에 관한 설명으로 옳지 않은 것은?

① 온도가 상승하면 최소발화에너지는 작아진다.
② 압력이 상승하면 최소발화에너지는 작아진다.
③ 열전도율이 낮아지면 최소발화에너지는 작아진다.
④ 화학양론비 부근에서 최소발화에너지는 최저가 된다.
⑤ 부촉매 첨가 시 최소발화에너지는 작아진다.

🎯 **해설**
• 정촉매 첨가 시 최소발화에너지는 낮아지고, 연소범위는 넓어진다.
• 부촉매 첨가 시 최소발화에너지는 높아지고, 연소범위는 좁아진다.

▌**정답** | 64 ① 65 ① 66 ④ 67 ⑤ |

68 다음의 그래프에 대한 설명으로 옳지 않은 것은?

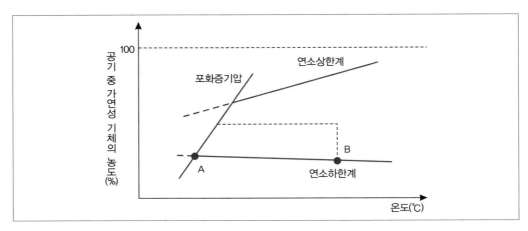

① 'A'점은 외부에너지에 의해 발화하기 시작하는 최저연소온도이다.
② 'A'점은 물질적 조건과 에너지 조건이 만나는 최저연소온도이다.
③ 'A'점은 화학양론비(stoichiometric ratio)에서의 최저연소온도이다.
④ 'B'점은 외부의 직접적인 점화원 없이 가열된 열의 축적에 의하여 발화가 되고 연소가 시작되는 최저온도이다.
⑤ 'B'점은 'A'점보다 일반적으로 수 백도가 높은 온도이다.

🎯 **해설** ┃ 'A'점은 인화점이며, 'B'점은 발화점이다. 따라서 화학양론비에서의 최저연소온도는 'B점'인 발화점이다.

> **더 알아보기 인화점과 발화점**
> ○ 인화점 : 인화점은 연소범위에서 외부의 직접적인 점화원에 의하여 인화(불이 붙을 수 있는)될 수 있는 최저온도를 말한다. 즉 어떤 물질이 점화원에 의해 연소할 수 있는 최저온도이다.
> ─ 외부에너지에 의해 발화하기 시작하는 최저연소온도이다.
> ─ 물질적 조건과 에너지 조건이 만나는 최저연소온도이다.
> ─ 가연성 혼합기를 형성하는 최저연소온도이다.
> ○ 발화점 : 발화점은 외부의 직접적인 점화원 없이 가열된 열의 축적에 의하여 발화가 되고 연소가 시작되는 최저온도, 즉 점화원 없이 스스로 불이 붙을 수 있는 최저온도를 말한다.
> ─ 화학양론비(stoichiometric ratio)에서의 최저연소온도이다.
> ─ 일반적으로 인화점보다 수 백도가 높은 온도이다.
> ─ 가연성 가스의 조성이 화학양론적 농도 부근일 경우 최소발화에너지는 최저가 된다.

69 다음 그래프의 ( ) 중 화학양론 조성비가 들어가야 할 부분으로 바른 것은?

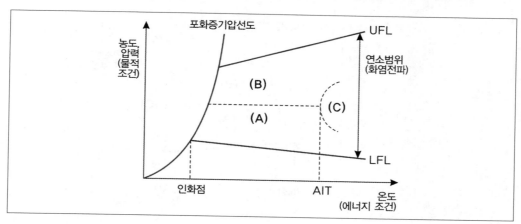

① A

② B

③ C

④ A, B

⑤ A, B, C

⊙ 해설 A는 화학양론 조성비, B는 최고연소속도농도, C는 자연발화이다.

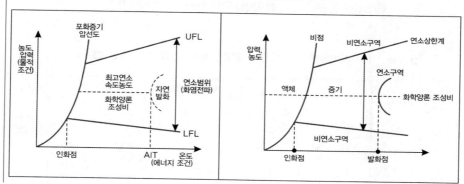

70 다음 그래프의 ( ) 안에 들어갈 용어로 바른 것은?

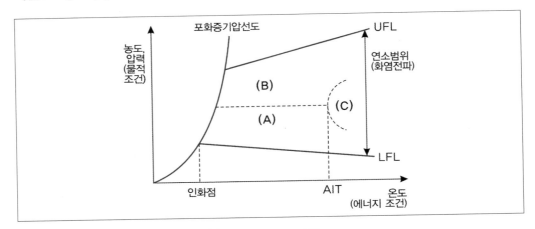

	(A)	(B)	(C)
①	화학양론 조성비	최고연소속도농도	자연발화
②	한계산소농도	화학양론 조성비	자연발화
③	최소산소농도	최고연소속도농도	인화점
④	최고연소속도농도	화학양론 조성비	인화점
⑤	최소산소농도	화학양론 조성비	자연발화

◎ 해설 (A) 화학양론 조성비, (B) 최고연소속도농도, (C) 자연발화이다.

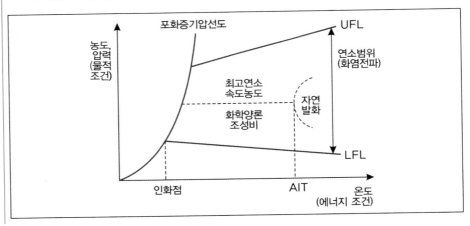

71   기체상 연료노즐에서의 연소에 대한 일반적인 설명으로 옳은 것을 모두 고른 것은?

> ㄱ. 역화는 연료의 연소속도가 분출속도보다 빠를 때 불꽃이 연료노즐 속으로 빨려 들어가 연료노즐 속에서 연소하는 현상이다.
> ㄴ. 선화는 불꽃이 연료노즐 위에 들뜨는 현상으로 연료노즐에서 연료기체의 연소속도가 분출속도보다 느릴 때 발생하는 현상이다.
> ㄷ. 연료노즐에서 흐름이 층류인 경우, 확산연소에서 화염의 높이는 분출속도에 비례한다.
> ㄹ. 황염은 분출하는 기체연료와 공기의 화학양론비에서 공기량이 많을 때 발생한다.
> ㅁ. 블로우오프란 선화상태에서 연료가스의 분출속도가 증가하거나 공기의 유동이 강하여 불꽃이 노즐에서 정착되지 않고 떨어져서 꺼져버리는 현상이다.

① ㄱ, ㅁ
② ㄷ, ㄹ
③ ㄱ, ㄴ, ㄷ
④ ㄱ, ㄴ, ㄷ, ㅁ
⑤ ㄱ, ㄴ, ㄷ, ㄹ, ㅁ

해설 ㄹ. 황염은 분출하는 기체연료와 공기의 화학양론비에서 공기량이 적을 때 발생한다.

72   기체상 연료노즐에서의 연소에 대한 일반적인 설명으로 옳은 것을 모두 고른 것은?

> ㄱ. 역화는 연료의 연소속도가 분출속도보다 빠를 때 불꽃이 연료노즐 속으로 빨려 들어가 연료노즐 속에서 연소하는 현상이다.
> ㄴ. 선화는 불꽃이 연료노즐 위에 들뜨는 현상으로 연료노즐에서 연료기체의 연소속도가 분출속도보다 느릴 때 발생하는 현상이다.
> ㄷ. 황염은 분출하는 기체연료와 공기의 화학양론비에서 공기량이 적을 때 발생한다.
> ㄹ. 연료노즐에서 흐름이 난류(turbulent)인 경우, 확산연소에서 화염의 높이는 분출속도에 비례한다.

① ㄱ, ㄴ
② ㄷ, ㄹ
③ ㄱ, ㄴ, ㄷ
④ ㄱ, ㄴ, ㄹ
⑤ ㄱ, ㄴ, ㄷ, ㄹ

해설 ㄹ. 연료노즐에서 흐름이 층류인 경우, 확산연소에서 화염의 높이는 분출속도에 비례한다.

정답 70 ① 71 ④ 72 ③

73 연소형태를 나열한 다음 중 고체의 연소형태와 액체의 연소형태에 공통으로 적용되는 형태로 짝지어진 것은?

| ㄱ. 표면연소 | ㄴ. 증발연소 | ㄷ. 분해연소 | ㄹ. 자기연소 |
| ㅁ. 분무연소 | ㅂ. 확산연소 | ㅅ. 예혼합연소 | ㅇ. 폭발연소 |

① ㄱ, ㄴ, ㄷ, ㄹ   ② ㄴ, ㄷ
③ ㅁ, ㅂ, ㅅ, ㅇ   ④ ㄷ, ㄹ, ㅁ, ㅂ
⑤ ㄱ, ㄴ, ㄷ, ㄹ, ㅁ

🔎**해설**
- 고체연소 : 표면연소, 증발연소, 분해연소, 자기연소
- 액체연소 : 증발연소, 분해연소, 분무연소, 등심연소
- 기체연소 : 폭발연소, 확산연소, 예혼합연소

74 가연물의 연소형태에 대한 설명으로 옳지 않은 것은?

① 가연성 기체와 공기가 연소범위 농도 내에서 연소하는 것을 기체연소라 한다.
② 가연물의 증발연소는 액체 및 고체 가연물의 연소형태를 말한다.
③ 고체의 분해연소는 가연성 가스가 발생하는 과정을 거치지 않고 고체 자체가 연소하는 것을 말한다.
④ 예혼합연소는 기체의 연소형태 중 하나로 화염은 온도가 높고 색깔은 청색, 백색이다.
⑤ 확산연소는 가연성 기체가 확산되면서 연소하는 것으로 기체의 일반적인 연소형태이다.

🔎**해설** 고체의 표면연소는 가연성 가스가 발생하는 과정을 거치지 않고 고체 자체가 연소하는 것을 말한다.

75 가연성 액체의 연소현상에 관한 설명으로 옳지 않은 것은?

① 가연성 액체의 연소와 관련된 온도는 발화점, 연소점, 인화점 순으로 높다.
② 인화점과 발화점이 가까운 액체일수록 재점화가 쉬워 냉각에 의한 소화활동보다 질식에 의한 소화효과가 더 적합하다.
③ 인화점과 연소점의 차이는 외부 점화원을 제거했을 경우 화염 전파의 지속성 여부에 따라 구분된다.
④ 연소반응은 열생성률(heat production rate)이 외부로의 열손실률(heat loss rate)보다 작은 조건에서 지속된다.
⑤ 분젠버너는 연료를 분무함으로써 비표면적을 증가시켜 연소하는 방식으로 인하점 이하에서도 연소가 가능하다.

ⓞ 해설 | 연소반응은 열생성률(heat production rate)이 외부로의 열손실률(heat loss rate)보다 큰 조건
에서 지속된다.

76 **가연성 액체의 연소현상에 관한 설명으로 옳지 않은 것은?**

① 액체연소는 액체 자체가 연소하는 것이 아니라 증발이라는 변화 과정을 거쳐 발생된 기
체가 타는 것을 말한다.

② 가연성 액체의 연소현상은 증발연소 · 분해연소 · 분무연소로 구분하며, 등심연소도 액체
연소의 형태로 분류된다.

③ 액체 가연물질이 휘발성인 경우는 외부로부터 열을 받아서 증발하여 연소하는 것을 증발
연소라 한다.

④ 액체가 비휘발성이거나 비중이 커 증발하기 어려운 경우에는 높은 온도를 가해 열분해하
여 그 분해가스를 연소시키는 것을 분해연소라 한다.

⑤ 점도가 높고 비휘발성인 액체의 점도를 낮추어 버너를 이용하여 액체의 입자를 안개상태
로 분출하여 표면적을 넓게 함으로써 공기와의 접촉면을 많게 하여 연소시키는 형태를
분해연소라 한다.

ⓞ 해설 | 분무연소(Spray Combustion, 액적연소)는 점도가 높고 비휘발성인 액체의 점도를 낮추어 버너를
이용하여 액체의 입자를 안개상태로 분출하여 표면적을 넓게 함으로써 공기와의 접촉면을 많게
하여 연소시키는 형태를 말하며, 액적연소라고도 한다. 회전버너(분젠버너)나 오리피스 등으로 연
료를 분무함으로써 비표면적을 증가시켜 연소하는 방식으로 인하점 이하에서도 연소가 가능하다.

77 **액체연료와 고체연료의 연소방법에 대한 설명으로 옳지 않은 것은?**

① 액체연료의 가장 일반적인 연소형태인 증발연소란 에테르, 석유류, 알코올류 등의 인화
성 액체에서 발생한 가연성 증기가 공기와 혼합된 상태에서 연소하는 것이다.

② 고체연료의 표면연소(surface combustion)란 가연성 고체가 열분해하여 증발하지 않고
그 고체의 표면에서 산소와 반응하여 연소되는 현상으로서 불꽃을 동반하며 황, 나프탈
렌, 아이오딘 등도 이 연소형태에 속한다.

③ 고체연료의 분해연소란 목재, 종이, 섬유, 플라스틱, 고무류 등과 같은 고체 가연물에
충분한 열이 공급되면 복잡한 연소 메커니즘을 거쳐 열분해에 의하여 발생된 가연성 가
스가 공기와 혼합되어 연소하는 형태를 말한다.

④ 고체연료의 증발연소란 그 물질 자체가 타는 것이 아니라 물질의 표면에서 증발한 가연
성 증기와 공기 중의 산소가 화합하여 이것에 적당한 열에너지를 주는 데 따라 일어나는
연소를 말한다.

▌정답 | 73 ② 74 ③ 75 ④ 76 ⑤ 77 ②

⑤ 고체연료의 자기연소(self combustion)란 질산에스터류, 셀룰로이드류, 나이트로화합물류, 하이드라진 유도체 등은 가연성 물질이면서 자체 내에 산소를 함유하고 있어 외부에서 열을 가하면 분해되어 가연성 기체와 산소를 발생하게 되므로 공기 중의 산소를 필요로 하지 않고 그 자체의 산소에 의해서 연소된다.

☯ 해설 고체연료의 표면연소(surface combustion)란 휘발성이 없는 고체 가연물이 고온 시 열분해나 증발 없이 표면에서 가연성 가스를 발생하지 않고 산소와 급격히 산화 반응하여 그 물질 자체가 불꽃 없이 연소하는 형태로서 가연물이 빨갛게 되며, 불꽃연소에 비하여 연소속도가 느리고 화학적 소화(부촉매·억제소화)가 없다. 숯, 목탄, 코크스, 마그네슘(Mg), 나무의 연소말기, 금속분 등의 연소가 그 예이다.
※ 황, 나프탈렌, 아이오딘은 고체연료의 증발연소에 해당한다.

78 고체상태의 연소형태에 대한 설명으로 옳지 않은 것은?

① 셀룰로이드, 트리나이트로톨루엔은 분자 내에 산소를 가지고 있어 가열 시 열분해에 의해 가연성 증기와 함께 산소를 발생하여 자신의 분자 속에 포함되어 있는 산소에 의해 연소한다.

② 목재, 석탄, 종이, 플라스틱은 가열하면 열분해 반응을 일으키면서 생성된 가연성 증기와 공기가 혼합하여 연소한다.

③ 황, 나프탈렌은 가열하면 열분해를 일으키지 않고 증발하면서 증기와 공기가 혼합하여 연소한다.

④ 숯, 코크스, 목탄, 금속분은 열분해 반응에 의한 휘발성분이 표면에서 산소와 반응하여 연소한다.

⑤ 파라핀, 왁스 등은 가열하면 융해되어 액체로 변하게 되고 지속적인 가열로 기화되면서 증기가 되어 공기와 혼합하여 연소한다.

☯ 해설 표면연소(Surface Combustion, 직접연소, 무염연소)는 휘발성이 없는 고체 가연물이 고온 시 열분해나 증발 없이 표면에서 가연성 가스를 발생하지 않고 산소와 급격히 산화 반응하여 그 물질 자체가 불꽃이 없이 연소하는 형태로서 가연물이 빨갛게 되며, 불꽃연소에 비하여 연소속도가 느리며, 화학적 소화(부촉매·억제소화)가 없다. 숯, 목탄, 코크스, 마그네슘(Mg), 나무의 연소말기, 금속분 등의 연소가 그 예이다.

79 고체상태의 연소형태에 대한 설명으로 옳은 것은?

① 나이트로글리세린, 셀룰로이드는 분자 내에 산소를 함유하고 있어 열분해에 의해 가연성 가스와 산소를 동시에 발생시키므로 공기 중 산소 없이 자체의 산소에 의해 연소하는 형태로 내부연소라고 불리기도 한다.

② 목탄, 석탄, 종이, 플라스틱은 가열하면 열분해 반응을 일으키면서 생성된 가연성 증기와 공기가 혼합하여 연소한다.

③ 황, 나프탈렌은 가열하면 열분해 반응을 일으키고 증발하면서 증기와 공기가 혼합하여 연소한다.

④ 숯, 코크스, 금속분은 열분해 반응에 의한 휘발성분이 표면에서 산소와 반응하여 연소한다.

⑤ 표면연소는 불꽃연소의 한 형태로 가연성 고체가 뜨거운 열을 만나 으스러지면서 분해생성물이 공기와 혼합기체를 만들어 연소하는 현상이다.

> **해설**
> ② 목재, 석탄, 종이, 플라스틱은 가열하면 열분해 반응을 일으키면서 생성된 가연성 증기와 공기가 혼합하여 연소한다.
> ③ 황, 나프탈렌은 가열하면 열분해를 일으키지 않고 증발하면서 증기와 공기가 혼합하여 연소한다.
> ④ 숯, 코크스, 목탄, 금속분 등 휘발성이 없는 고체 가연물은 고온 시 열분해나 증발 없이 표면에서 가연성 가스를 발생하지 않고 산소와 급격히 산화 반응하여 그 물질 자체가 불꽃이 없이 연소한다.
> ⑤ 분해연소에 대한 설명이다. 표면연소는 비휘발성의 고체 가연물이 고온 시 열분해나 증발 없이 표면에서 가연성 가스를 발생하지 않고 산소와 급격히 산화 반응하여 그 물질 자체가 불꽃이 없이 연소하는 형태로서 가연물이 빨갛게 되며, 불꽃연소에 비하여 연소속도가 느리며, 화학적 소화(부촉매·억제소화)가 없다.

80 고체 가연물의 연소형태가 옳게 연결된 것은?

① 목재, 나프탈렌 – 증발연소
② 목탄, 종이 – 표면연소
③ 마그네슘, 질산에스터류 – 자기연소
④ 플라스틱, 석탄, 면 – 분해연소
⑤ 질산염류, 아염소산염류 – 자기연소

> **해설**
> ① 목재 – 분해연소 / 나프탈렌 – 증발연소
> ② 종이 – 분해연소 / 목탄 – 표면연소
> ③ 마그네슘 – 표면연소 / 질산에스터류 – 자기연소
> ⑤ 질산염류, 아염소산염류 – 불연성물질

정답 78 ④ 79 ① 80 ④

81 상온에서 고체상태로 존재하는 고체의 연소는 분해·표면·증발·자기연소 등으로 나눌 수 있는데, 각 연소에 대한 설명으로 옳지 않은 것은?

① 증발연소 중 고체 가연물이 열분해 없이 증발하여 증기가 연소하는 형태를 갖는 승화작용을 하는 물질로는 나프탈렌($C_{10}H_8$), 황(S), 아이오딘 등이 있다.

② 자기연소란 분자 내 산소를 갖고 있어 외부로부터 산소공급 없이 자기 내부의 연소형태를 갖는 현상이다.

③ 표면연소란 휘발성이 있는 고체 가연물이 고온 시 표면에서 공기와 접촉해 그 자체에 불꽃을 가지고 연소하는 현상이다.

④ 분해연소는 불꽃연소의 한 형태로 가연성 고체가 뜨거운 열을 만나 으스러지면서 분해생성물이 공기와 혼합기체를 만들어 연소하는 현상이다.

⑤ 증발연소 중 고체 가연물이 융해된 액체가 기화하여 증기가 되어 연소하는 형태를 갖는 융해성 고체 가연물로는 파라핀(양초), 왁스 등이 있다.

🎯 **해설** │ 표면연소란 휘발성이 없는 고체 가연물이 고온 시 표면에서 공기와 접촉해 그 자체가 불꽃 없이 연소하는 현상이다.

82 연소속도에 영향을 미치는 요인으로 옳지 않은 것은?

① 가연물의 종류와 위치

② 산소농도에 따라 가연물과 접촉하는 속도

③ 산화반응을 일으키는 속도 및 가연성과 산화성 물질의 혼합비율

④ 촉매 및 생성된 불가연성 물질

⑤ 압력, 화염의 온도 및 미연소 가연성 기체의 밀도, 비열, 열전도

🎯 **해설**

> **더 알아보기 연소속도에 영향을 미치는 요인**
> ◦ 가연물의 종류와 온도
> ◦ 산소농도에 따라 가연물과 접촉하는 속도
> ◦ 산화반응을 일으키는 속도 및 가연성과 산화성 물질의 혼합비율
> ◦ 촉매 및 생성된 불가연성 물질
> ◦ 압력, 화염의 온도 및 미연소 가연성 기체의 밀도, 비열, 열전도 등

83 상온에서 고체상태로 존재하는 고체의 연소는 분해·표면·증발·자기연소 등으로 나눌 수 있는데, 각 연소에 대한 설명으로 옳지 않은 것은?

① 증발연소란 파라핀, 나프탈렌 등 가연성 고체가 열분해 없이 증발하여 증기가 연소되거나 또는 융해된 액체가 기화하여 증기가 되어 연소하는 현상이다.

② 자기연소란 분자 내 산소를 갖고 있지 않아 외부로부터 산소공급이 이루어져 자기 내부의 연소형태를 갖는 현상이다.

③ 표면연소란 비휘발성인 고체 가연물이 고온 시 표면에서 공기와 접촉해 그 자체가 불꽃 없이 연소하는 현상이다.

④ 분해연소는 불꽃연소의 한 형태로 고체 가연물질을 가열하면 열분해를 일으키고 이때 생성된 분해가스 등이 연소하는 형태를 말한다.

⑤ 고체연소 중 분해·증발·자기연소는 유염연소로, 표면연소는 무염연소로 분류할 수 있다.

⊙해설 | 자기연소란 분자 내 산소를 갖고 있어 외부로부터 산소공급 없이 자기 내부의 연소형태를 갖는 현상이다.

84 고체연소에 대한 설명으로 옳은 것은?

① 증발연소란 분자 내 산소를 갖고 있어 외부로부터 산소공급 없이 자기 내부의 연소형태를 갖는 현상이다.

② 자기연소란 비휘발성의 고체 가연물이 고온 시 표면에서 공기와 접촉해 그 자체가 불꽃 없이 연소하는 현상이다.

③ 표면연소란 불꽃연소의 한 형태로 가연성 고체가 뜨거운 열을 만나 으스러지면서 분해생성물이 공기와 혼합기체를 만들어 연소하는 현상이다.

④ 분해연소는 파라핀, 나프탈렌 등 가연성 고체가 열분해 없이 증발하여 증기가 연소되거나 또는 융해된 액체가 기화하여 증기가 되어 연소하는 현상이다.

⑤ 고체연소 중 분해·증발·자기연소는 불꽃연소로, 표면연소는 불씨연소로 분류할 수 있다.

▐정답 81 ③ 82 ① 83 ② 84 ⑤

해설 ① 증발연소란 파라핀, 나프탈렌 등 가연성 고체가 열분해 없이 증발하여 증기가 연소되거나 또는 융해된 액체가 기화하여 증기가 되어 연소하는 현상이다.
② 자기연소란 분자 내 산소를 갖고 있어 외부로부터 산소공급 없이 자기 내부의 연소형태를 갖는 현상이다.
③ 표면연소란 비휘발성의 고체 가연물이 고온 시 표면에서 공기와 접촉해 그 자체가 불꽃 없이 연소하는 현상이다.
④ 분해연소는 불꽃연소의 한 형태로 가연성 고체가 뜨거운 열을 만나 으스러지면서 분해생성물이 공기와 혼합기체를 만들어 연소하는 현상이다.

85 연소에 관한 설명으로 옳은 것은?

① 작열연소 : 화염이 없는 표면화재이다.
② 분해연소 : 아스팔트・목재・석탄・종이・섬유・플라스틱・합성수지・고무류가 열분해 되면서 일어나는 연소현상이다.
③ 증발연소 : 액체에서만 발생하는 연소형태로서 액면에서 비등하는 기체에서 발생하는 연소현상이다.
④ 자기연소 : 제3류 위험물과 같이 물질 자체 내의 산소를 소모하는 연소로서 연소속도가 빠르다.
⑤ 훈소화재 : 개방된 구조의 공간을 가진 실내화재 시 많이 발생하며, 공기 중 연소에 필요한 산소공급이 충분하여 연소가 매우 빠르게 진행된다.

해설 ① 작열연소 : 화염이 없는 표면연소이다.
③ 증발연소 : 액체와 고체에서 발생하는 연소형태로서 액체의 경우 액면에서 비등하는 기체에서 연소가 발생하고, 고체의 경우 고체 가연물이 열분해 없이 증발하여 증기가 연소되거나 또는 융해된 액체가 기화하여 발생한 증기가 연소하는 현상이다.
④ 자기연소 : 제5류 위험물과 같이 물질 자체 내의 산소를 소모하는 연소로서 연소속도가 빠르다.
⑤ 훈소화재 : 거의 밀폐된 구조의 공간을 가진 실내화재 시 많이 발생한다. 이는 공기 중 연소에 필요한 산소공급이 불충분하여 연소가 거의 정지 또는 매우 느리게 진행된다.

86 「위험물안전관리법 시행규칙」상 수납하는 위험물의 종류에 따라 운반용기의 외부에 표시하여야 할 주의사항으로 옳지 않은 것은?

① 제1류 위험물 중 알칼리금속의 과산화물 또는 이를 함유한 것에 있어서는 "화기・충격주의", "물기엄금" 및 "가연물접촉주의"
② 제2류 위험물 중 철분・금속분・마그네슘 또는 이들 중 어느 하나 이상을 함유한 것에 있어서는 "화기주의" 및 "물기엄금"
③ 제3류 위험물 중 자연발화성 물질에 있어서는 "화기엄금" 및 "공기접촉엄금", 금수성 물질에 있어서는 "물기엄금"

④ 제4류 위험물에 있어서는 "화기엄금"
⑤ 제5류 위험물에 있어서는 "화기주의" 및 "충격주의"

🎯 해설   제5류 위험물에 있어서는 "화기엄금" 및 "충격주의"이다.

> **더 알아보기   수납하는 위험물의 종류에 따라 운반용기의 외부에 표시하여야 할 주의사항**
> ◦ 제1류 위험물 중 알칼리금속의 과산화물 또는 이를 함유한 것에 있어서는 "화기ㆍ충격주의", "물기엄금" 및 "가연물접촉주의", 그 밖의 것에 있어서는 "화기ㆍ충격주의" 및 "가연물접촉주의"
> ◦ 제2류 위험물 중 철분ㆍ금속분ㆍ마그네슘 또는 이들 중 어느 하나 이상을 함유한 것에 있어서는 "화기주의" 및 "물기엄금", 인화성 고체에 있어서는 "화기엄금", 그 밖의 것에 있어서는 "화기주의"
> ◦ 제3류 위험물 중 자연발화성 물질에 있어서는 "화기엄금" 및 "공기접촉엄금", 금수성 물질에 있어서는 "물기엄금"
> ◦ 제4류 위험물에 있어서는 "화기엄금"
> ◦ 제5류 위험물에 있어서는 "화기엄금" 및 "충격주의"
> ◦ 제6류 위험물에 있어서는 "가연물접촉주의"

87 「위험물안전관리법 시행령」에서 정의하는 위험물의 유별 정의에 대한 설명으로 옳지 않은 것은?

① "산화성 고체"라 함은 고체 또는 기체로서 산화력의 잠재적인 위험성 또는 충격에 대한 민감성을 판단하기 위하여 소방청장이 정하여 고시하는 시험에서 고시로 정하는 성질과 상태를 나타내는 것을 말한다.
② "가연성 고체"라 함은 고체로서 화염에 의한 발화의 위험성 또는 인화의 위험성을 판단하기 위하여 고시로 정하는 시험에서 고시로 정하는 성질과 상태를 나타내는 것을 말한다.
③ "자연발화성 물질 및 금수성 물질"이라 함은 고체 또는 액체로서 공기 중에서 발화의 위험성이 있거나 물과 접촉하여 발화하거나 가연성 가스를 발생하는 위험성이 있는 것을 말한다.
④ "인화성 액체"라 함은 액체로서 산화력의 잠재적인 위험성을 판단하기 위하여 고시로 정하는 시험에서 고시로 정하는 성질과 상태를 나타내는 것을 말한다.
⑤ "자기반응성 물질"이라 함은 고체 또는 액체로서 폭발의 위험성 또는 가열분해의 격렬함을 판단하기 위하여 고시로 정하는 시험에서 고시로 정하는 성질과 상태를 나타내는 것을 말한다.

🎯 해설   • "인화성 액체"라 함은 액체(제3석유류, 제4석유류 및 동식물유류의 경우 1기압과 섭씨 20도에서 액체인 것만 해당한다)로서 인화의 위험성이 있는 것을 말한다. 다만, 「위험물안전관리법 시행령」 별표 1 가 ~ 마목의 어느 하나에 해당하는 것을 법 제20조 제1항의 중요기준과 세부기준에 따른 운반용기를 사용하여 운반하거나 저장(진열 및 판매를 포함한다)하는 경우는 제외한다.
• "산화성 액체"라 함은 액체로서 산화력의 잠재적인 위험성을 판단하기 위하여 고시로 정하는 시험에서 고시로 정하는 성질과 상태를 나타내는 것을 말한다.

▌정답 85 ② 86 ⑤ 87 ④

88 「위험물안전관리법 시행령」상 제1류 위험물에 관한 내용이다. (   ) 안에 들어갈 내용으로 옳은 것은?

> • 고체로서 (㉠)의 잠재적인 위험성 또는 (㉡)에 대한 민감성을 판단하기 위하여 소방청장이 정하여 고시하는 시험에서 고시로 정하는 성질과 상태를 나타내는 것을 말한다.
> • 액상인 경우 수직으로 된 시험관(안지름 30mm, 높이 120mm의 원통형 유리관)에 시료를 55mm까지 채운 다음 시험관을 수평으로 하였을 때 시료액면의 선단이 (㉢)mm를 이동하는 데 걸리는 시간이 (㉣)초 이내에 있는 것을 말한다.

	㉠	㉡	㉢	㉣		㉠	㉡	㉢	㉣
①	폭발력	발화	30	90	②	산화력	충격	30	90
③	환원력	분해	55	120	④	산화력	폭발	30	120
⑤	산화력	충격	55	90					

해설 ㉠ 산화력, ㉡ 충격, ㉢ 30, ㉣ 90

> **더 알아보기** 제1류 위험물의 정의
> ○ 산화성 고체 : 고체[액체(1기압 및 섭씨 20도에서 액상인 것 또는 섭씨 20도 초과 섭씨 40도 이하에서 액상인 것을 말한다. 이하 같다) 또는 기체(1기압 및 섭씨 20도에서 기상인 것을 말한다) 외의 것을 말한다. 이하 같다]로서 산화력의 잠재적인 위험성 또는 충격에 대한 민감성을 판단하기 위하여 소방청장이 정하여 고시(이하 "고시"라 한다)하는 시험에서 고시로 정하는 성질과 상태를 나타내는 것을 말한다.
> ○ 액상 : 수직으로 된 시험관(안지름 30mm, 높이 120mm의 원통형 유리관을 말한다)에 시료를 55mm까지 채운 다음 시험관을 수평으로 하였을 때 시료액면의 선단이 30mm를 이동하는 데 걸리는 시간이 90초 이내에 있는 것을 말한다.

89 위험물 운반용기 외부에 표시하는 주의사항을 잘못 나타낸 것은?

① 적린 : 화기주의
② 탄화칼슘 : 물기엄금
③ 아세톤 : 화기엄금
④ 과산화수소 : 화기주의
⑤ 인화성 고체 : 화기엄금

해설 과산화수소 : '가연물접촉주의'

90 위험물의 종류에 따른 일반적 성상을 나타낸 것으로 옳은 것은?

① 산화성 고체는 환원성 물질이며 황린과 철분을 포함한다.

② 인화성 액체는 전기 전도체이며 휘발유와 등유를 포함한다.

③ 가연성 고체는 불연성 물질이며 질산염류와 무기과산화물을 포함한다.

④ 자기반응성 물질은 연소 또는 폭발을 일으킬 수 있는 물질이며 유기과산화물, 질산에스터류를 포함한다.

⑤ 자연발화성 물질 중 황린은 가열, 충격, 마찰에 의해 분해되어 산소가 발생하므로 가연물과의 접촉을 피해야 한다.

해설 ① 산화성 고체는 산화성 물질이며 산화제라고도 한다. 아염소산염류, 염소산염류, 과염소산염류, 무기과산화물, 브로민산염류, 질산염류, 아이오딘산염류, 과망가니즈산염류, 다이크로뮴산염류 등이 있다.
② 인화성 액체는 전기 부전도체이며 휘발유와 등유를 포함한다.
③ 가연성 고체는 가연성 물질이며 황화인, 적린, 황, 철분, 금속분, 마그네슘 등이 있다.
⑤ 공기 중 황린은 미분인 가루상태에서는 34℃에서 산화작용에 의한 산화열에 의해 자연발화가 가능하다.

91 「위험물안전관리법」상 제5류 위험물의 품명, 위험등급, 지정수량 연결이 옳지 않은 것은?

	품명	위험등급	지정수량
①	유기과산화물	I	10kg
②	질산에스터류	I	10kg
③	나이트로화합물	II	100kg
④	나이트로소화합물	II	100kg
⑤	하이드라진	II	100kg

해설 • 제5류 위험물 : 하이드라진 유도체 - II - 100kg
• 제4류 위험물 중 제2석유류에서 수용성 액체 : 하이드라진 - III - 2,000L

정답 | 88 ② 89 ④ 90 ④ 91 ⑤ |

92 **위험물의 유별 특성에 대한 설명으로 옳지 않은 것은?**

① 제2류 위험물은 산화성 고체로서 강산화성 물질로 상온에서 고체상태이고 마찰·충격으로 많은 산소를 방출할 수 있는 물질로 이루어진 위험물을 말한다.

② 제3류 위험물은 자연발화성 및 금수성 물질로 자연발화성 물질 및 물과 반응하여 가연성 가스를 발생하는 물질이다.

③ 제4류 위험물은 인화성 액체로 인화위험이 높고, 비교적 발화점이 낮으며 증기비중이 공기보다 무겁다.

④ 제5류 위험물은 자기반응성 물질로 외부로부터 산소의 공급 없이도 가열, 충격 등에 의해 연소폭발을 일으키는 물질이다.

⑤ 제6류 위험물은 산화성 액체로 강산성 물질이라 하며 강한 부식성을 갖는 물질 및 많은 산소를 함유하고 있는 물질 등으로 이루어져 있다.

⊙ 해설
- 제1류 위험물은 산화성 고체로서 강산화성 물질로 상온에서 고체상태이고 마찰·충격으로 많은 산소를 방출할 수 있는 물질로 이루어진 위험물을 말한다.
- 제2류 위험물은 가연성 고체로서 환원성 물질이며 상온에서 고체이고 특히 산화제와 접촉하면 마찰 또는 충격으로 급격히 폭발할 수 있는 위험물을 말한다.

93 **제1류 위험물의 일반적 성질이 아닌 것은?**

① 대부분 유기화합물이며, 그 자체에 산소를 가지고 있다.

② 가열·충격·마찰 등으로 분해되어 쉽게 산소가 발생한다(화기·충격·접촉주의).

③ 대부분 수용성(물에 섞임)이고, 수용성 상태에서도 산화성이다.

④ 불연성 물질이지만 산소를 방출하여 가연성 물질의 연소를 돕는다.

⑤ 비중이 1보다 커 물보다 무거운 성질을 가진다.

⊙ 해설 | 제1류 위험물은 대부분 무기화합물이며, 그 자체에 산소를 가지고 있다.

> **더 알아보기 제1류 위험물의 특성**
> - 대부분 무기화합물이며, 그 자체에 산소를 가지고 있다.
> - 비중이 1보다 커 물보다 무거운 성질을 가진다.
> - 불연성 물질이지만 산소를 방출하여 가연성 물질의 연소를 돕는다.
> - 가열·충격·마찰 등으로 분해되어 쉽게 산소가 발생한다(화기·충격·접촉주의).
> - 대부분 수용성(물에 섞임)이고, 수용성 상태에서도 산화성이다.

94 제1류 위험물의 일반적 성질로 옳지 않은 것은?

① 대부분 무기화합물이며, 그 자체에 산소를 가지고 있다.
② 대부분 무색결정 또는 백색분말이다.
③ 연소열이 크며, 모두 물보다 무겁고 비수용성 물질로서 물에 녹지 않는다.
④ 불연성 물질이지만 산소를 방출하여 가연성 물질의 연소를 돕는다.
⑤ 비중이 1보다 커 물보다 무거운 성질을 가진다.

해설 | 제2류 위험물의 일반적 성질에 대한 설명이다. 제2류 위험물은 연소열이 크며, 모두 물보다 무겁고 비수용성 물질로서 물에 녹지 않는다.

> **더 알아보기 제1류 위험물(산화성 고체)의 일반적 성질**
> ◦ 산소를 함유한 강한 산화제이며 가열, 충격, 마찰 등에 의해 분해하여 산소를 방출한다. : 산소함유 + 불연성
> ◦ 자신은 불연성이나 산소를 방출하여 다른 가연물의 연소를 돕는 조연성 물질이다.
> ◦ 대부분 무색결정이거나 백색분말이다.
> ◦ 비중은 1보다 커 물보다 무겁다.

95 위험물의 유별 특성에 대한 설명으로 옳지 않은 것은?

① 제1류 위험물은 인화성 액체로 인화위험이 높고, 비교적 발화점이 낮으며 증기비중이 공기보다 무겁다.
② 제2류 위험물은 가연성 고체로 비교적 낮은 온도에서 착화하기 쉬운 환원성 물질이다.
③ 제3류 위험물은 자연발화성 및 금수성 물질로 자연발화성 물질 및 물과 반응하여 가연성 가스를 발생하는 물질이다.
④ 제5류 위험물은 자기반응성 물질로 외부로부터 산소의 공급 없이도 가열, 충격 등에 의해 연소폭발을 일으키는 물질이다.
⑤ 제6류 위험물은 산화성 액체로 무기화합물로 이루어져 형성되며 일반가연물과 혼합한 것은 접촉발화하거나 가열 등에 의해 위험한 상태로 된다.

해설 | • 제1류 위험물은 산화성 고체로 자신은 불연성이나 산소를 방출하여 다른 가연물의 연소를 돕는 조연성 물질이다.
• 제4류 위험물은 인화성 액체로 인화위험이 높고, 비교적 인화점과 발화점이 낮으며 증기비중이 공기보다 무겁다.

▣정답 | 92 ① 93 ① 94 ③ 95 ① |

96 마그네슘 48g이 완전히 연소하기 위해 필요한 이론산소량은? (Mg원자량 : 24, O원자량 : 16)

① 8

② 16

③ 24

④ 32

⑤ 64

🎯 **해설**
- 마그네슘의 연소식 : $2Mg + O_2 \rightarrow 2MgO$
  48g의 마그네슘이므로 $2Mg + O_2 \rightarrow 2MgO$
- 산소의 원자량이 16g이므로 분자량은 32g
  따라서 48g의 마그네슘을 완전연소($2Mg + O_2 \rightarrow 2MgO$)하기 위한 산소의 양은 32g이다.

97 〈보기〉의 내용 중 (   ) 안에 들어갈 물질로 알맞은 것은?

> **보기**
>
> 마그네슘(Mg)이 연소 시 적응성 있는 소화약제로는 모래 등을 이용한 건조사가 있다. 이는 마스네슘(Mg)의 경우 물과 만나 (A)를 생성하고, 이산화탄소를 만나 (B)를 생성하기 때문이다.

	A	B			A	B
①	탄소	탄소		②	산소	탄소
③	수소	산소		④	수소	탄소
⑤	일산화탄소	탄소				

🎯 **해설**
- 마그네슘과 물과의 반응식
  : $Mg + 2H_2O \rightarrow Mg(OH)_2 + H_2$
- 마그네슘과 이산화탄소와의 반응식
  : $2Mg + CO_2 \rightarrow 2MgO + C$
  : $Mg + CO_2 \rightarrow MgO + CO$

98 위험물의 유형별 소화방법에 대한 설명으로 옳은 것을 모두 고른 것은?

> ㄱ. 제1류 위험물 중 무기과산화물을 제외한 물질은 주수소화해야 한다.
> ㄴ. 제2류 위험물 중 철분, 마그네슘은 주수소화해야 한다.
> ㄷ. 황린을 제외한 제3류 위험물은 주수소화한다.
> ㄹ. 모든 제5류 위험물은 주수소화를 금한다.

① ㄱ
② ㄱ, ㄴ, ㄷ
③ ㄴ, ㄷ, ㄹ
④ ㄱ, ㄴ, ㄷ, ㄹ
⑤ ㄱ, ㄴ

해설 ㄴ. 제2류 위험물 중 철분, 마그네슘은 주수소화를 금한다.
ㄷ. 제3류 위험물 중 황린은 주수소화가 가능하나 나머지는 물에 의한 냉각소화는 절대 불가능하다.
ㄹ. 모든 제5류 위험물은 주수소화를 원칙으로 한다.

99 다음 중 보관 시 물 속에 저장해야 되는 물질로 옳은 것은?

① 이황화탄소, 황린
② 칼륨, 황린
③ 마그네슘, 이황화탄소
④ 나트륨, 이황화탄소
⑤ 알킬알루미늄, 알킬리튬

해설 황린(P_4)은 pH9 정도의 약알칼리성의 물 속에 저장하며, 이황화탄소(CS_2)도 물 속에 저장한다.

100 다음 중 칼륨(K)과 트리에틸알루미늄[$(C_2H_5)_3Al$]의 공통성질로 옳은 것을 모두 고른 것은?

> ㄱ. 상온에서 고체이다.
> ㄴ. 물과 반응하여 수소를 발생시킨다.
> ㄷ. 「위험물안전관리법」상 위험등급 I이다.

① ㄱ
② ㄴ
③ ㄷ
④ ㄱ, ㄴ
⑤ ㄱ, ㄴ, ㄷ

▶**정답** 96 ④ 97 ④ 98 ① 99 ① 100 ③

✪ 해설

ㄷ. 「위험물안전관리법」상 위험등급Ⅰ은 제3류 위험물 중에는 지정수량 10kg과 20kg이다. 따라서 칼륨, 나트륨, 알킬알루미늄, 알킬리튬, 황린이 포함되는데 트리에틸알루미늄이 알킬알루미늄에 해당된다.

ㄱ. 칼륨은 상온에서 고체이고, 트리에틸알루미늄은 상온에서 액체이다.

ㄴ. 트리에틸알루미늄의 물과의 반응 : $(C_2H_5)_3Al + 3H_2O \rightarrow Al(OH)_3 + 3C_2H_6$
　　　　　　　　　　　　　　　(트리에틸알루미늄)　(물)　→　(수산화알루미늄)　(에탄)

칼륨과 물과의 반응 : $2K + 2H_2O \rightarrow 2KOH + H_2$
　　　　　　　　(칼륨)　(물)　→　(수산화칼륨)　(수소)

101 물보다 무겁고, 물에 녹지 않아 저장 시 가연성 증기발생을 억제하기 위해 수조 속의 위험물탱크에 저장하는 물질은?

① 디에틸에테르　　　　　　　　② 에탄올
③ 이황화탄소　　　　　　　　　④ 아세트알데하이드
⑤ 산화프로필렌

✪ 해설

이황화탄소는 물에 녹지 않고, 물보다 무겁기 때문에 보관 시 가연성 증기발생을 억제하기 위하여 용기나 탱크의 물 속에 보관해야 한다.

102 다음 중 물과 반응하여 발생하는 가스가 다른 하나는?

① 나트륨　　　　　　　　　　　② 탄화칼슘
③ 리튬　　　　　　　　　　　　④ 칼륨
⑤ 마그네슘

✪ 해설

② 탄화칼슘 : $CaC_2 + 2H_2O \rightarrow Ca(OH)_2 + C_2H_2$(아세틸렌 발생)
① 나트륨 : $2Na + 2H_2O \rightarrow 2NaOH + H_2$(수소 발생)
③ 리튬 : $2Li + 2H_2O \rightarrow 2LiOH + H_2$(수소 발생)
④ 칼륨 : $2K + 2H_2O \rightarrow 2KOH + H_2$(수소 발생)
⑤ 마그네슘 : $Mg + 2H_2O \rightarrow Mg(OH)_2 + H_2$(수소 발생)

103 다음의 물질 중 물과 반응하여 메탄을 발생시키는 물질인 것은?

① 탄화칼륨(K_2C_2)
② 탄화알루미늄(Al_4C_3)
③ 인화칼슘(Ca_3P_2)
④ 칼슘(Ca)
⑤ 마그네슘(Mg)

해설   ② 탄화알루미늄 : $Al_4C_3 + 12H_2O \rightarrow 4Al(OH)_3 + 3CH_4$(메탄 발생)
① 탄화칼륨 : $K_2C_2 + 2H_2O \rightarrow 2KOH + C_2H_2$(아세틸렌 발생)
③ 인화칼슘 : $Ca_3P_2 + 6H_2O \rightarrow 3Ca(OH)_2 + 2PH_3$(포스핀 발생)
④ 칼슘 : $Ca + 2H_2O \rightarrow Ca(OH)_2 + H_2$(수소 발생)
⑤ 마그네슘 : $Mg + 2H_2O \rightarrow Mg(OH)_2 + H_2$(수소 발생)

104 다음의 물질 중 물과 반응하여 포스핀을 발생시키는 물질은?

① 탄화칼륨(K_2C_2)
② 탄화알루미늄(Al_4C_3)
③ 인화칼슘(Ca_3P_2)
④ 칼슘(Ca)
⑤ 탄화베릴륨(Be_2C)

해설   ③ 인화칼슘 : $Ca_3P_2 + 6H_2O \rightarrow 3Ca(OH)_2 + 2PH_3$(포스핀 발생)
① 탄화칼륨 : $K_2C_2 + 2H_2O \rightarrow 2KOH + C_2H_2$(아세틸렌 발생)
② 탄화알루미늄 : $Al_4C_3 + 12H_2O \rightarrow 4Al(OH)_3 + 3CH_4$(메탄 발생)
④ 칼슘 : $Ca + 2H_2O \rightarrow Ca(OH)_2 + H_2$(수소 발생)
⑤ 탄화베릴륨 : $Be_2C + 4H_2O \rightarrow 2Be(OH)_2 + CH_4$(메탄 발생)

105 탄화칼슘이 물과 반응할 때 생성되는 가연성 가스는?

① 메탄
② 에탄
③ 아세틸렌
④ 포스핀
⑤ 수소

▶**정답**   101 ③   102 ②   103 ②   104 ③   105 ③

⊙ 해설
- $CaC_2 + 2H_2O \rightarrow Ca(OH)_2 + C_2H_2$
  (탄화칼슘) + (물) → (수산화칼슘) + (아세틸렌)
- $(C_2H_5)_3Al + 3H_2O \rightarrow Al(OH)_3 + 3C_2H_6$
  (트리에틸알루미늄) + (물) → (수산화알루미늄) + (에탄)
- $Ca_3P_2 + 6HCl \rightarrow 3CaCl_2 + 2PH_3$
  (인화칼슘) + (염산) → (염화칼슘) + (포스핀)
- $Al_4C_3 + 12H_2O \rightarrow 4Al(OH)_3 + 3CH_4$
  (탄화알루미늄) + (물) → (수산화알루미늄) + (메탄)

106 제3류 위험물에 대한 내용으로 옳지 않은 것은?

① 황린을 제외한 금수성 물질은 물과 반응하여 가연성 가스를 발생하고 발열한다.
② 자연발화성 물질은 물 또는 공기와 접촉하면 폭발적으로 연소하여 가연성 가스를 발생한다.
③ 칼륨(K), 나트륨(Na) 및 알칼리금속은 산소가 함유되지 않은 석유류(경유, 등유 등)에 저장한다.
④ 알킬알루미늄, 알킬리튬, 황린, 유기금속화합물류는 유기화합물이다.
⑤ 황린은 물 속에 저장해야 한다. 수소이온농도는 pH9를 유지해야 하는데, 물 속에서 온도나 수소이온농도 pH9가 맞지 않으면 독성가스 인화수소(포스핀)가 발생한다.

⊙ 해설 | 알킬알루미늄, 알킬리튬, 유기금속화합물류는 유기화합물이며, 황린은 무기화합물이다.

107 일반적인 위험물의 유별 특성에 대한 설명으로 옳지 않은 것은?

① 제1류 위험물은 산화성 고체로 대부분 무기화합물로서 대부분 무색결정 또는 백색분말이며 가열, 충격, 마찰, 타격 등 약간의 분해반응이 개시된다.
② 제2류 위험물은 가연성 고체로 비교적 낮은 온도에서 착화하기 쉬운 환원성 물질이다.
③ 제3류 위험물은 자연발화성 및 금수성 물질로 칼륨, 나트륨, 알킬알루미늄, 알킬리튬은 연소하고 나머지는 연소하지 않는다.
④ 제4류 위험물은 인화성 액체로 인화위험이 높고, 비교적 발화점이 낮으며 증기비중이 공기보다 무겁다.
⑤ 제5류 위험물은 자기반응성 물질로 외부로부터 산소의 공급 없이도 가열, 충격 등에 의해 연소폭발을 일으키는 물질이다.

해설 제3류 위험물에서 칼륨, 나트륨, 황린, 알킬알루미늄은 연소하고 나머지는 연소하지 않는다.

> **더 알아보기 제3류 위험물의 일반적인 특징**
> ∘ 대부분 무기화합물이며 고체 또는 액체이다.
>   ※ 알킬알루미늄, 알킬리튬, 유기금속화합물류는 유기화합물이다.
> ∘ 칼륨, 나트륨, 알킬알루미늄, 알킬리튬은 물보다 가볍고 나머지는 물보다 무겁다.
> ∘ 칼륨, 나트륨, 황린, 알킬알루미늄은 연소하고 나머지는 연소하지 않는다.
> ∘ 물에 대해 위험한 반응을 초래하는 고체 및 액체물질이다(단, 황린은 제외).

108 「위험물안전관리법 시행령」상 위험물에 관한 설명으로 옳은 것은?

① 제1류 위험물 중에 무기과산화물은 주수를 이용한 냉각소화가 적합하다.
② 제2류 위험물은 다른 가연물의 연소를 돕는 조연성 물질이다.
③ 제3류 위험물 중에 황린은 공기 중 산화를 방지하기 위해 물 속에 저장한다.
④ 제4류 위험물은 수용성 액체로 물에 의한 희석소화가 적합하다.
⑤ 제5류 위험물은 포, 이산화탄소에 의한 질식소화가 적합하다.

해설 ① 제1류 위험물 중에 무기과산화물은 주수소화 금지이다.
② 제2류 위험물은 직접 연소하는 가연성 고체이다.
④ 제4류 위험물은 포를 이용한 질식소화가 적합하다.
⑤ 제5류 위험물은 물로 소화하는 것을 원칙으로 하며, 질식소화는 적응성이 없다.

109 황린에 대한 설명으로 옳지 않은 것은?

① 황린은 본래 백색인데 산소와 접촉하면 황색이 되므로 황린이라 한다.
② 순수한 황린은 황색결정이며, 담황색의 투명한 고체이다.
③ 황린은 물 속에 저장하고 수소이온농도 pH9를 유지해야 한다. 독성이 강하므로 피부 접촉 시 화상을 입게 된다.
④ 황은 유황이라고 칭하고 화약 또는 성냥을 만드는 원료로 사용되었다.
⑤ 황린은 습한 공기 중에서는 30℃에서 자연발화가 가능하며, 미분인 가루상태에서는 34℃에서 자연발화가 가능하다.

해설 순수한 황린은 황색결정이 아니라 무색결정이다.

정답 106 ④ 107 ③ 108 ③ 109 ②

110 **제4류 위험물에 대한 설명으로 옳지 않은 것은?**

① 물보다 가볍고 물에 녹지 않는 것이 많다.
② 일반적으로 부도체 성질이 강하여 정전기 축적이 쉽다.
③ 발생 증기는 가연성이며, 증기비중은 대부분 공기보다 가볍다.
④ 사용량이 많은 휘발유, 경유 등은 연소하한계가 낮아 매우 인화하기 쉽다.
⑤ 타르유의 경우 무상주수를 통한 소화가 가능하다.

🎯 **해설** │ 제4류 위험물의 발생 증기는 가연성이며, 증기비중은 대부분 공기보다 무겁다.

111 **제4류 위험물의 일반적 성질이 아닌 것은?**

① 대표적 성질은 인화성 액체이며 유기화합물이라는 점이다.
② 대부분 물에 잘 녹지 않으며, 모두 물과 반응하지 않는다.
③ 시안화수소를 제외한 대부분 증기비중은 공기보다 무겁다.
④ 대부분 물보다 가볍고 물에 녹지 않는 것(비수용성)이 많다.
⑤ 전기 부도체이며, 자연발화점이 비교적 낮다.

🎯 **해설** │ 제5류 위험물의 일반적 성질에 대한 설명이다.

112 **제4류 위험물 중 수용성 물질로 바르지 않은 것은?**

① 휘발유   ② 시안화수소
③ 아세톤   ④ 메틸알코올
⑤ 하이드라진

🎯 **해설**

품명		위험등급	지정수량
1. 특수인화물	이황화탄소, 디에틸에테르, 아세트알데하이드, 산화프로필렌	I	50L
2. 제1석유류	비수용성 액체 : 휘발유, 벤젠, 톨루엔, 메틸에틸케톤, 초산메틸, 초산에틸, 의산메틸, 의산에틸, 콜로디온	II	200L
	수용성 액체 : 아세톤, 피리딘, 시안화수소	II	400L
3. 알코올류	메틸알코올, 에틸알코올, 프로필알코올, 변성알코올, 퓨젤유	II	400L

4. 제2석유류	비수용성 액체 : 등유, 경유, 테레핀유, 클로로벤젠, o-크실렌, m-크실렌, p-크실렌, 장뇌유, 송근유	III	1,000L
	수용성 액체 : 초산, 의산, 하이드라진	III	2,000L
5. 제3석유류	비수용성 액체 : 중유, 크레오소트유, 나이트로벤젠, 아닐린, 메타크레졸	III	2,000L
	수용성 액체 : 글리세린, 에틸렌글리콜, 에탄올아민	III	4,000L
6. 제4석유류	기어유, 실린더유, 절삭유, 방청유, 윤활유	III	6,000L
7. 동·식물류		III	10,000L

113 제4류 위험물의 위험성이라고 볼 수 없는 것은?

① 화재 시 발생된 증기는 가연성이며, 공기보다 무거우므로 체류하기 쉽다.

② 일반적으로 물보다 가볍고 물에 잘 녹지 않는다. 따라서 석유류 화재에서 물을 방수하면 오히려 화재면적을 확대하는 결과를 가져온다.

③ 대량으로 연소하고 있을 때에는 다량의 복사열, 대류열로 인하여 화재가 확대된다. 또한 흑색연기가 많이 발생하며 화재진압이 매우 곤란하다.

④ 발생증기는 공기와 혼합하여 연소범위를 형성한다. 연소범위가 넓을수록, 연소범위의 하한이 높을수록 위험성이 높다.

⑤ 전기 부도체이므로 정전기 발생에 주의하여야 하며, 일반적으로 포, 이산화탄소, 할로겐화합물, 분말 소화약제를 이용한 질식소화가 가장 적절하다.

해설 | 연소범위의 하한이 낮을수록 위험성이 높다.

> **더 알아보기   제4류 위험물의 위험성**
> ° 화재 시 발생된 증기는 가연성이며, 공기보다 무거우므로 체류하기 쉽다.
> ° 발생증기는 공기와 혼합하여 연소범위를 형성한다. 연소범위가 넓을수록, 연소범위의 하한이 낮을수록 위험성이 높다.
> ° 자연발화점이 낮은 것은 우리의 일상생활이 위험하다는 것을 의미한다. 발화점은 인화점과 비례하지 않는다(**예** 이황화탄소 : 100℃, 등유·경유 : 약 250℃, 휘발유 : 약 300℃). 즉, 고온체와 접촉·가열되면 비교적 낮은 온도에서 발화한다.
> ° 일반적으로 물보다 가볍고 물에 잘 녹지 않는다. 따라서 석유류 화재에서 물을 방수하면 화재면적을 확대하는 결과를 가져온다.
> ° 전기가 통하지 않는 불량도체(부도체)로서 공유결합을 하지만, 정전기의 축적이 용이하고 이것이 점화원이 되는 경우가 많다.
> ° 대량으로 연소하고 있을 때에는 다량의 복사열, 대류열로 인하여 화재가 확대된다. 또한 흑색연기가 많이 발생하며 화재진압이 매우 곤란하다.

▌정답   110 ③   111 ②   112 ①   113 ④

114 다음 〈보기〉의 설명에 해당하는 위험물은?

보기

- 물질 자체에 산소가 함유되어 있어 외부로부터 산소공급이 없어도 점화원만 있으면 연소 · 폭발이 가능하다.
- 연소속도가 빠르며 폭발적이다.
- 가열, 충격, 타격, 마찰 등에 의해서 폭발할 위험성이 높으며 강산화제 또는 강산류와 접촉 시 연소 · 폭발 가능성이 현저히 증가한다.

---

① 유기과산화물　　　　　　　　　② 이황화탄소
③ 과염소산　　　　　　　　　　　④ 염소산염류
⑤ 알칼리금속

◎ 해설　〈보기〉는 제5류 위험물에 대한 설명으로, 이에 해당하는 위험물은 유기과산화물이다.
② 이황화탄소는 제4류 위험물, ③ 과염소산은 제6류 위험물, ④ 염소산염류는 제1류 위험물,
⑤ 알칼리금속은 제3류 위험물에 해당한다.

더 알아보기　제5류 위험물

◦ 제5류 위험물의 일반적 성질
　– 자체산소가 있어 공기 중 산소의 공급 없이 충격 등으로 연소폭발이 가능한 물질이다(불연성이 아님).
　– 모두 가연성의 고체 또는 액체의 산화제 물질이고, 연소 시 다량의 가스가 발생한다.
　– 자신이 산소를 내어 자기연소(내부연소)한다.
◦ 예방대책
　– 화염, 불꽃 등 점화원의 엄금("화기엄금"), 가열, 충격, 마찰, 타격을 피한다.
　– 강산화제, 강산류, 기타 물질이 혼입되지 않도록 한다.
　– 소분하여 저장하고 용기의 파손 및 위험물의 누출을 방지한다.
◦ 소화대책
　– 물질 자체 내부에 산소를 함유하여 질식소화가 어렵다.
　– 물에 반응하는 물질이 없기 때문에 화재 초기 시에만 다량의 냉각소화하는 것이 적당하다.
◦ 제5류 위험물(자기반응성 물질)

품명	지정수량
유기과산화물, 질산에스터류	10kg
나이트로화합물, 나이트로소화합물, 아조화합물, 다이아조화합물, 하이드라진 유도체, 하이드록실아민, 하이드록실아민염류	100kg

---

115 위험물에 대한 일반적 성질로 옳지 않은 것은?

① 제1류 위험물은 불연성 물질이지만, 다른 가연물의 연소를 돕는 조연성(지연성) 물질이다.
② 제2류 위험물 중 금속분은 물이나 산과 접촉하면 발열하게 된다.
③ 제3류 위험물 중 황린을 제외하면 물에 대한 위험반응을 초래하는 고체 및 액체 물질이다.
④ 제4류 위험물은 산소의 공급 없이 가열·충격으로 연소·폭발이 가능하다.
⑤ 제6류 위험물 중 과산화수소를 제외하고 물과 접촉하면 심하게 발열한다.

해설 제4류 위험물이 아니라, 제5류 위험물의 일반적인 성질에 대한 설명이다.

> **더 알아보기 제4류 위험물**
> ° 인화되기 쉬우며, (자연)발화점이 낮다(위험물 게시판 : 화기엄금).
> ° 연소 시 증기비중이 공기보다 무겁다(시안화수소 제외).
> ° 주로 비수용성이며, 전기 부도체이다(즉, 유류는 전기가 통하지 않음).
> ° 물보다 더 가벼운 유류가 더 많다(특수인화물, 알코올류, 1·2석유류).
> ° 인화성은 가연성보다 불이 빨리 붙는 물질이므로, 대부분 가연성보다 더 위험할 수 있다.

> **더 알아보기 제5류 위험물**
> ° 산소의 공급 없이 가열·충격으로 연소·폭발이 가능하다.
> ° 모두 가연성 고체 또는 액체물질이고, 연소 시 다량의 가스가 발생한다.

116 제6류 위험물에 대한 설명으로 옳지 않은 것은?

① 과산화수소는 물과 접촉하면서 심하게 발열한다.
② 불연성 물질이다.
③ 산소를 함유하고 있다.
④ 대표적 성질은 산화성 액체이다.
⑤ 물질의 액체 비중이 1보다 커서 물보다 무겁다.

해설 제6류 위험물 중 과산화수소를 제외하고 물과 접촉하면 심하게 발열한다.

> **더 알아보기 제6류 위험물의 위험성**
> ° 자신은 불연성 물질이지만 산화성이 커 다른 물질의 연소를 돕는다.
> ° 강산화제, 일반 가연물과 혼합한 것은 접촉발화하거나 가열 등에 의해 위험한 상태로 된다.
> ° 과산화수소를 제외하고 물과 접촉하면 심하게 발열한다.

┛정답 | 114 ① 115 ④ 116 ① |

117 제6류 위험물에 대한 설명으로 옳지 않은 것은?

① 산화성 액체로서 강산성 물질이라 하며 강한 부식성을 갖는 물질 및 많은 산소를 함유하고 있는 물질 등으로 이루어져 있다.

② 일반 가연물과 혼합한 것은 접촉발화하거나 가열 등에 의해 위험한 상태로 된다.

③ 제6류 위험물 중 과산화수소를 제외하고 물과 접촉하면 심하게 발열한다.

④ 제6류 위험물은 과염소산, 과산화수소, 질산, 할로젠간화합물이나 이 중 어느 하나 이상을 함유한 것이다.

⑤ 제6류 위험물은 무색, 투명하며 비중은 1보다 작고, 표준상태에서는 모두가 고체이다.

⊙해설 | 제6류 위험물은 무색, 투명하며 비중은 1보다 크고, 표준상태에서는 모두가 액체이다.

118 제6류 위험물의 안전관리와 소화방법으로 옳지 않은 것은?

① 불연성이지만 연소를 돕는 물질이므로 화재가 발생한 경우에는 가연물과 격리하여야 한다.

② 원칙적으로 질식소화보다 물로 소화하는 것이 좋다.

③ 용기를 밀전하고 파손방지, 전도방지, 변형방지에 주의한다.

④ 화기엄금과 직사광선을 차단하고 강환원제, 유기물질, 가연성 위험물과의 접촉을 피한다.

⑤ 유출사고에는 마른 모래 및 중화제를 사용하며, 과산화수소 화재 시에는 다량의 물을 사용하여 희석소화가 가능하다.

⊙해설 | 제6류 위험물은 원칙적으로 주수는 금지되지만, 초기화재 시의 상황에 따라 다량의 물로 희석하여 소화한다.

119 화재발생 시 생성되는 연기에 대한 설명으로 옳지 않은 것은?

① 굴뚝효과란 건축물 상·하층의 내부와 외부의 온도, 기압차 때문에 건축물 하부에서 외부의 찬 공기가 유입되고 건물 내부의 더운 공기가 천장 위쪽으로 올라가 빠져나가는 현상이다.

② 불연속선은 실내천장 쪽의 고온가스와 바닥 쪽의 찬 공기의 경계선을 말한다.

③ 고층건물에서는 굴뚝효과에 의하여 연기가 상승하고, 저층건물에서는 열, 대류이동, 화재압력 및 바람의 영향으로 통로 등을 따라 연기가 이동한다.

④ 역굴뚝효과란 여름철과 같이 건축물 외부가 내부보다 따뜻할 경우 들어온 공기는 하향으로 이동하게 되는데 이런 연기 흐름을 의미하며, 화재 시 외부공기는 상층으로 유입되고, 실내공기는 건축물 하부로 배출된다.

⑤ 굴뚝효과 방지는 개구부에 방풍실을 설치하면 산소의 농도를 낮추어 도움이 된다.

해설 개구부에 방풍실을 설치하면 굴뚝효과 방지에 도움이 되나, 공기 중 산소농도는 연기의 유동과 관련이 없다. 즉 찬 공기의 유입으로 인한 부력효과에 의해 굴뚝효과(연돌효과)가 발생하는 것이다. 산소의 농도는 연소속도에 영향을 미친다.

120 화재발생 시 생성되는 연기에 대한 설명으로 옳지 않은 것은?

① 연기는 가연물질의 연소에 의하여 생성된 가스와 입자가 공기와 일체가 되어 하나의 혼합기체가 된 것으로, 그 입자의 크기는 $0.01 \sim 10\mu m$이다.

② 연기는 녹황색의 황화수소가스, 백색의 수증기 등과 같이 눈으로 볼 수 있는 성분도 있고, 일산화탄소, 사염화탄소와 같이 무색투명해서 눈으로 볼 수 없는 성분도 있다.

③ 저층건물에서는 굴뚝효과에 의하여 연기가 상승하고, 고층건물에서는 열, 대류이동, 화재압력 및 바람의 영향으로 통로 등을 따라 연기가 이동한다.

④ 연기로 인한 시각적인 장애로는 주로 연기 속의 주성분인 탄소입자로 인하여 광선이 차단되어 피난유도 표지나 출입구를 찾기 어렵게 되는 경우가 있다. 또한 연기로 인하여 눈의 기능장애도 일으키게 된다.

⑤ 최근 건물화재의 특징은 난연 처리(방염 처리)된 물질을 사용하여 연소 그 자체는 억제되고 있지만 다량의 연기입자 및 유독가스를 발생하는 특징이 있다.

해설 저층건물과 고층건물의 설명이 바뀌었다. '고층건물'에서는 굴뚝효과에 의하여 연기가 상승하고, '저층건물'에서는 열, 대류이동, 화재압력 및 바람의 영향으로 통로 등을 따라 연기가 이동한다.

> **더알아보기 연기의 정의 및 유동속도**
>
> ∘ 연기의 정의
> - 기체 가운데 완전연소되지 않는 가연물이 고체미립자가 되어 떠돌아다니는 상태를 말한다.
> - 눈에 보이는 연소생성물로서 고체입자(탄소・타르입자)와 농축습기로 구성되어 있다.
> - 탄소함유량이 많은 가연물이 연소할 경우 산소가 부족하여 많은 탄소입자가 생성된다.
> ∘ 연기의 유동속도
> - 수평 방향 : $0.5 \sim 1m/sec$
> - 수직 방향 : $2 \sim 3m/sec$
> - 계단 실내 : $3 \sim 5m/sec$
>   ※ 계단은 문이 있고 공기의 흐름이 많기 때문에 유동속도가 빠르다.

정답 | 117 ⑤ 118 ② 119 ⑤ 120 ③ |

121 다음 중 건축물 화재 시 일어날 수 있는 연기의 유동에 대한 설명으로 옳지 않은 것은?

① 굴뚝효과 방지는 개구부에 방풍실을 설치하면 찬 공기의 유입으로 인한 부력효과를 억제할 수 있어 도움이 된다.

② 건물화재 시 실내·외의 압력이 같아지는 지점 또는 실내·외 정압이 같아지는 경계면이 생성되고, 건축물 내부의 압력이 외부의 압력과 일치하는 수평적인 위치를 중성대라 한다.

③ 역굴뚝효과는 화재 시 외부공기는 상층으로 유입되고, 실내의 연기는 건물 하부로 배출된다.

④ 고층건물에서는 굴뚝효과에 의하여 연기가 상승하고, 저층건물에서는 열, 대류이동, 화재압력 및 바람의 영향으로 통로 등을 따라 연기가 이동한다.

⑤ 실내천장 쪽의 고온가스와 바닥 쪽의 찬 공기의 경계선을 불연속선이라 한다.

⊙ 해설 중성대(Neutral Zone = Neutral Plane)란 실내·외의 압력이 같아지는 지점이며, 건축물 내부의 압력이 외부의 압력과 일치하는 수직적인 위치를 말한다. 즉 실내와 실외 정압이 같아지는 경계면이 형성되는 면을 중성대라 한다. 건축물에 개구부가 수직적으로 동일하게 분포되어 있다면 중성대는 정확하게 건물의 중간 높이에 형성될 것이다. 따라서 중성대는 건축물의 상부에 큰 개구부가 있다면 올라갈 것이고, 하부에 큰 개구부가 있다면 내려올 것이다.

122 건축물 화재 시 나타나는 중성대에 관한 설명으로 옳지 않은 것은?

① 건물 내부의 압력이 외부의 압력과 일치하는 수직적인 위치가 생기는데, 이 위치를 중성대라 한다.

② 중성대 상부는 기체가 실내에서 외부로 유출되고 중성대 하부는 외부에서 실내로 기체가 유입된다.

③ 중성대 상부는 열과 연기로부터 생존이 어려운 지역이고 중성대 하부는 신선한 공기로 인해 생존 가능성이 높은 지역이다.

④ 중성대 하부 개구부를 개방하면 공기가 유입되면서 연기가 외부로 배출되어 중성대가 위로 상승하고 중성대 하부 면적이 커져 소화활동이 용이하게 된다.

⑤ 중성대가 형성된 건축물 화재 시 소방관이 배연을 한다면 중성대 위쪽을 뜯어서 배연시켜야 한다.

해설 중성대 상부 개구부를 개방하면 공기가 유입되면서 연기가 외부로 배출되어 중성대가 위로 상승하고 중성대 하부 면적이 커져 소화활동이 용이하게 된다.
중성대(Neutral Zone = Neutral Plane)란 실내·외의 압력이 같아지는 지점이며, 건축물 내부의 압력이 외부의 압력과 일치하는 수직적인 위치를 말한다. 즉 실내와 실외 정압이 같아지는 경계면이 형성되는 면을 중성대라 한다. 중성대의 위치는 계속 달라지는데, 중성대 위치가 낮아지면 ㉠ 실 하부 공간이 작아져서 외부로부터 공기 유입이 적어지며, ㉡ 연소는 활발하지 못하고, ㉢ 실 전체 온도가 다시 낮아져 실내 상부 압력이 작아지면서, ㉣ 밀려 내려왔던 중성대는 다시 높아지는 과정이 반복될 수 있다. 따라서 만약 소방관이 배연을 한다면 중성대 위쪽을 뜯어서 배연시켜야 한다.

123 다음 중 연기의 이동에 대한 설명으로 바르지 않은 것은?

① 연기는 공기보다 고온이기 때문에 보통은 천장면의 하면을 따라 순방향으로 이동한다.
② 외기가 건축물 내부의 공기보다 따뜻할 때에는 건축물 내부에서 하향으로 공기가 이동하며 이러한 하향 공기의 흐름을 역굴뚝효과라 한다.
③ 저층건물에서는 굴뚝효과에 의하여 연기가 상승하고, 고층건물에서는 열, 대류이동, 화재압력 및 바람의 영향으로 통로 등을 따라 연기가 이동한다.
④ 연기의 유동속도는 수평일 때 0.5 ~ 1m/sec이다.
⑤ 고층건물에서 연기유동을 일으키는 요인으로는 굴뚝효과와 엘리베이터의 피스톤 효과, 중성대가 있다.

해설 저층건물과 고층건물의 설명이 바뀌었다.

> **더 알아보기 연기의 유동**
> 1) 연기의 유동속도
>   · 수평 방향 : 0.5 ~ 1m/sec
>   · 수직 방향 : 2 ~ 3m/sec
>   · 계단 실내 : 3 ~ 5m/sec
> 2) 건물 내의 연기유동
>   · 저층건물과 고층건물에서의 연기유동
>   - 저층건물 : 열, 대류이동, 화재압력이 유동 원인으로 작용
>   - 고층건물 : 굴뚝효과, 건물 내부와 외부공기 사이의 온도·밀도 차이가 유동 원인으로 작용
>   · 고층건물에서 연기유동을 일으키는 요인
>   - 온도에 의한 가스의 팽창 : 화재로 인한 대류현상(부력현상)
>   - 굴뚝효과
>   - 외부 풍압의 영향
>   - 건물 내에서의 강제적인 공기유동 등 → 공기조화설비, 환기설비

정답 121 ② 122 ④ 123 ③

> – 중성대
> – 건물구조 및 엘리베이터의 피스톤 효과
>   ※ 피스톤 효과 : 승강기의 수직이동에 의한 공기유동(엘리베이터 뒤쪽의 피스톤 운동으로
>   진공의 부압이 생김)

124 고층건물에 화재가 발생한 경우에 연기를 이동시키는 요인이라고 볼 수 없는 것은?

① 피스톤 효과
② 강제적인 냉난방 공기조화설비
③ 바람의 영향(외부 풍력차)
④ 열, 대류, 화재압력
⑤ 굴뚝효과

해설　열, 대류, 화재압력은 고층건물이 아니라, 저층건물에 화재가 발생한 경우에 연기를 이동시키는
요인이다.

> **더 알아보기　연기를 이동시키는 요인(저층 · 고층건물)**
> ◦ 저층건물의 화재 : 열, 대류, 화재압력
> ◦ 고층건물의 화재 : 온도상승에 의한 가스팽창(부력), 굴뚝효과, 강제적인 냉난방 공기조화설비,
>   바람의 영향(외부 풍력차), 피스톤 효과 등
>   ※ 피스톤 효과 : 승강기의 수직이동에 의한 공기유동(엘리베이터 뒤쪽의 피스톤 운동으로 진공의
>   부압이 생김)

125 저층건물에 화재가 발생한 경우에 연기를 이동시키는 요인은?

① 굴뚝효과와 피스톤 효과
② 강제적인 냉난방 공기조화설비
③ 온도상승에 의한 가스팽창
④ 열, 대류이동, 화재압력
⑤ 역굴뚝효과

해설　저층건물에서 연기유동을 일으키는 요인 : 열, 대류이동, 화재압력과 같은 방향 또는 바람의 영
향으로 통로 등을 따라 연기가 이동한다.
※ 주의 : 저층건물의 연기이동과 역굴뚝효과와는 상관이 없다.

126 화재 시 연소생성물에 관한 설명으로 옳지 않은 것은?

① 황화수소는 썩은 달걀과 비슷한 냄새가 난다.
② 연기로 인한 빛의 감소를 나타내는 감광계수는 가시거리와 비례한다.
③ 일산화탄소는 산소와 헤모글로빈의 결합을 방해하여 질식에 이르게 할 수 있다.
④ TLV(Threshold Limit Value)로 측정한 독성가스의 허용농도는 포스겐, 불화수소, 시안화수소, 암모니아 순으로 높다.
⑤ 시안화수소는 질소성분을 가지고 있는 나일론, 합성수지, 동물의 털, 인조견, 플라스틱 등이 불완전연소하면서 생성되며, 사람이 흡입하면 피 속의 헤모글로빈과 결합하지 않고도 인체의 산소 이동을 막는다.

해설 | 연기로 인한 빛의 감소를 나타내는 감광계수는 가시거리와 반비례한다.

127 화재 시 발생하는 연기에 대한 설명으로 옳지 않은 것은?

① 연기는 다량의 유독가스를 함유하며, 화재로 인한 연기는 고열이며 유동 확산이 빠르다.
② 연료 중에 수소가 많으면 흑색연기, 탄소가 많으면 백색연기로 변한다.
③ 일반적으로 연기의 유동속도는 수평 방향으로 0.5 ~ 1(m/s), 수직 방향으로 2 ~ 3(m/s), 계단 실내에서는 3 ~ 5(m/s)이다.
④ 화재 시 연기는 처음에는 백색이며 시간이 흐를수록 흑색으로 변한다.
⑤ 연기의 조성은 연료의 성질과 연소조건에 의해 각기 다르며 액체의 입자는 수증기 외에 알데하이드, 알코올 등의 탄화수소의 응고로 인한 타르분의 것, 기체의 성분은 CO, CO_2, HCl, HCN, $COCl_2$, SO_2 등이다.

해설 | 연료 중에 수소가 많으면 백색연기, 탄소가 많으면 흑색연기로 변한다.

128 열가소성 수지인 폴리염화비닐(PVC), 수지류 등이 연소할 때 발생하고 허용농도가 0.1ppm인 맹독성 가스는?

① 포스겐($COCl_2$) 　　② 일산화탄소(CO)
③ 황화수소(H_2S) 　　④ 시안화수소(HCN)
⑤ 이산화황(SO_2)

정답 | 124 ④　125 ④　126 ②　127 ②　128 ①

> 🎯 **해설** 포스겐($COCl_2$)은 맹독성 가스로 수지류·폴리염화비닐(PVC) 등이 연소할 때 발생되며, 허용농도는 0.1ppm(mg/m³)이다.

129 **화재 시 발생하는 유독가스에 대한 설명으로 옳은 것은?**

① 황화수소(H_2S) : 질소 성분을 가지고 있는 합성수지, 동물의 털, 인조견 등의 섬유가 불완전연소할 때 발생하는 맹독성 가스로, 0.3%의 농도에서 즉시 사망할 수 있다.

② 암모니아(NH_3) : 질소 함유물이 연소할 때 발생하고, 냉동시설의 냉매로 많이 쓰이고 있으므로 냉동창고 화재 시 누출 가능성이 크며, 독성의 허용농도는 25ppm이다.

③ 염화수소(HCl) : 열가소성 수지인 폴리염화비닐(PVC), 수지류 등이 연소할 때 발생되는 연소생성물로서 발생량은 적지만 유독성이 큰 맹독성 가스이며, 독성의 허용농도는 10ppm이다.

④ 포스겐($COCl_2$) : 폴리염화비닐(PVC)과 같이 염소가 함유된 수지류가 탈 때 주로 생성되는데 독성의 허용농도는 5ppm이며 향료, 염료, 의약, 농약 등의 제조에 이용되고 있고, 자극성이 아주 강해 눈과 호흡기에 영향을 준다.

⑤ 시안화수소(HCN) : 황을 포함하고 있는 유기화합물이 불완전연소하면 발생하는데 계란 썩은 냄새가 나며, 0.2% 이상 농도에서 냄새 감각이 마비되고, 0.4 ~ 0.7%에서 1시간 이상 노출되면 현기증, 장기혼란의 증상과 호흡기의 통증이 일어난다.

> 🎯 **해설** ① 황화수소(H_2S) : 털, 고무, 나무, 가죽소파 등 황(S)이 함유된 물질이 불완전연소 시 발생하는 무색가스로서 달걀 썩은 냄새가 난다.
> ③ 염화수소(HCl) : 폴리염화비닐(PVC) 등 염소가 함유된 물질과 수지류가 탈 때 발생되며, 건축물 내의 전선의 절연재 및 배관재료 등이 탈 때 생성되는 무색 기체이다. 독성의 허용농도는 5ppm이며 향료, 염료, 의약, 농약 등의 제조에 이용되고 있고, 자극성이 아주 강해 눈과 호흡기에 영향을 준다. 염소와 수소의 화합물인 염화수소는 금속에 대한 강한 부식성이 있다.
> ④ 포스겐($COCl_2$) : 폴리염화비닐(PVC), 수지류 등이 탈 때 발생되는 맹독성 가스로 독성의 허용농도는 0.1ppm이며, 발생량은 극히 적다. 염소(Cl)계 화합물이 화염에 접촉 발생되는 가스로서 2차 대전 당시 독일군이 유태인의 대량학살 용도로 사용하였다.
> ⑤ 시안화수소[(HCN), 청산가스라고도 함] : 동물 털의 불완전연소 시 또는 인조견 등의 직물류, 목재, 종이, 폴리우레탄 등이 탈 때 극미량이 발생하며, 0.3% 농도에서도 즉사할 수 있는 맹독성 가스이다. 대량 흡입하게 되면 정신경련, 호흡정지, 심박동정지로 헤모글로빈과 결합하지 않고 질식사망에 이르게 한다.

130 화재현장에서 발생하는 유독가스의 발생조건과 허용범위로 옳지 않은 것은?

	유독가스	발생조건	허용농도
①	일산화탄소(CO)	가연물의 불완전연소 시 발생	50ppm
②	아황산가스(SO_2)	중질유, 고무, 황화합물 등의 연소 시 발생	5ppm
③	염화수소(HCl)	플라스틱, PVC 등의 연소 시 발생	5ppm
④	시안화수소(HCN)	폴리에틸렌, 고무, 모직물 등의 연소 시 발생	10ppm
⑤	암모니아(NH_3)	프레온 가스와 불꽃의 접촉 시 발생	0.1ppm

🎯 **해설**

더 알아보기 화재현장에서 발생하는 유독가스의 발생조건과 허용범위

종류	발생조건	허용농도(TWA)
일산화탄소(CO)	불완전연소 시 발생	50ppm
아황산가스(SO_2)	중질유, 고무, 황화합물 등의 연소 시 발생	5ppm
염화수소(HCl)	플라스틱, PVC 등의 연소 시 발생	5ppm
시안화수소(HCN)	우레탄, 나일론, 폴리에틸렌, 고무, 모직물 등의 연소 시 발생	10ppm
암모니아(NH_3)	열경화성 수지, 나일론 등의 연소 시 발생	25ppm
포스겐($COCl_2$)	프레온 가스와 불꽃의 접촉 시 발생	0.1ppm

131 PVC, 전선의 피복 등이 연소할 때 주로 생성되고 허용농도가 5ppm인 독성 가스로, 기도와 눈 등을 자극하며 금속에 대해 강한 부식성이 있는 물질은?

① HCN

② NH_3

③ H_2S

④ HCl

⑤ CH_2CHCHO

🎯 **해설** 염화수소(HCl)는 염소가 함유된 수지류·폴리염화비닐(PVC) 등이 연소하거나 열분해할 때 생성되는, 공기보다 무거운 무색의 기체이다. 자극성이 아주 강해 사람이 흡입하면 폐수종을 일으키기도 하며, 눈과 호흡기 등에 영향을 준다. 허용농도는 5ppm(mg/m^3)이며, 부식성이 강해 금속을 녹슬게 한다.

▌**정답** 129 ② 130 ⑤ 131 ④

132 **연소가스에 대한 설명으로 옳지 않은 것은?**

① 포스겐은 폴리염화비닐(PVC), 수지류 등이 연소할 때 발생한다.

② 이산화질소는 냄새가 자극적인 적갈색의 기체로서 아질산가스라고도 한다.

③ 황화수소는 고무나 동물의 털 등 황(S)이 포함된 물질이 불완전연소할 때 발생하는 무색의 기체이다.

④ 염화수소는 건축물에 설치된 전선의 피복·절연재 및 배관재료 등이 연소할 때 발생되는 무색의 기체이며, 유독성이 있어 독성 가스로 취급하고 있다.

⑤ 일산화탄소의 허용농도는 500ppm으로서 1%이면 1분 내에 사망할 수 있으며, 화학적 작용에 의해 인체 내의 헤모글로빈과 결합하여 인체 내 산소 결핍으로 질식 사망하게 된다.

◉ 해설
- 일산화탄소의 허용농도는 50ppm으로서 농도가 1.28%이면 1 ~ 3분 내에 사망할 수 있다.
- 일산화탄소는 산소와의 결합력이 극히 강하여 인체의 질식 작용을 일으킨다.
- 일산화탄소는 공기보다 가벼운 무색, 무취, 무미의 유독성 기체로, 가연물의 불완전연소 시 많이 발생하며 인명에 피해를 준다.

133 **다음의 천장제트흐름(Ceiling Jet Flow)에 대한 설명으로 틀린 것은?**

① 화재플럼의 부력에 의하여 발생되며 천장면을 따라 빠르게 흐르는 기류이다.

② 화원의 크기와 위치 그리고 화원에서 천장까지의 높이에 영향을 받는다.

③ 스프링클러헤드나 화재감지기는 이 현상의 영향 범위를 피하여 설치한다.

④ 흐름의 두께는 천장에서 화염까지 높이의 5 ~ 12% 내의 정도 범위이다.

⑤ 천장제트흐름의 경우 퍼져 나가는 속도는 옆으로 약 0.3 ~ 1m/s이다.

◉ 해설 │ 스프링클러헤드나 화재감지기는 천장제트흐름의 영향 범위 내에 설치한다.
① 화재플럼의 부력에 의하여 발생되며 천장면을 따라 빠르게 흐르는 기류이다.
② 화원의 크기와 위치 그리고 화원에서 천장까지의 높이에 영향을 받는다.
④ 흐름의 두께는 천장에서 화염까지 높이의 5 ~ 12% 내의 정도 범위이다.
⑤ 실내에서 화재가 발생한 경우 연기와 열기류는 부력과 팽창으로 수직방향으로 2 ~ 3m/s 속도로 상승한다. 이때 상승한 연기와 열기류가 천장에 이르면 더 이상 상승할 수가 없으므로 천장을 따라서 옆으로 약 0.3 ~ 1m/s의 속도로 퍼져 나가게 되는데, 이를 천장제트흐름(Ceiling Jet Flow, 제트플로어)이라고 한다.

134 천장제트흐름(Ceiling Jet Flow)의 특징에 대한 설명으로 옳은 것은?

① 화재 말기에만 나타나는 현상이다.

② 고온 가스가 천장면을 가로지를 때 인접부는 복사 전열에 의해서 냉각된다.

③ 낮은 천장의 경우 스프링클러나 감지기가 천장으로부터 떨어진 위치가 전체 거리의 12% 보다 크면 천장제트흐름의 범위 외가 되어 응답시간이 증가한다.

④ 플럼이 천장에 부딪혀 가까운 곳으로 흐르는 원인이 된다.

⑤ 최고온도의 속도는 천장에서 화원까지 거리의 5% 범위 내에서 발생한다.

해설

> **더 알아보기 천장제트흐름의 특징**
> ○ 화재 초기에만 나타나는 현상이다.
> ○ 플럼이 천장에 부딪혀 먼 곳으로 흐르는 원인이 된다.
> ○ 고온 가스가 천장면을 가로지를 때 인접부는 대류 전열에 의해서 냉각된다.
> ○ 흐름의 두께는 천장에서 화염까지 높이의 5 ~ 12% 내의 정도 범위이다.
> ○ 최고온도의 속도는 천장에서 화원까지 거리의 1% 범위 내에서 발생한다.
> ○ 화재플럼의 부력에 의하여 발생되며 천장면을 따라 빠르게 흐르는 기류이다.
> ○ 화원의 크기와 위치 그리고 화원에서 천장까지의 높이에 영향을 받는다.
> ○ 낮은 천장의 경우 스프링클러나 감지기가 천장으로부터 떨어진 위치가 전체 거리의 12%보다 크면 천장제트흐름의 범위 외가 되어 응답시간이 증가한다.

135 다음의 천장제트흐름(Ceiling Jet Flow)에 대한 설명으로 틀린 것은?

① 천장제트흐름이란 고온의 연소생성물이 부력에 의하여 힘을 받아 상승하며 천장면 아래에 얇은 층을 형성하는 빠른 속도의 가스흐름이다.

② 화재플럼에 의해 상승한 연소생성물이 천장 표면에 부딪혀 흐름이 변화한다.

③ 화재 위치로부터 멀리 떨어진 지역으로 이동한다.

④ 일반적으로 화재 초기에 존재한다.

⑤ 천장이 높은 경우 스프링클러나 감지기가 천장으로부터 떨어진 위치가 전체 거리의 12% 보다 크면 천장제트흐름의 범위 외가 되어 응답시간이 증가한다.

해설 낮은 천장의 경우 스프링클러나 감지기가 천장으로부터 떨어진 위치가 전체 거리의 12%보다 크면 천장제트흐름의 범위 외가 되어 응답시간이 증가한다.

정답 | 132 ⑤ 133 ③ 134 ③ 135 ⑤

136 화재플럼에 대한 내용이다. 옳지 않은 것은?

① 화재플럼은 화재 시 상승력이 커진 부력에 의해 연소가스와 유입공기가 상승하면서 화염이 섞인 연기기둥 형태를 나타내는 현상이다.

② 화재플럼은 온도가 상승하면서 밀도가 감소하고 낮은 곳에서 높은 곳으로 상승기류가 형성되어 상층부로 열기류가 이동하는 현상을 말한다.

③ 화재플럼의 메커니즘은 밀도와 압력차에 의하여 하층부에서 상층부로 더운 기류가 상승하고 주위의 차가운 공기가 유입된다.

④ 화재플럼의 메커니즘은 유체가 상승하고 Ceiling Jet Flow에 의하여 천장을 가로지르며, 차가운 끝부분이 아래로 내려와 다시 화염의 부력에 의해 인입되면서 와류가 형성된다.

⑤ 화재플럼의 영역은 연속화염 영역과 간헐적화염 영역, 부력플럼 영역으로 나누어지며, 그중 간헐적화염 영역은 화염이 존재하지 않는 영역으로 높이에 따라 유속과 온도가 감소되는 영역을 말한다.

해설 | 부력플럼 영역에 대한 설명이다.

> **더 알아보기   화재플럼 영역**
> ◦ 연속화염 영역 : 상부의 상승온도가 800℃ 정도로 일정하며, 연속적으로 화염이 존재하는 플럼 영역이다.
> ◦ 간헐적화염 영역 : 부력 영역과 간헐적플럼 영역의 경계지점에서는 320℃까지 저하되는 곳의 플럼 영역이다.
> ◦ 부력플럼 영역
> – 화염이 존재하지 않는 영역으로 높이에 따라 유속과 온도가 감소되는 영역을 말한다.
> – 연소가스는 밀도 차에 의해 부력이 상승되며, 단위부피당 부력은 유체 내부의 점성력의 저항을 받는다.

137 〈보기〉에서 폭발에 관한 설명으로 옳은 것만을 모두 고른 것은?

> **보기**
> ㄱ. 증기운폭발은 액체의 급속한 기화로 인해 체적이 팽창되어 발생하는 현상이다.
> ㄴ. 가스폭발은 분진폭발보다 최소발화에너지가 작다.
> ㄷ. 분무폭발은 공기나 산소와 섞이지 않더라도 가연성 가스 자체의 분해 반응열에 의해 폭발하는 현상이다.
> ㄹ. 폭발(연소)범위는 초기온도 및 압력이 상승할수록 분자 간 유효충돌할 가능성이 높아지기 때문에 넓어진다.
> ㅁ. 반응폭주란 다량의 고온물질이 물 속에 투입되었을 때 물의 갑작스러운 상변화에 의한 폭발현상이다.

① ㄱ, ㄴ   ② ㄴ, ㄹ
③ ㄴ, ㄷ   ④ ㄷ, ㅁ
⑤ ㄱ, ㅁ

해설 ㄱ. 증기폭발은 액체의 급속한 기화로 인해 체적이 팽창되어 발생하는 현상이다.
ㄷ. 분해폭발은 공기나 산소와 섞이지 않더라도 가연성 가스 자체의 분해 반응열에 의해 폭발하는 현상이다.
ㅁ. 반응폭주란 화학반응기 내에서 반응속도가 증대함으로써 반응이 과격화되는 현상이다.

138 폭발에 대한 일반적인 설명으로 옳은 것은?

① 아세틸렌과 산화에틸렌은 분해폭발을 일으키기 쉬운 물질이다.
② 상온에서 탱크에 저장된 중유가 유출되면 자유공간 증기운폭발이 일어난다.
③ 밀폐공간에서 조연성 가스가 폭발범위를 형성하면 점화원에 의해 가스폭발이 일어난다.
④ 다량의 고온물질이 물 속에 투입되었을 때 물의 갑작스러운 상변화에 의한 폭발현상을 반응폭주라 한다.
⑤ 대기 중 대량의 가연성 액체유출에 의해 발생된 증기와 공기가 혼합되어 가연성 기체를 형성하여 폭발하는 현상을 증기폭발이라 한다.

해설 ② 상온에서 탱크에 저장된 액화가스가 유출되면 자유공간 증기운폭발이 일어난다. 중유는 무거워서 기체 시에도 가라앉는다.
③ 밀폐공간에서 가연성 가스가 폭발범위를 형성하면 점화원에 의해 가스폭발이 일어난다. 폭발범위는 가연성 가스가 폭발할 수 있는 물적조건이다.
④ 다량의 고온물질이 물 속에 투입되었을 때 물의 갑작스러운 상변화에 의한 폭발현상을 응상폭발 중 수증기폭발이라 한다. 반응폭주란 화학반응기 내에서 반응속도가 증대함으로써 반응이 과격화되는 현상이다.
⑤ 대기 중 대량의 가연성 액체유출에 의해 발생된 증기와 공기가 혼합되어 가연성 기체를 형성하여 폭발하는 현상을 증기운폭발이라 한다.

정답 | 136 ⑤   137 ②   138 ①

139 폭발에 대한 설명으로 옳지 않은 것은?

① 폭발은 밀폐공간에서 급격한 압력상승으로 에너지가 외부로 전환되는 과정에서 파열, 후폭풍, 폭음 등을 동반하는 현상을 말한다.

② 폭발이 일어나기 위해서는 밀폐된 공간, 점화원, 폭발범위와 같은 조건이 구비되어야 한다.

③ 물리적 폭발은 물질의 상태(기체, 액체, 고체)가 변하거나 온도, 압력 등의 조건의 변화에 의한 폭발이다.

④ 화학적 폭발은 화학반응의 결과로 압력이 발생하여 유발되는 폭발이다.

⑤ 폭발의 원인에 따른 폭발의 분류 중 가스폭발, 분무폭발, 분진폭발은 물리적 폭발에 속한다.

🎯 **해설** | 폭발의 원인에 따른 폭발의 분류 중 가스폭발, 분무폭발, 분진폭발은 화학적 폭발에 속한다.

140 폭발에 대한 설명으로 옳지 않은 것은?

① 폭발은 개방된 공간에서 물리적·화학적 변화의 결과로 발생하는데, 급격한 압력상승에 의한 에너지가 외계로 전환되는 과정에서 파열, 후폭풍, 폭음 등을 동반하는 현상이다.

② 물리적 폭발은 물질의 양적 변화로 진공용기 내 내압상승, 액체의 비등에 의한 증기폭발, 용기 내 급격한 압력개방 시 탱크와 같은 구조의 내압한계를 초과하여 파열하는 현상이다.

③ 박막폭굉은 분무폭발의 일종으로 인화점이 높아 일반적인 상태에서는 연소하기 어려운 압력유나 윤활유가 공기 중에 분무된 때에는 분무폭발과 비슷한 형태를 일으킬 수 있다.

④ 폭발의 원인에 따른 폭발의 분류 중 가스폭발, 분무폭발, 분진폭발은 화학적 폭발에 속한다.

⑤ 가스의 폭발조건은 일반적으로 밀폐된 공간의 배관이나 병 혹은 통 속에서 발화원이 존재하는 에너지조건과 조성조건인 농도조건으로 이루어진다.

🎯 **해설**

> **더 알아보기 폭발의 개념**
> 폭발은 밀폐공간에서 물리적·화학적 변화의 결과로 발생하는데, 급격한 압력상승에 의한 에너지가 외계로 전환되는 과정에서 파열, 후폭풍, 폭음 등을 동반하는 현상이다. 즉 폭발이란 압력파의 전달로 폭음을 동반한 충격파를 가진 이상 팽창을 말한다.
> ◦ 에너지의 부피가 급격히 증가하면서 방출하는 현상
> ◦ 압력의 급격한 발생 또는 개방(해방)의 결과로서 폭음(굉음)을 발생하며 파괴·팽창하는 현상
> ◦ 분해·연소 등 화학반응에 의한 압력의 급격한 상승으로 파괴작용을 동반하는 현상

141 화학적 폭발에 대한 설명으로 관계없는 것은?

① 증기폭발은 밀폐공간 속의 물이 급속히 기화하면서 많은 양의 수증기가 발생함으로써 증기압이 높아져 이것이 공간을 구획하고 있는 용기나 구조물의 내압을 초과하여 파열되는 현상이다.

② 분해폭발은 산소에 관계없이 단독으로 발열 분해 반응을 하는 물질에 의해서 발생하는 폭발이다.

③ 중합폭발은 단량체의 중축합 반응에 따른 발열량에 의한 폭발로 대표적인 예로는 산화에틸렌, 시안화수소, 염화비닐 등이 있다.

④ 가스폭발은 가연성 가스가 폭발범위 내의 농도로 공기나 조연성 가스 중에 존재할 때 점화원에 의해 폭발하는 현상이다.

⑤ 분진폭발은 공기 중에 부유하고 있는 가연성 분진이 주체가 되는 폭발이다.

해설 증기폭발은 밀폐공간 속의 물이 급속히 기화하면서 많은 양의 수증기가 발생함으로써 증기압이 높아져 이것이 공간을 구획하고 있는 용기나 구조물의 내압을 초과하여 파열되는 현상으로 물리적 폭발이다.

142 화학적 폭발에 대한 설명으로 옳은 것은?

① 증기운폭발이란 액화가스(LPG, LNG) 등이 분출되었을 때 급격한 기화에 동반하는 비등현상을 나타낸다.

② 분해폭발은 가연성 가스가 폭발범위 내의 농도로 공기나 조연성 가스 중에 존재할 때 점화원에 의해 폭발하는 현상이다.

③ 중합폭발은 산소에 관계없이 단독으로 발열 분해 반응을 하는 물질에 의해서 발생하는 폭발이다.

④ 가스폭발은 과압 또는 과충전에 의한 고압용기 파열에 의해 폭발하는 현상이다.

⑤ 산화폭발은 가연성 가스가 공기 중에 누설되거나 인화성 액체 저장탱크에 공기가 혼합되어 폭발성 혼합가스를 형성함으로써 점화원에 의해 착화되어 폭발하는 현상으로 연소의 한 형태이다.

정답 139 ⑤ 140 ① 141 ① 142 ⑤

🎯 **해설** ① 증기폭발이란 액화가스(LPG, LNG) 등이 분출되었을 때 급격한 기화에 동반하는 비등현상을 나타낸다.
② 분해폭발은 산소에 관계없이 단독으로 발열 분해 반응을 하는 물질에 의해서 발생하는 폭발이다.
③ 중합폭발은 단량체의 중축합 반응에 따른 발열량에 의한 폭발로 대표적인 예로는 산화에틸렌, 시안화수소, 염화비닐 등이 있다.
④ 가스폭발은 가연성 가스가 폭발범위 내의 농도로 공기나 조연성 가스 중에 존재할 때 점화원에 의해 폭발하는 현상이다.

143 다음의 〈보기〉는 폭발의 원인이다. 물리적 폭발의 원인으로 옳은 것을 모두 고른 것은?

보기
ㄱ. 가열   ㄴ. 중합
ㄷ. 가압   ㄹ. 상변화
ㅁ. 과충전   ㅂ. 분해

① ㄱ, ㄷ, ㄹ, ㅁ
② ㄱ, ㄴ, ㄷ, ㄹ
③ ㄷ, ㄹ, ㅁ, ㅂ
④ ㄱ, ㄴ, ㄹ, ㅁ, ㅂ
⑤ ㄱ, ㄴ, ㄷ, ㄹ, ㅁ, ㅂ

🎯 **해설** ㄱ. 가열 : 물리적 폭발과 화학적 폭발의 원인이다.
ㄷ. 가압 : 물리적 폭발의 원인이다.
ㄹ. 상변화 : 물리적 폭발의 원인이다.
ㅁ. 과충전 : 물리적 폭발의 원인이다.
ㄴ. 중합 : 화학적 폭발의 원인이다.
ㅂ. 분해 : 화학적 폭발의 원인이다.

144 다음 중 물리적 폭발에 해당되는 것은 무엇인가?

① 분해폭발
② 증기폭발
③ 산화폭발
④ 중합폭발
⑤ 증기운폭발

🎯 **해설** 증기폭발은 물리적 폭발에 해당한다.
①·③·④·⑤ 화학적 폭발에 해당한다.

145 폭발에 대한 설명으로 옳은 것은?

① 기상폭발에는 분해폭발, 분무폭발, 분진폭발, 수증기폭발이 있다.
② 폭발한계에 영향을 주는 요소는 온도, 압력, 산소, 환원제이다.
③ 폭발의 영향은 압력, 비산, 열, 지진의 4가지로 구분할 수 있다.
④ 폭굉은 반응 또는 화염면의 전파가 분자량이나 난류확산에 영향을 받는다.
⑤ 물리적 폭발은 물질의 상변화에 의해 발생하는 폭발로 격렬한 연소현상에 의해 화염을 동반한다.

해설 폭발의 영향은 압력, 비산, 열, 지진의 4가지로 구분할 수 있다.
① 기상폭발에는 분해폭발, 분무폭발, 분진폭발 및 가스폭발이 있다. 수증기폭발은 응상폭발에 해당한다.
② 폭발한계에 영향을 주는 요소는 온도, 압력, 산소, 산화제이다.
④ 폭연은 반응 또는 화염면의 전파가 분자량이나 난류확산에 영향을 받는다.
⑤ 물리적 폭발은 물질의 상변화에 의해 발생하는 폭발로 화학적 변화는 없으며, 화염을 동반하지 않는 경우가 많다(화재로 보지 않음).

146 위험물 저장탱크에서 유출된 가스가 구름을 형성하며 떠다니다가 점화원과 접촉하는 동시에 폭발이 일어나는 기상폭발을 무엇이라고 하는가?

① 가스폭발
② 분진폭발
③ 분해폭발
④ 증기폭발
⑤ 증기운폭발

해설 증기운폭발이란 위험물 저장탱크에서 유출된 가스가 구름을 형성하며 떠다니다가 점화원과 접촉하는 동시에 폭발이 일어나는 기상폭발이다.
① 가스폭발은 가연성 기체와 공기의 혼합에 의한 폭발을 말한다.
② 분진폭발은 가연성 고체 미분의 폭발을 말한다.
③ 분해폭발은 분해연소성 기체의 폭발을 말한다.
④ 증기폭발은 밀폐된 공간 속의 액체물질이 급속히 기화되면서 많은 양의 증기가 발생함으로써 증기압이 높아져 용기나 구조물의 내압을 초과하여 파열되는 폭발을 말한다.

정답 | 143 ① | 144 ② | 145 ③ | 146 ⑤

147 물질의 상변화에 의해 에너지 방출이 짧은 시간에 이루어지는 폭발에 해당하지 않는 것은?

① 분해폭발　　　　　　　　　② 수증기폭발
③ 증기폭발　　　　　　　　　④ 금속선폭발
⑤ 고상간 전이폭발

해설 물질의 상변화에 의해 에너지 방출이 짧은 시간에 이루어지는 폭발은 응상폭발을 의미한다.
분해폭발은 분해연소성 기체폭발로서 기상폭발에 해당한다.
② 수증기폭발 : 물이 수증기로 급격히 상전이 함으로써 일어나는 응상폭발이다.
③ 증기폭발 : 액상폭발과 고상폭발에 해당하며 액체 및 고체의 불안정한 물질의 연쇄폭발현상
　으로 극저온 액화가스의 수면 유출에 의한 응상폭발이다.
④ 금속선 폭발 : 가는 금속선의 형태를 한 시료에 대전류(大電流) 통과 시 순간적으로 일어나는
　응상폭발이다.
⑤ 고상간 전이폭발 : 고체의 무정형 안티몬이 동일한 고상의 안티몬으로 전이할 때 발열함으로
　써 주위의 공기가 팽창하여 발생하는 응상폭발이다.

148 다음 중 화학적 폭발과 물리적 폭발로 분류하였을 때 분류가 다른 하나는?

① 가스폭발　　　　　　　　　② 분무폭발
③ 분진폭발　　　　　　　　　④ 증기폭발
⑤ 분해폭발

해설 물리적 폭발에 해당되는 증기폭발(steam explosion)은 밀폐된 공간 속의 액체물질이 급속히 기
화되면서 많은 양의 증기가 발생함으로써 증기압이 높아져 용기나 구조물의 내압을 초과하여
파열되는 증기폭발현상이다. 즉 증기폭발이란 액화가스(LPG, LNG) 등이 분출되었을 때 급격한
기화에 동반하는 비등현상을 나타낸다.
①·②·③·⑤ 화학적 폭발에 해당된다.

> **더 알아보기　화학적 폭발**
> ◦ 화학적 폭발 : 분해폭발, 산화폭발, 중합폭발, 촉매폭발
> ◦ 화학적 폭발 중 산화폭발 : 가스폭발, 분무폭발, 분진폭발

149 폭발에 대한 설명으로 옳지 않은 것은?

① 증기폭발은 폭발물질의 물리적 상태에 따른 분류 중 기상폭발에 해당한다.

② 폭굉은 연소반응으로 발생한 화염의 전파속도가 음속보다 빠른 것을 말한다.

③ 블레비(BLEVE)는 액화가스 저장탱크 등에서 외부열원에 의해 과열되어 급격한 압력상승의 원인으로 파열되는 현상이며, 폭발의 분류 중 물리적 폭발에 해당한다.

④ 폭발은 물리적, 화학적 변화의 결과로 발생된 급격한 압력상승에 의한 에너지가 외계로 전환되는 과정에서 파열, 폭음 등을 동반하는 현상을 말한다.

⑤ 산화폭발은 가연성 가스가 공기 중에 누설되거나 인화성 액체 저장탱크에 공기가 혼합되어 폭발성 혼합가스를 형성함으로써 점화원에 의해 착화되어 폭발하는 현상으로 연소의 한 형태이기도 하다.

🎯 해설 │ 증기폭발은 폭발물질의 물리적 상태에 따른 분류 중 응상폭발에 해당하며, 가스폭발은 폭발물질의 물리적 상태에 따른 분류 중 기상폭발에 해당한다.

> **더 알아보기 기상폭발(화학적 폭발의 종류)**
> ○ 가스폭발 : 가연성 기체와 공기 혼합기의 폭발
> ○ 분무폭발 : 공기 중에 분출된 미세한 기름방울 등 액적이 무상으로 되어 착화에너지가 주어지면 폭발하는 가연성 액체의 폭발
> ○ 분진폭발 : 가연성 고체 미분의 폭발
> ○ 분해폭발 : 분해연소성 기체 폭발

150 폭발의 분류 중 가연성 고체(석탄, 유황 등)의 미분이 공기 중에 부유하고 있을 때 어떤 착화원에 의해 에너지가 주어지면 발생하는 폭발은 무엇인가?

① 분진폭발　　　　　　　　　　② 분무폭발
③ 증기운폭발　　　　　　　　　④ 블레비
⑤ 분해폭발

🎯 해설 │ 분진폭발은 가연성 고체의 미분이 공기 중에 부유하고 있을 때 발화원에 의하여 착화됨으로써 연소・폭발하는 현상을 말한다.

151 다음 중 BLEVE 현상이 발생하기 전의 현상으로 옳지 않은 것은?

① 가스 저장탱크 화재 발생 시 저장탱크가 가열되어 탱크 내 액체 부분은 급격히 증발하고 가스 부분은 온도상승과 비례하여 탱크 내 압력의 급격한 상승을 초래하게 된다.

② 탱크가 계속 가열되면 용기 강도는 저하되고 내부압력은 상승하여 어느 시점이 되면 저장탱크의 설계압력을 초과하게 되고 탱크가 파괴되어 급격한 폭발현상을 일으킨다.

③ 저장탱크 내에서 유출된 가연성 가스가 대기 중에 공기와 혼합하여 구름을 형성하는데 거기에 점화원이 다가가면 폭발하는 현상이다.

④ 인화성 액체탱크가 가열되어 폭발하기 전에 또한 10분이 경과하기 전에 냉각조치를 하지 않으면 폭발이 발생할 수 있다.

⑤ 방지대책으로 감압시스템으로 압력을 낮추거나 용기 외벽에 열전도성이 낮은 물질로 단열시공을 하는 방법이 있다.

⦿ 해설 | 증기운폭발에 대한 설명이다. 증기운폭발이란 저장탱크 내에서 유출된 가연성 가스가 대기 중에 공기와 혼합하여 구름을 형성하는데 거기에 점화원이 다가가면 폭발하는 현상을 말한다.

152 기상폭발에 해당하는 현상으로 옳은 것을 모두 고른 것은?

> ㄱ. 고체인 무정형 안티몬이 동일한 고상의 안티몬으로 전이할 때 발열함으로써 주위의 공기가 팽창하여 폭발한다.
> ㄴ. 가연성 가스와 조연성 가스가 일정 비율로 혼합된 가연성 혼합기는 발화원에 의해 착화되면 가스폭발을 일으킨다.
> ㄷ. 기체 분자가 분해할 때 발열하는 가스는 단일성분의 가스라고 해도 발화원에 의해 착화되면 혼합가스와 같이 가스폭발을 일으킨다.
> ㄹ. 공기 중에 분출된 가연성 액체가 미세한 액적이 되어 무상으로 공기 중에 부유하고 있을 때 착화에너지가 주어지면 폭발이 발생한다.
> ㅁ. 보일러와 같이 고압의 포화수를 저장하고 있는 용기가 파손 등의 원인으로 동체의 일부분이 열리면 용기 내압이 급속히 하락되어 일부 액체가 급속히 기화하면서 증기압이 급상승하여 용기가 파괴된다.

① ㄱ, ㄴ, ㄷ

② ㄱ, ㄴ, ㄹ

③ ㄴ, ㄷ, ㄹ

④ ㄴ, ㄷ, ㅁ

⑤ ㄷ, ㄹ, ㅁ

해설 기상폭발(gas explosion)이란 폭발을 일으키기 이전의 물질 상태가 기상(氣相)인 경우의 폭발을 말한다. 이러한 종류로는 가스폭발, 분해폭발, 분진폭발, 분무폭발이 있다.
ㄴ은 가스폭발, ㄷ은 분해폭발, ㄹ은 분무폭발에 대한 설명이다.
ㄱ. 응상폭발 중 고상간 전이폭발에 대한 내용이다.
ㅁ. 응상폭발 중 보일러 폭발에 대한 내용이다. 참고로 응상폭발의 대표적 종류인 증기폭발이란 밀폐된 공간 속의 액체물질이 급속히 기화되면서 많은 양의 증기가 발생함으로써 증기압이 높아져 용기나 구조물의 내압을 초과하여 파열되는 폭발현상이다.

153 원인물질에 따른 폭발의 분류 중 응상폭발에 해당하는 것은?

① 증기폭발
② 가스폭발
③ 분진폭발
④ 증기운폭발
⑤ 분무폭발

해설 응상폭발이란 액체 또는 고체의 불안정한 물질의 접촉 등 연쇄폭발현상을 말한다. 응상폭발에는 액체의 급속가열인 수증기폭발과 극저온 액화가스의 수면 유출인 증기폭발이 있다.

154 응상폭발에 해당하는 것만을 〈보기〉에서 모두 고른 것은?

보기

ㄱ. 증기폭발　　　　　　　　　ㄴ. 분진폭발
ㄷ. 분해폭발　　　　　　　　　ㄹ. 전선폭발
ㅁ. 분무폭발

① ㄱ, ㄴ
② ㄱ, ㄹ
③ ㄴ, ㄷ
④ ㄴ, ㄹ
⑤ ㄹ, ㅁ

해설 응상폭발이란 저온의 액화가스가 상온의 물 위에 분출되었을 때와 같이 액상에서 기상으로의 급격한 상변화에 의해 발생하거나 용융 금속과 같은 고온물질이 물 속에 투입되었을 때 고온의 열이 저온의 물에 짧은 시간에 전달되면 일시적으로 물은 과열상태로 되고 급격하게 비등하여 폭발이 일어나는 현상을 말한다. 증기폭발이 대표적이고 그 외에 수증기폭발, 전선폭발 등이 있다.

정답 | 151 ③ 152 ③ 153 ① 154 ② |

ㄱ. 증기폭발 : 응상폭발
ㄹ. 전선폭발 : 응상폭발
ㄴ. 분진폭발 : 기상폭발
ㄷ. 분해폭발 : 기상폭발
ㅁ. 분무폭발 : 기상폭발

155 폭굉(Detonation)에 대한 설명으로 옳은 것을 모두 고른 것은?

ㄱ. 화염전파속도가 음속보다 빠르다.
ㄴ. 충격파가 발생하지 않는다.
ㄷ. 에너지 방출속도는 열 전달속도에 큰 영향을 받는다.
ㄹ. 파면(화염면)에서 온도, 압력, 밀도가 불연속적으로 나타난다.
ㅁ. 온도의 상승은 충격파의 압력에 기인한다.

① ㄱ, ㄹ, ㅁ   ② ㄴ, ㄷ, ㄹ, ㅁ
③ ㄱ, ㄴ, ㄷ, ㄹ, ㅁ   ④ ㄴ, ㄷ
⑤ ㄴ

🎯 **해설** | ㄴ, ㄷ. 폭연에 대한 설명이다.

156 폭연(Deflagration)과 폭굉(Detonation)에 관한 설명으로 옳은 것은?

① 예혼합가스의 초기압력이 높을수록 폭굉 유도거리가 길어진다.
② 화염전파속도는 폭연의 경우 음속보다 느리며, 폭굉의 경우 음속보다 빠르다.
③ 폭연은 폭굉으로 전이될 수 없으나 폭굉은 폭연으로 전이될 수 있다.
④ 폭연은 화염면에서 온도, 압력, 밀도의 변화가 불연속적으로 나타난다.
⑤ 폭굉은 화염면에서 온도, 압력, 밀도의 변화가 연속적으로 나타난다.

🎯 **해설** | ① 예혼합가스의 초기압력이 높을수록 폭굉 유도거리가 짧아진다.
③ 폭연은 폭굉으로 전이될 수 있으나 폭굉은 폭연으로 전이될 수 없다.
④ 폭연은 화염면에서 온도, 압력, 밀도의 변화가 연속적으로 나타난다.
⑤ 폭굉은 화염면에서 온도, 압력, 밀도의 변화가 불연속적으로 나타난다.

157 폭연(Deflagration)에 대한 설명으로 옳은 것을 모두 고른 것은?

> ㄱ. 화염전파속도가 음속보다 빠르다.
> ㄴ. 충격파가 발생하지 않는다.
> ㄷ. 에너지 방출속도는 열 전달속도에 큰 영향을 받는다.
> ㄹ. 파면(화염면)에서 온도, 압력, 밀도가 연속적으로 나타난다.
> ㅁ. 온도의 상승은 충격파의 압력에 기인한다.

① ㄱ, ㄹ, ㅁ

② ㄴ, ㄷ, ㄹ, ㅁ

③ ㄱ, ㄴ, ㄷ, ㄹ, ㅁ

④ ㄴ, ㄷ, ㄹ

⑤ ㄱ, ㅁ

해설 ㄱ, ㅁ. 폭굉에 대한 설명이다.

더 알아보기 폭연과 폭굉

구분	폭연(Deflagration)	폭굉(Detonation)
화염의 전파속도	음속보다 느림(아음속)	음속보다 빠름(초음속)
전파에너지	전도, 대류, 복사	충격에너지
화재파급효과	큼	작음
충격파 발생	발생하지 않음	발생함
특성	• 충격파의 압력은 수 기압(atm)(정압) • 파면에서 온도, 압력, 밀도가 연속적으로 나타남 • 폭굉으로 전이될 수 있음 • 에너지 방출속도가 열 전달속도(물질 전달속도)에 영향을 받음	• 온도의 상승은 열에 의한 전파보다 충격파의 압력에 기인 • 파면에서 온도, 압력, 밀도가 불연속적으로 나타남 • 초기압력 또는 충격파 형성을 위해 짧은 시간 내에 에너지 방출이 필요

158 데토네이션(폭효)이라고도 불리는 폭굉은 반응의 전파속도가 초음속이다. 폭굉에 대한 설명으로 옳지 않은 것은?

① 온도의 상승은 충격파의 압력에 기인한다.

② 에너지 방출속도가 물질 전달속도에 기인하지 않고 아주 짧다.

③ 파면(화염면)에서 온도, 압력, 밀도가 불연속적으로 나타난다.

④ 반응이나 화염면의 전파가 분자량이나 공기 등 난류확산에 영향을 받는다.

⑤ 반응면이 혼합물을 자연발화온도 이상으로 압축시키는 강한 충격파에 의해 전파된다.

■정답 155 ① 156 ② 157 ④ 158 ④

> **🎯해설** 폭굉이 아니라 폭연에 대한 설명이다.

159 다음 중 폭연과 폭굉에 대한 설명으로 바른 것은?

① 폭굉은 화염면에서 상대적으로 완만한 에너지 변화에 의해서 온도, 압력, 밀도가 연속적이다.
② 폭연에서 온도의 상승은 열에 의한 전파보다 충격파에 의한 압력에 영향을 받는다.
③ 폭굉은 반응 또는 화염면의 전파가 물질의 분자량이나 공기의 난류확산에 영향을 받는다.
④ 폭연은 에너지 방출속도가 물질의 전달속도에 영향을 받는다.
⑤ 폭연에서 폭굉으로 전이되는 과정은 착화 → 화염전파 → 충격파 → 압축파 → 폭굉파의 순이다.

> **🎯해설** ① 폭연은 화염면에서 상대적으로 완만한 에너지 변화에 의해서 온도, 압력, 밀도가 연속적이다.
> ② 폭굉에서 온도의 상승은 열에 의한 전파보다 충격파에 의한 압력에 영향을 받는다.
> ③ 폭연은 반응 또는 화염면의 전파가 물질의 분자량이나 공기의 난류확산에 영향을 받는다.
> ⑤ 폭연에서 폭굉으로 전이되는 과정은 착화 → 화염전파 → 압축파 → 충격파 → 폭굉파의 순이다.

160 다음 중 분진폭발에 대한 설명으로 바르지 않은 것은?

① 가스폭발에 비해 발생에너지는 크며, 2차 폭발을 하지 않는다.
② 개방되어 있을 때는 폭발력이 감소된다.
③ 분진폭발은 가스폭발에 비해 초기폭발력은 적다.
④ 일반적으로 분진 입자 크기가 감소할수록 폭발력이 크다.
⑤ 일반적으로 수분이 있을 때 폭발력은 감소한다.

> **🎯해설** 분진폭발은 최초폭발에 의해 폭풍이 주위의 분진을 날리게 하고 이는 2 ~ 3차 폭발로 이어질 수 있다.
>
> > **더 알아보기 분진폭발의 특징**
> > ◦ 폭발의 입자가 연소되면서 비산하여 접촉되는 가연물은 국부적으로 심한 탄화를 유발한다(인체 화상).
> > ◦ 연소시간이 길고 에너지가 커 파괴력과 타는 정도 크다(최소발화에너지는 가스폭발보다 크고, 폭발압력과 연소속도는 가스폭발보다 작음).
> > ◦ 가스에 비해 불완전한 연소를 일으키기 쉬우므로 연소 후에는 일산화탄소가 다량 존재한다(가스에 의한 중독의 위험성 상존).
> > ◦ 최초폭발에 의해 폭풍이 주위의 분진을 날리게 하고 이는 2 ~ 3차 폭발로 이어져 피해가 확산된다.

161 분진폭발에 영향을 미치는 인자에 관한 설명으로 옳지 않은 것은?

① 분진의 발열량이 클수록 폭발하기 쉽다.
② 분진의 부유성이 클수록 폭발이 용이해진다.
③ 분진폭발은 분진의 입자직경에 영향을 받는다.
④ 분진의 단위체적당 표면적이 커지면 폭발이 용이해진다.
⑤ 분진폭발은 수분이 적을수록 분진 부유성을 억제하여 폭발하기 쉽다.

해설 분진폭발은 수분이 많을수록 분진 부유성을 억제하고, 대전성을 감소시켜 폭발성을 둔감하게 한다.

162 BLEVE(Boiling Liquid Expanding Vapor Explosion) 현상에 대한 설명으로 옳지 않은 것은?

① 액화가스탱크 등에서 외부에서 가해지는 열에 의하여 액체가 비등하면서 내부의 압력이 증가하여 용기가 파열되는 현상을 말한다.
② BLEVE 현상은 비등하는 액체가 팽창하여 용기가 파손되면서 분출하는 화학적 폭발현상이며, 이때 분출되는 가스가 가연성이면 가스가 폭발적으로 연소하는 물리적인 폭발로 이어질 수 있다.
③ 탱크가 계속 가열되면 용기 강도는 저하되고 내부압력은 상승하여 어느 시점이 되면 저장탱크의 실제압력을 초과하게 되고 탱크가 파괴되어 급격한 폭발현상을 일으킨다.
④ BLEVE 현상에 영향을 주는 인자로는 저장된 물질의 종류와 형태, 저장용기의 재질, 주위의 온도와 압력상태 등이 있다.
⑤ 냉각살수장치 설치, 용기 내압강도 유지, 감압시스템 설치 등이 BLEVE 현상 방지에 도움이 된다.

해설 BLEVE 현상은 비등하는 액체가 팽창하여 용기가 파손되면서 분출하는 물리적 폭발현상이며, 이때 분출되는 가스가 가연성이면 가스가 폭발적으로 연소하는 화학적인 폭발로 이어질 수 있다.

163 다음은 BLEVE에 대한 설명이다. 가장 옳은 것은?

① 화재에 노출되어 가열된 가스용기 또는 탱크가 열에 의한 가열로 압력이 증가하여 강도를 상실하면서 폭발하는 화학적 현상이다.

② 직접 열을 받는 부분이 탱크의 인장강도를 초과하는 경우 기상부에 면하는 지점에서 파열이 일어나는 화학적 폭발이 일어나고, 이후 분출된 액화가스의 증기가 공기와 혼합하여 일어나는 연소범위가 형성되어 공 모양의 대형 화염이 상승하는 물리적 폭발로 이어지게 된다.

③ BLEVE의 방지대책으로 감압시스템으로 압력을 낮추거나 용기 외벽에 열전도성이 높은 물질로 단열시공을 하는 방법이 있다.

④ BLEVE의 규모는 파열 시 액체의 기화량, 탱크의 용량에 따라 차이가 있다.

⑤ 액화가스 저장탱크에서 일어날 수 있다는 점에서는 용기파괴 현상은 증기운폭발과 같다.

해설
① 화재에 노출되어 가열된 가스용기 또는 탱크가 열에 의한 가열로 압력이 증가하여 인장강도를 상실하면서 폭발하는 물리적 현상이다.
② 직접 열을 받는 부분이 탱크의 인장강도를 초과하는 경우 기상부에 면하는 지점에서 파열이 일어나는 물리적 폭발이 일어나고, 이후 분출된 액화가스의 증기가 공기와 혼합하여 일어나는 연소범위가 형성되어 공 모양의 대형 화염이 상승하는 화학적 폭발로 이어지게 된다.
③ BLEVE의 방지대책으로 감압시스템으로 압력을 낮추거나 용기 외벽에 열전도성이 낮은 물질로 단열시공을 하는 방법이 있다.
⑤ 액화가스 저장탱크에서 일어날 수 있다는 점에서 화학적 폭발 시에는 증기운폭발과 같다.

164 다음의 〈보기〉는 화재성장속도에 관한 내용이다. ( )에 들어갈 내용으로 옳은 것은?

보기

• 화재성장속도가 1MW도달시간 (㉠)초 이내면 'Ultrafast'로 분류한다.
• 화재성장속도가 1MW도달시간 (㉡)초 이내면 'Fast'로 분류한다.
• 화재성장속도가 1MW도달시간 (㉢)초 이내면 'Medium'로 분류한다.
• 화재성장속도가 1MW도달시간 (㉣)초 이내면 'Slow'로 분류한다.

	㉠	㉡	㉢	㉣		㉠	㉡	㉢	㉣
①	75	150	300	600	②	75	150	300	500
③	600	300	150	75	④	100	150	300	600
⑤	100	200	300	400					

해설

더알아보기	화재성장속도 4단계		
구분	1MW도달시간	a(화재성장계수)	대표적 품목들
Ultrafast	75초	0.1874	얇은 합판, 메틸알코올, 유류 등
Fast	150초	0.0468	침구, 폴리우레탄, 합판 가구류 등
Medium	300초	0.0117	매트리스, 책상, 목재 가구류 등
Slow	600초	0.0029	방염처리된 침대, 바닥 목재 등

165 연소불꽃의 색상에 따른 온도에서 휘백색일 때의 온도는?

① 500℃

② 700℃

③ 900℃

④ 1,000℃

⑤ 1,500℃

해설

더알아보기	연소불꽃의 색상에 따른 온도		
연소불꽃의 색	온도[℃]	연소불꽃의 색	온도[℃]
암적색	700	황적색	1,100
적색	850	백적색	1,300
휘적색	950	휘백색	1,500

166 가연물질에 따른 불꽃 색상의 연결로 바른 것은?

① 나트륨 – 보라색

② 칼륨 – 노란색

③ 칼슘 – 청색

④ 알루미늄 – 백색

⑤ 마그네슘 – 빨간색

해설

더알아보기	가연물질에 따른 불꽃 색상		
종류	색상	종류	색상
나트륨	노란색	황산염, 탄산염	빨간색
칼륨	보라색	알루미늄, 마그네슘	백색
염화바륨, 구리	녹색	산화칼슘, 염화칼슘	주황색
칼슘	오렌지색	염화구리	청색

▶**정답** | 163 ④ | 164 ① | 165 ⑤ | 166 ④

167 확산화염에 대한 내용이다. 옳지 않은 것은?

① 연료가스와 산소가 농도 차에 따라 반응영역으로 이동되는 연소과정을 확산화염이라고 한다.

② 양초화염은 분자확산에 의해 지배되는 층류 확산화염이다.

③ 화염 내에서의 가시성 와류에 의한 유체의 기계적인 불안정성에 따라 일어나는 현상을 난류 확산화염이라 하며, 산림화재는 난류 확산화염의 대표적 예이다.

④ 확산화염과 달리 예혼합화염은 화염면의 전파가 수반되며, 밀폐공간에서는 급속한 압력증가를 초래하고 충분한 압력이 전파되는 화염 뒤에 축적되면 화염면에 충격파를 형성할 수 있다.

⑤ 중력은 확산화염의 영향인자이나 난류는 영향인자가 아니다.

🎯해설 중력과 난류는 확산화염의 영향인자이다.

> **더 알아보기 확산화염의 영향인자**
> ◦ 중력 : 중력은 확산화염의 모양(형태)과 화재 과정에 큰 영향을 미치게 되는데, 이는 화재에 의해 고온이 생성되면 이 열에 의해 뜨거워진 가스는 중력에 의한 부력의 결과로 상승하게 되고 계속되는 흐름은 화염을 왜곡시켜 결국 불안정한 흐름 때문에 의해 난류가 형성되기 때문이다.
> ◦ 난류 : 난류는 주기적으로 흐름을 활발하게 하는 자연발생의 교반 때문에 생기게 된다. 중력에 의한 부력과 난류성이 화재와 이에 관계되는 흐름을 제어하는 2가지 주요한 요소이다.

168 화재와 기상의 관계에 대한 내용이다. 옳지 않은 것은?

① 연소는 저온 시에 활발하고, 고온 시에는 활발하지 않다.

② 바람에 의해서 연소나 비화가 일어나서 큰 화재에 이르는 원인이 된다.

③ 자연발화의 경우 습도가 높은 곳에서 일어난다.

④ 정전기의 경우 상대습도가 70% 이상인 경우 정전기가 발생하지 않는다.

⑤ 기압배치에 따라서 강한 계절풍이나 푄현상 등이 발생하며, 푄현상은 특히 대형화재의 원인이 된다.

🎯해설 연소는 고온 시에 활발하고, 저온 시에는 활발하지 않다. 그러나 출화는 저온일 때일수록 많아진다. 이것은 추울 때는 불의 사용이 많아지며, 또 저온 시에는 습도가 낮아져 건조한 것도 그 원인의 하나이다.

169 다음 〈보기〉는 폭연에서 폭굉으로 전이되는 과정이다. (   ) 안에 들어갈 단계로 옳은 것은?

보기
착화 → (ㄱ) → (ㄴ) → (ㄷ) → 폭굉파

	ㄱ	ㄴ	ㄷ
①	화염전파	난류전달	충격파
②	화염전파	충격파	압축파
③	압축파	난류전달	충격파
④	압축파	충격파	화염전파
⑤	화염전파	압축파	충격파

🎯 **해설** | 폭연에서 폭굉으로 전이되는 과정 :
착화 → (ㄱ) 화염전파 → (ㄴ) 압축파 → (ㄷ) 충격파 → 폭굉파

170 완전연소와 불완전연소에 대한 내용이다. 옳지 않은 것은?

① 완전연소는 산소공급이 충분한 상태에서 발생한다.
② 불완전연소는 불꽃이 저온 물체와 접촉하여 온도가 내려갈 때 발생한다.
③ 완전연소 시에는 이산화탄소와 수증기가 발생하며, 불완전연소 시에는 일산화탄소, 그 을음과 같은 연소생성물이 발생한다.
④ 완전연소가 이루어지면 불완전연소 시보다 적은 열량이 발생한다.
⑤ 불완전연소는 연소실 내 배기가스의 배출이 불량할 때 발생한다.

🎯 **해설** | 완전연소가 이루어지면 불완전연소 시보다 많은 열량이 발생한다.

171 다음 〈보기〉의 (   ) 안에 빈칸에 들어갈 내용으로 옳은 것은?

> **보기**
>
> - (㉠)는 점화원이 될 우려가 있는 부분을 용기 내에 넣고 불연성 가스인 보호기체를 용기의 내부에 넣어 줌으로써 용기 내부에는 압력이 발생하여 외부로부터 폭발성 가스가 침입하지 못하도록 한 구조이다.
> - (㉡)는 정상운전 중에 폭발성 가스 또는 증기에 점화원이 될 전기불꽃 아크 또는 고온 부분 등의 발생을 방지하기 위하여 기계적, 전기적 구조상 또는 온도상승에 대해서 특히 안전도를 증가시킨 구조이다.
> - (㉢)는 전기기기의 불꽃 또는 고온이 발생하는 부분을 절연유 속에 넣고 기름 면 위에 존재하는 폭발성 가스 또는 증기에 인화될 우려가 없도록 한 구조이다.

	㉠	㉡	㉢
①	내압 방폭구조	본질안전 방폭구조	유입 방폭구조
②	압력 방폭구조	안전증가 방폭구조	유입 방폭구조
③	압력 방폭구조	본질안전 방폭구조	유입 방폭구조
④	내압 방폭구조	안전증가 방폭구조	압력 방폭구조
⑤	압력 방폭구조	안전증가 방폭구조	내압 방폭구조

해설 ㉠ 압력 방폭구조 : 용기 내부의 압력을 외부 압력보다 높게 유지하여 내부에 가연성 가스 또는 증기가 유입되지 못하도록 보호하는 방폭구조로 용기 내부에는 불활성 가스를 압입하여 외부 폭발성 가스의 침입을 방지하고 점화원과 폭발성 가스를 격리하는 구조
㉡ 안전증가 방폭구조 : 정상운전 중에 폭발성 가스 또는 증기에 점화원이 될 전기불꽃 아크 또는 고온 부분 등의 발생을 방지하기 위하여 기계적, 전기적 구조상 또는 온도상승에 대해서 특히 안전도를 증가시킨 구조
㉢ 유입 방폭구조 : 가스・증기에 대한 전기기기 방폭구조의 한 형식으로 용기 내의 전기불꽃을 발생하는 부분을 유(油) 중에 내장시켜 유면상 및 용기의 외부에 존재하는 폭발성 분위기에 점화할 염려가 없게 한 방폭구조

172 전기설비 방폭구조 중 〈보기〉에서 설명하고 있는 방폭구조는 무엇인가?

> **보기**
>
> 폭발 분위기에 노출된 상태에 있는 기계 기구 내의 전기에너지 권선 상호접속에 의한 전
> 기불꽃 또는 열영향을 점화에너지 이하의 수준까지 제한하는 것을 기반으로 하는 방폭
> 구조

① 압력 방폭구조　　　　　　　　　② 안전증가 방폭구조
③ 유입 방폭구조　　　　　　　　　④ 본질안전 방폭구조
⑤ 내압 방폭구조

해설　본질안전 방폭구조는 정상 또는 이상 상태(폭발 분위기에 노출된)에 있는 기계 기구 내의 전기에
너지 권선 상호접속에 의한 전기불꽃 또는 열영향을 점화에너지 이하의 수준까지 제한하는 것을
기반으로 하는 방폭구조를 말한다.

173 용기 내부에 불활성 가스를 압입하여 외부 폭발성 가스의 침입을 방지하고 점화원과 폭발
성 가스를 격리하는 전기설비 방폭구조는 무엇인가?

① 안전증가 방폭구조　　　　　　　② 압력 방폭구조
③ 내압 방폭구조　　　　　　　　　④ 유입 방폭구조
⑤ 본질안전 방폭구조

해설　압력 방폭구조란 용기 내부의 압력을 외부 압력보다 높게 유지하여 내부에 가연성 가스 또는
증기가 유입되지 못하도록 보호하는 방폭구조로 용기 내부에는 불활성 가스를 압입하여 외부
폭발성 가스의 침입을 방지하고 점화원과 폭발성 가스를 격리하는 구조를 말한다.

▶정답　171 ② 　172 ④ 　173 ②

174 가스·증기에 대한 전기기기 방폭구조의 한 형식으로 용기 내의 전기불꽃을 발생하는 부분을 유(油) 중에 내장시켜 유면상 및 용기의 외부에 존재하는 폭발성 분위기에 점화할 염려가 없게 한 방폭구조는 무엇인가?

① 내압 방폭구조
② 압력 방폭구조
③ 안전증가 방폭구조
④ 유입 방폭구조
⑤ 비점화 방폭구조

🎯**해설** 용기 내의 전기불꽃을 발생하는 부분을 유(油) 중에 내장시켜 유면상 및 용기의 외부에 존재하는 폭발성 분위기에 점화할 염려가 없게 한 방폭구조는 유입 방폭구조이다.

175 다음 〈보기〉의 방폭구조에 대한 설명으로 옳지 않은 것은?

> **보기**
>
> ㄱ. 압력 방폭구조 : 용기 내부에는 불활성 가스를 압입하여 외부 폭발성 가스의 침입을 방지하고 점화원과 폭발성 가스를 격리하는 구조
> ㄴ. 본질안전 방폭구조 : 정상 또는 이상 상태에서 기계 기구 내의 전기에너지 권선 상호 접속에 의한 전기불꽃 또는 열영향을 점화에너지 이하의 수준까지 제한하는 것을 기반으로 하는 방폭구조
> ㄷ. 안전증가 방폭구조 : 정상운전 중에 폭발성 가스 또는 증기에 점화원이 될 전기불꽃 아크 또는 고온 부분 등의 발생을 방지하기 위하여 기계적, 전기적 구조상 또는 온도 상승에 대해서 특히 안전도를 증가시킨 구조
> ㄹ. 유입 방폭구조 : 용기 내의 전기불꽃을 발생하는 부분을 유(油) 중에 내장시켜 유면상 및 용기의 외부에 존재하는 폭발성 분위기에 점화할 염려가 없게 한 방폭구조

① ㄱ
② ㄴ
③ ㄱ, ㄴ
④ ㄱ, ㄴ, ㄷ
⑤ 없음

🎯**해설** ㄱ, ㄴ, ㄷ, ㄹ. 모두 옳은 설명이다.

176 다음 〈보기〉에서 설명하고 있는 전기설비 방폭구조는 무엇인가?

> **보기**
>
> 정상운전 중에 폭발성 가스 또는 증기에 점화원이 될 전기불꽃 아크 또는 고온 부분 등의 발생을 방지하기 위하여 기계적, 전기적 구조상 또는 온도상승에 대해서 특히 안전도를 증가시킨 구조

① 내압 방폭구조　　　　　　　　② 압력 방폭구조
③ 유입 방폭구조　　　　　　　　④ 안전증가 방폭구조
⑤ 본질안전 방폭구조

⊙해설 안전증가 방폭구조란 정상운전 중에 폭발성 가스 또는 증기에 점화원이 될 전기불꽃 아크 또는 고온 부분 등의 발생을 방지하기 위하여 기계적, 전기적 구조상 또는 온도상승에 대해서 특히 안전도를 증가시킨 구조를 말한다.

> **더 알아보기　방폭구조**
> · 개념 : 전기회로가 동작할 때 접점 등에서 발생하게 되는 아크나 기타 열 등으로 인해 화재나 폭발할 수 있는 장소에서 폭발 가능성 있는 화학물질 등으로부터 발화원을 분리시키기 위한 구조를 방폭구조라 한다.
> · 종류
>   – 내압 방폭구조 : 용기 내부에서 폭발성 가스 또는 증기가 폭발하였을 때 용기가 그 압력에 견디며 또한 접합면 개구부 등을 통해서 외부의 폭발성 가스증기에 인화되지 않도록 한 구조
>   – 압력 방폭구조 : 용기 내부의 압력을 외부 압력보다 높게 유지하여 내부에 가연성 가스 또는 증기가 유입되지 못하도록 보호하는 방폭구조로 용기 내부에는 불활성 가스(질소 등)를 압입(충전)하여 외부 폭발성 가스의 침입을 방지하고 점화원과 폭발성 가스를 격리하는 구조
>   – 안전증가 방폭구조 : 정상운전 중에 폭발성 가스 또는 증기에 점화원이 될 전기불꽃 아크 또는 고온 부분 등의 발생을 방지하기 위하여 기계적, 전기적 구조상 또는 온도상승에 대해서 특히 안전도를 증가시킨 구조
>   – 본질안전 방폭구조 : 정상 또는 이상 상태(폭발 분위기에 노출되거나 사고 상태 시)에 있는 기계 기구 내의 전기에너지 권선 상호접속에 의한 전기불꽃 또는 열영향을 점화에너지 이하의 수준까지 제한하는 것을 기반으로 하는 방폭구조
>   – 유입 방폭구조 : 가스·증기에 대한 전기기기 방폭구조의 한 형식으로 용기 내의 전기불꽃을 발생하는 부분을 유(油) 중에 내장시켜 유면상 및 용기의 외부에 존재하는 폭발성 분위기에 점화할 염려가 없게 한 방폭구조

정태화
소방학개론
단원별 500제

www.pmg.co.kr

화재이론

PART 02 화재이론

01 화재 종류에 따른 분류로 옳지 않은 것은?

① 유류화재 – 황색 – B급 화재
② 일반화재 – 백색 – A급 화재
③ 전기화재 – 청색 – C급 화재
④ 가스화재 – 황색 – E급 화재
⑤ 금속화재 – 황색 – D급 화재

⊙해설 | 금속화재 – 무색 – D급 화재

02 다음 중 화재의 급수에 따른 가연물의 연결이 바르지 않은 것은? (국내 검정기준과 한국산업규격에 따른 분류 기준 적용)

① A급 – 종이 및 일반제품
② B급 – 휘발유 등 인화성 물질
③ C급 – 분말 및 고무제품
④ D급 – 가연성 금속
⑤ K급 – 주방 안에 있는 식용유

⊙해설

> **더 알아보기** 전기(C급/청색)화재
> ﹒전기가 통전되는 기계설비(변압기, 변전실)화재
> ﹒C급 화재로 분류, 색상은 청색으로 표기
> ﹒물로 불을 소화할 수 없음(물을 주수하면 감전의 위험이 있음)

03 전기화재(C급 화재) 및 주방화재(K급 화재)에 관한 설명으로 옳지 않은 것은?

① 주방화재의 가연물 중 하나인 식용유의 발화점은 비점보다 낮다.
② 도체 주위의 자기장 변화에 의해 발생된 유도전류는 전기화재의 점화원으로 작용할 수 있다.
③ 식용유로 인한 화재 시 소화적응성으로는 비누화현상에 의해 거품을 형성하는 제2종 분말 소화약제가 효과적이다.
④ 전기화재의 발생원인 중 누전은 전류가 전선이나 기구에서 절연 불량 등의 원인으로 정해진 전로(배선) 밖으로 흐르는 현상이다.
⑤ 식용유로 인한 화재 시 유면상의 화염을 제거하여도 발화점과 인화점의 차이가 많지 않아 온도를 냉각하지 않으면 재발화가 잘 일어난다.

> **해설** 식용유로 인한 화재 시 소화적응성으로는 비누화현상에 의해 거품을 형성하는 제1종 분말 소화약제가 효과적이다.

04 화재의 분류에 대한 설명으로 옳지 않은 것은?

① 화재의 분류는 소화적응성에 따라 일반화재, 유류화재, 전기화재, 금속화재, 가스화재로 분류된다.
② 화재의 처종에 따른 유형분류는 건축·구조물 화재, 자동차·철도차량 화재, 위험물·가스제조소 등 화재, 선박·항공기 화재, 임야화재, 기타화재로 분류되고 있다.
③ 화재의 소실정도에 따른 분류는 전소, 반소, 부분소, 즉소로 분류한다.
④ 화재원인에 따른 분류는 실화, 방화, 자연발화, 천재발화, 원인불명으로 분류한다.
⑤ 화재로 인한 부상정도 분류에서 사상자는 화재현장에서 사망한 사람과 부상당한 사람을 말한다.

> **해설** 화재의 소실정도에 따른 분류는 전소, 반소, 부분소로 분류한다. '즉소'는 화재발생 즉시 소화된 화재로서 인명피해가 없고 피해액이 경미한 화재(50만원 미만)인 것을 의미하는데 「화재조사 및 보고 규정」의 개정으로 2006년 삭제되었다.

05 화재의 분류에 대한 설명으로 옳지 않은 것은?

① 화재의 분류는 소화적응성에 따라 일반화재, 유류화재, 전기화재, 금속화재, 가스화재로 분류된다.
② 일반화재는 산소와 친화력이 강한 물질에 의한 화재로 연소 후 재를 남길 수 있는 대상물 화재를 말한다.
③ 유류화재는 화재성장속도가 일반화재보다 느리며, 생성된 연기는 백색으로 연소 후에는 재를 남긴다.
④ 전기화재는 그 형태가 아주 다양하며 원인규명이 상당히 어려운 화재로 주로 누전, 과전류, 합선 혹은 단락 등의 발화가 그 원인이다.
⑤ 금속화재는 물과 반응하여 수소(H_2) 등 가연성 가스를 발생시키는 것이 대부분이며, 물이나 물을 포함한 소화약제를 사용하면 오히려 위험할 수 있다.

▶**정답** | 01 ⑤ 02 ③ 03 ③ 04 ③ 05 ③ |

✪ 해설 | 유류화재는 화재성장속도가 일반화재보다 빠르며, 생성된 연기는 흑색으로 연소 후에는 재를 남기지 않는다.

06 **화재에 관한 내용으로 옳지 않은 것은?**

① 단위시간당 축적되는 열의 값을 화재강도라 한다.
② 화재강도와 화재하중이 클수록 화재가혹도는 높아진다.
③ 화재 시 최고온도는 화재가혹도의 양적 개념으로 화재강도와 관련이 있다.
④ 건물의 단열성능이 좋으면 화재강도나 성장률이 매우 높다.
⑤ 공기공급이 원활할수록 소진율 및 열발생률이 커져 화재강도가 커진다.

✪ 해설

> **더 알아보기 화재가혹도와 상관관계**
> ◦ 화재강도와 화재하중이 클수록 화재가혹도는 높아진다.
> ◦ 최고온도는 화재가혹도의 질적 개념으로 화재강도와 관련이 있다.
> ◦ 지속시간은 화재가혹도의 양적 개념으로 화재하중과 관련이 있다.

07 **화재의 제반사항에 대한 설명으로 옳지 않은 것은?**

① 화재하중이란 건물화재 시 단위면적당 등가가연물량의 가열온도(발열량) 및 화재의 위험성과 화재구획의 내표면적에 대한 실내장식물의 화재위험도를 말한다.
② 화재가혹도는 화재심도라고도 하며 화재발생으로 건물 내 수용재산 및 건물 자체에 손상을 입히는 정도를 말한다.
③ 화재강도는 단위시간당 축적되는 열의 값으로 화재실의 열방출률이 작을수록 화재강도는 증가한다.
④ 훈소화재는 거의 밀폐된 구조로 실내화재에서 많이 발생하는데, 가연물이 열로 인해 응축의 액체 미립자인 분해생성물만 발생시키는 것을 말한다.
⑤ 구조물이 갖는 단열효과가 클수록 열의 외부 누출이 용이하지 않고 화재실 내에 축적상태로 유지되어 화재강도가 커진다.

✪ 해설 | 화재강도는 단위시간당 축적되는 열의 값으로 화재실의 열방출률이 클수록 화재강도는 증가한다.

08 화재 용어 중 건축물에서 가연성 건축 구조재와 수용물의 양으로서 화재 시 예상 최대 가연물질의 양을 의미하는 것은?

① 훈소
② 화재하중
③ 화재강도
④ 화재가혹도
⑤ 화재심도

◎해설

> **더 알아보기 화재하중의 개념**
> ○ 화재하중은 건축물에서 가연성 건축 구조재와 수용물의 양으로서 화재 시 예상 최대 가연물질의 양을 뜻한다.
> ○ 건물화재 시 단위면적당 등가가연물량의 가열온도(발열량) 및 화재의 위험성을 나타낸다.

09 화재 용어 중 화재실의 단위시간당 축적되는 열의 양을 의미하는 것은?

① 훈소
② 화재하중
③ 화재강도
④ 화재가혹도
⑤ 위험도

◎해설

> **더 알아보기 화재강도**
> ○ 단위시간당 축적되는 열의 값을 화재강도라 한다. 이는 가연물의 비표면적이 클수록 연소가 용이하며 가연물의 연소값이 클수록 화재강도는 크게 된다.
> ○ 화재강도는 화재 시 산소공급, 화재실의 벽·천장·바닥 등의 단열성, 가연물의 배열상태·발열량·비표면적, 화재실의 구조 등에 따라 달라진다.

10 화재가혹도에 관한 설명으로 옳지 않은 것은?

① 화재가혹도란 화재발생으로 당해 건물과 내부 수용재산 등을 파괴하거나 손상을 입히는 정도를 말한다.
② 최고온도는 화재가혹도의 질적 개념으로 화재강도와 관련이 있다.
③ 지속시간은 화재가혹도의 양적 개념으로 화재하중과 관련이 있다.
④ 화재가혹도에 영향을 미치는 환기요소는 개구부 면적의 제곱근에 비례하고 개구부 높이에 비례한다.
⑤ 화재강도와 화재하중이 클수록 화재가혹도는 높아진다.

▌정답 06 ③ 07 ③ 08 ② 09 ③ 10 ④

❂ 해설 | 화재가혹도에 영향을 미치는 환기요소는 개구부 면적에 비례하고 개구부 높이의 제곱근(평방근)에 비례한다.

11 화재하중을 산출하는 요소에 해당하지 않는 것은?

① 가연물의 배열상태　　　　　　② 가연물의 질량
③ 가연물의 단위발열량　　　　　④ 목재의 단위발열량
⑤ 화재실의 바닥면적

❂ 해설 | 화재하중은 건축물에서 가연성 건축 구조재와 수용물의 양으로서 화재 시 예상 최대 가연물질의 양을 뜻하며, 건물화재 시 단위면적당 등가가연물량의 가열온도(발열량) 및 화재의 위험성을 나타낸다. 즉, 화재구획의 실내 표면적에 대한 실내장식물의 화재위험도를 나타내고 있으며 발열량이 클수록 화재하중이 크고, 내장재의 불연화가 화재하중을 감소시킨다.

$$화재하중(Q) = \frac{\sum(G_t H_t)}{HA}[kg/m^2]$$

($\sum$ = 합, $\triangle$ = 차)
G_t = 가연물의 양[kg]
H_t = 단위발열량[kcal/kg]
H = 목재의 단위발열량[kcal/kg]
A = 화재실 바닥면적[m²]

12 건축물 화재의 제반사항에 대한 설명으로 옳지 않은 것은?

① 화재하중이란 건물화재 시 단위면적당 등가가연물량의 가열온도(발열량) 및 화재의 위험성과 화재구획의 내표면적에 대한 실내장식물의 화재위험도를 말한다.
② 화재강도란 화재심도라고도 하며 단위시간당 축적되는 열의 값을 말한다.
③ 화재가혹도란 화재의 발생으로 건물 내 수용재산 및 건물 자체에 손상을 입히는 정도를 말하며 화재가혹도에 영향을 주는 요인으로는 화재하중 등이 있다.
④ 훈소화재는 거의 밀폐된 구조로 실내화재에서 많이 발생하는데, 가연물이 열로 인해 응축의 액체 미립자인 분해생성물만 발생시키는 것을 말한다.
⑤ 화재하중이 큰 순서는 창고 > 도서관 · 도서실 > 호텔 > 공동주택 > 사무실이다.

❂ 해설 | 화재강도란 단위시간당 축적되는 열의 값을 말하며, 화재가혹도를 화재심도라고도 한다.

더 알아보기 화재하중

° 개념 : 일반 건축물에서 가연성 건축 구조재와 수용물의 양으로서 화재 시 예상되는 최대 가연물
질의 양을 뜻하며, 건물화재가 발생한 경우 단위면적당 등가가연물량의 가열온도(발열량) 및 화
재의 위험성을 나타낸다. 즉, 화재하중은 화재구획의 내표면적에 대한 실내장식물의 화재위험도
를 나타내고 있으며, 내장재의 발열량이 클수록 화재하중이 크며, 내장재의 불연화가 화재하중을
감소시킨다.

° 화재하중의 활용범위
 – 건물의 내화설계 시 고려해야 할 사항 및 가열온도 정도를 나타내는 척도로 활용
 – 화재 시 발열량 및 위험의 정도를 추정할 수 있는 자료로 활용
 – 가연물 등의 연소 시 건축물의 붕괴 등을 고려하여 설계

° 화재하중이 큰 순서 : 창고 > 도서관·도서실 > 호텔 > 공동주택 > 사무실

더 알아보기 각 화재 현상의 개념

° 화재강도 : 열의 값 ÷ 단위시간 〈화재가 얼마나 강한가, 표면적, 발열량 등의 개념〉
° 화재가혹도 : 연소시간 × 연소(최고)온도 〈화재가 얼마나 가혹한가 등 최성기의 개념〉
° 화재하중 : 내장재의 발열량(kg) ÷ 목재 면적에 대한 단위발열량(m^2)

13 **다음 중 화재강도에 영향을 주는 요인이라고 보기 어려운 것은?**

① 화재 시 산소공급 ② 화재실의 벽, 천장, 바닥 등의 단열성
③ 가연물의 배열상태·발열량·비표면적 ④ 화재실의 구조
⑤ 화재실의 위치

해설 | 화재실의 위치는 화재강도의 영향인자라 보기 어렵다.

14 **화재의 제반사항에 대한 설명으로 옳은 것은?**

① 화재하중이란 건물화재 시 단위시간당 등가가연물량의 가열온도(발열량) 및 화재의 위험
성과 화재구획의 내표면적에 대한 실내장식물의 화재위험도를 말한다.
② 화재강도란 화재심도라고도 하며 단위면적당 축적되는 열의 값을 말한다.
③ 화재가혹도에서 최고온도는 화재가혹도의 질적 개념으로 화재강도와 관련이 있고, 지속
시간은 화재가혹도의 양적 개념으로 화재하중과 관련이 있다.
④ 훈소화재는 개방된 구획실의 실내화재에서 많이 발생하는데, 가연물이 열로 인해 응축의
액체 미립자인 분해생성물만 발생시키는 것을 말한다.
⑤ 화재강도가 클수록 화재가혹도는 높아지고, 화재하중이 클수록 화재가혹도는 작아진다.

▌정답 | 11 ① 12 ② 13 ⑤ 14 ③

⊙ 해설 ① 화재하중이란 건물화재 시 단위면적당 등가가연물량의 가열온도(발열량) 및 화재의 위험성과 화재구획의 내표면적에 대한 실내장식물의 화재위험도를 말한다.
② 화재강도란 단위시간당 축적되는 열의 값을 말하며, 화재가혹도를 화재심도라고도 한다.
④ 훈소화재는 거의 밀폐된 구조로 실내화재에서 많이 발생하는데, 가연물이 열로 인해 응축의 액체 미립자인 분해생성물만 발생시키는 것을 말한다.
⑤ 화재강도와 화재하중이 클수록 화재가혹도는 높아진다.

15 화재가 진행되기 위해서는 연소가 시작될 수 있도록 충분한 증기(산소)가 있어야 하는데, 다음 중 화재진행에 영향을 미치는 요인이라고 보기 어려운 것은?

① 구획실의 천장 높이
② 구획실의 위치
③ 구획실을 둘러싸고 있는 물질들의 열 특성
④ 배연구(환기구)의 크기, 수, 위치
⑤ 최초 발화되는 가연물의 크기, 합성물의 위치

⊙ 해설 구획실의 위치가 아니라 구획실의 크기가 화재진행에 영향을 미친다.

> **더 알아보기 화재진행에 영향을 미치는 요인**
> ◦ 배연구(환기구)의 크기, 수, 위치
> ◦ 구획실의 크기
> ◦ 구획실을 둘러싸고 있는 물질들의 열 특성
> ◦ 구획실의 천장 높이
> ◦ 최초 발화되는 가연물의 크기, 합성물의 위치
> ◦ 추가적 가연물의 이용가능성 및 위치
> ※ 구획실의 크기, 형태, 천장 높이는 많은 양의 뜨거운 가스층 형성 여부를 결정한다.

16 바닥면적이 200m²인 구획된 창고에 의류 1,000kg, 고무 2,000kg이 적재되어 있을 때 화재하중은 약 몇 kg/m²인가? (단, 의류, 고무, 목재의 단위발열량은 각각 5,000kcal/kg, 9,000kcal/kg, 4,500kcal/kg이고, 창고 내 의류 및 고무 외의 기타 가연물은 존재하지 않으며, 화재 시 완전연소로 가정한다.)

① 15.56
② 20.56
③ 25.56
④ 30.56
⑤ 35.56

해설 화재하중 :

$$\frac{\Sigma(G_tH_t)}{HA} = \frac{(1,000 \times 5,000) + (2,000 \times 9,000)}{200 \times 4,500} = 25.56kg/m^2$$

17 목조건축물의 일반적인 화재 진행과정으로 옳은 것은?

① 무염착화 – 발염착화 – 화재원인 – 최성기 – 발화
② 화재원인 – 무염착화 – 발염착화 – 발화 – 최성기
③ 화재출화 – 무염착화 – 발화 – 화재원인 – 최성기
④ 화재원인 – 발염착화 – 무염착화 – 최성기 – 발화
⑤ 무염착화 – 발염착화 – 화재원인 – 발화 – 최성기

해설 화재의 출화를 기준으로 한 목조건축물의 화재 진행과정 :
화재의 원인 → 무염착화(300°C 이상) → 발염착화(410°C 이상) → 화재출화(발화) → 최성기
(맹화) → 연소낙화 → 진화

18 가정이나 음식점 등에서 많이 사용하는 식용유의 화재에 관한 설명으로 옳지 않은 것은?

① 발화점이 비점 이하이다.
② 발화점과 인화점의 차이가 크다.
③ 국제표준화기구(ISO)는 주방에서의 식용유화재를 F급 화재로 분류하고 있다.
④ 화염을 제거해도 식용유의 온도가 발화점 이하로 내려가지 않으면 즉시 재발화할 수 있다.
⑤ 식용유화재의 경우 상온의 식용유를 넣어주는 희석소화가 가능하다.

해설 발화점과 인화점의 차이는 적다.

> **더 알아보기 식용유화재**
> ∘ 일반적으로는 B급으로 분류하지만 별도로 식용유화재로 분류하기도 한다. 우리나라의 경우 검정
>   기준에 따라 주방화재는 K급으로 분류한다.
> ∘ 국제표준화기구(ISO)는 F급 화재로 분류하고 있고, 미국연방방화협회(NFPA)는 K급 화재로 분류
>   하고 있다.
> ∘ 발화점(288 ~ 385℃)이 비점 이하이므로 화재가 발생한 후 소화하여도 재발화하는 특수한 화재
>   형태이다.
> ∘ 발화점과 인화점의 차이가 적다.
> ∘ 식용유화재는 화염을 제거해도 식용유의 온도가 발화점 이하로 내려가지 않으면 즉시 재발화할
>   수 있다.

정답   15 ②   16 ③   17 ②   18 ②

19 주방에서 사용하는 식용유의 화재에 관한 설명으로 옳지 않은 것은?

① 발화점이 비점 이상이다.
② 발화점과 인화점의 차이가 적어 냉각소화가 어렵다.
③ 미국방화협회(NFPA 10)와 우리나라의 검정기준에 의하면 주방에서의 식용유화재는 K급 화재로 분류한다.
④ 화염을 제거해도 식용유의 온도가 발화점 이하로 내려가지 않으면 즉시 재발화할 수 있다.
⑤ 식용유화재의 경우 상온의 식용유를 넣어주는 희석소화가 가능하다.

❂해설 발화점이 비점 이하이다.

20 다음 〈보기〉에서 설명하는 화재현상으로 옳은 것은?

> **보기**
>
> 연소과정에서 발생된 가연성 가스가 공기 중 산소와 혼합되어 천장 부분에 집적된 상태에서 발화온도에 도달하여 발화함으로써 화재의 선단 부분이 매우 빠르게 확대되어 가는 현상을 보이며, 플래시오버(Flash over)의 전조현상이다.

① 백드래프트(Backdraft)
② 최성기(Fully developed stage)
③ 플래임오버(Flame over)
④ 감퇴기(Decay stage)
⑤ 롤오버(Roll over)

❂해설 롤오버(Roll over) 현상은 플래시오버(Flash over)보다 먼저 일어난다. 연소과정에서 발생된 가연성 가스가 공기 중 산소와 혼합되어 천장 부분에 집적된 상태에서 발화온도에 도달하여 발화함으로써 화재의 선단 부분이 매우 빠르게 확대되어 가는 현상을 말한다. 즉, 화재가 발생한 장소(공간)의 출입구 바로 바깥쪽 복도 천장에서 연기와 산발적인 화염이 굽이쳐 흘러가는 현상을 의미한다. 롤오버(Roll over) 현상은 플래시오버(Flash over) 현상의 전조현상이다.

21 다음 〈보기〉에서 설명하는 화재현상으로 옳은 것은?

> 보기
>
> 복도와 같은 통로공간에서 벽, 바닥 표면의 가연물에 화염이 급속하게 확산되는 현상으로 벽, 바닥 또는 천장에 설치된 가연성 물질이 화재에 의해 가열되면, 전체 물질 표면을 갑자기 점화할 수 있는 연기와 가연성 가스가 만들어지고 이때 매우 빠른 속도로 화재가 확산될 수 있다. 화재 시 소방관들이 서 있는 뒤쪽에 연소 확대가 일어나 고립되는 상황에 빠질 수 있는 현상이다.

① 백드래프트(Backdraft)　　　　　② 최성기(Fully developed stage)
③ 플래임오버(Flame over)　　　　　④ 감퇴기(Decay stage)
⑤ 롤오버(Roll over)

해설 플래임오버(Flame over)는 복도와 같은 통로공간에서 벽, 바닥 표면의 가연물에 화염이 급속하게 확산되는 현상을 묘사하는 용어이다. 벽, 바닥 또는 천장에 설치된 가연성 물질이 화재에 의해 가열되면, 전체 물질 표면을 갑자기 점화할 수 있는 연기와 가연성 가스가 만들어지고 이때 매우 빠른 속도로 화재가 확산된다. 플래임오버 화재 발생 시 소방관들이 서 있는 뒤쪽에 연소 확대가 일어나 고립되는 상황에 빠질 수 있다. 따라서 플래임오버 현상이 나타나면 가연물의 양을 조절하고 이동 시 문을 닫는 것이 소화전술이다.

22 화재 시 구획실에서 발생하는 현상에 관한 설명으로 옳지 않은 것은?

① 개구부의 크기와 가연물의 난연도 정도는 플래시오버 발생과 관련이 깊다.
② 구획실의 창문과 문손잡이의 온도로 백드래프트의 발생 가능성을 예측할 수 있다.
③ 준불연성이나 불연성의 내장재를 사용할 경우 플래시오버 발생까지의 소요시간이 길어진다.
④ 구획실 내의 산소가 부족하여 훈소 상태에서 공기가 갑자기 다량 공급될 때 가연성 가스가 순간적으로 폭발하듯 발화하는 현상은 플래시오버이다.
⑤ 화재 성장기 단계에서는 실내에 있는 내장재에 착화하여 롤오버 등이 발생하며 개구부에 진한 흑색연기가 강하게 분출한다.

해설 구획실 내의 산소가 부족하여 훈소 상태에서 공기가 갑자기 다량 공급될 때 가연성 가스가 순간적으로 폭발하듯 발화하는 현상은 백드래프트이다.

정답 | 19 ① 　20 ⑤ 　21 ③ 　22 ④ |

23 시간과 온도변화에 따른 이상현상으로 다음에 해당하는 그래프를 보고 A ~ E에 들어갈 것으로 바르게 연결된 것은?

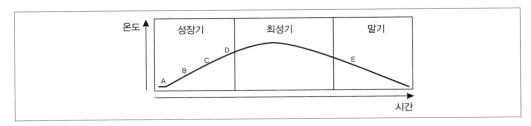

① A : 롤오버, B : 백드래프트, C : 플래시오버, D : 플래임오버, E : 백드래프트
② A : 롤오버, B : 플래시오버, C : 플래임오버, D : 백드래프트, E : 플래시오버
③ A : 플래임오버, B : 플래시오버, C : 백드래프트, D : 롤오버, E : 플래시오버
④ A : 플래임오버, B : 백드래프트, C : 롤오버, D : 플래시오버, E : 백드래프트
⑤ A : 플래임오버, B : 백드래프트, C : 플래시오버, D : 롤오버, E : 백드래프트

◉ 해설 │ A : 플래임오버, B : 백드래프트, C : 롤오버, D : 플래시오버, E : 백드래프트 순이다.

24 다음 그래프에 대한 설명으로 옳지 않은 것은?

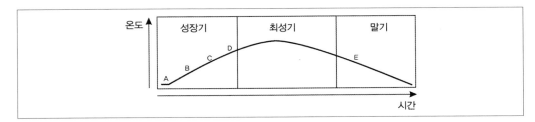

① A : 구획실 내의 다른 가연물들의 표면에는 관련되지 않고 단지 연소생성가스와 관련된다.
② B : 개방된 공간에서 훈소를 원인으로 하며, 실외에 축적되었던 가연성 가스가 단시간에 폭발적으로 연소하는 현상이다.
③ C : 화재 초기 화염의 가연성 가스가 실내의 천장을 빠른 속도로 산발적으로 구르는 현상이다.
④ D : 화염이 실내 전체에 순간적으로 확대되는 현상이다.
⑤ E : 밀폐된 공간에서 훈소 현상을 원인으로 하며, 훈소 상태에 있을 때 신선한 공기가 유입되어 실내에 축적되었던 가연성 가스가 단시간에 폭발적으로 연소하는 현상이다.

해설 B는 백드래프트 현상으로서 밀폐된 공간에서 훈소 현상을 원인으로 한다.

25 다음 건물화재에 관한 설명 중 옳지 않은 것은?

① 화재 초기 단계에서는 가연물이 열분해되어 가연성 가스가 발생하는 시기이다.
② 화재 성장기 단계에서는 실내에 있는 내장재에 착화하여 롤오버 등이 발생하며 개구부에 진한 흑색연기가 강하게 분출한다.
③ 최성기 이후에 플래시오버 현상이 발생하며, 이후 실내에 있는 가연물 또는 내장재가 격렬하게 연소되는 단계로서 실내온도가 최고온도에 이르는 시기이다.
④ 목조건축물은 건축물 자체에 개구부가 많아 공기의 유통이 원활하여 격심한 연소현상을 나타내며, 고온단기형이다.
⑤ 내화건축물은 목조건축물에 비해 공기유통조건이 일정하며 화재진행시간도 길고, 저온장기형이다.

해설 최성기 직전 플래시오버 현상이 발생한다.

26 가연성 유류는 대부분 수분을 함유하지 않기 때문에 인화점이 낮으며, 가연성 액체에 열이 가해져 발생한 가연성 기체가 공기 중 산소와 혼합하여 연소범위 안에서 점화원 등과 접촉할 경우 빨리 인화하게 된다. 다음 중 유류화재의 이상현상에 대한 설명으로 옳지 않은 것은?

① 오일오버(Oil over) : 탱크 내의 유류가 50% 미만 저장된 경우 화재로 인한 내부 압력 상승으로 나타나는 탱크 폭발현상으로 가장 격렬하다고 볼 수 있다.
② 보일오버(Boil over) : 비점이 불균일한 중질유 등의 탱크 바닥에 찌꺼기와 함께 있는 물이 끓어(Boil) 수분의 급격한 부피팽창에 의하여 기름을 탱크 외부로 넘치게(over) 하는 현상이다.
③ 링파이어(Ring fire) : 유류표면에 물분무나 포를 방사하면 탱크벽면 측은 산소차단이 되지 못해서 포 등이 귀걸이(Ring)처럼 양쪽으로 불길(fire)이 남아있는 현상이다.
④ 프로스오버(Froth over) : 물과 기름이 섞여 있을 때 뜨거운 열에 의해 넘치는 현상으로 화재를 수반하며, 탱크에서 열에 의해 기름만 끓지 않고 기름과 물이 약간 혼합된 상태에서 함께 끓는다.
⑤ 슬롭오버(Slop Over) : 화재 시 점성이 큰 석유나 식용유가 물과 접촉될 때 이러한 유류의 표면온도에 의해 물이 수증기가 되어 팽창 비등함에 따라 주위에 있는 뜨거운 일부의 석유류, 식용유류를 외부로 비산시키는 현상이다.

정답 | 23 ④ 24 ② 25 ③ 26 ④

> **해설** 프로스오버 현상은 물과 기름이 섞여 있을 때 뜨거운 열에 의해 넘치는 현상으로 화재를 수반하지 않는다.

27 특수화재현상의 대응절차에 관한 설명으로 옳지 않은 것은?

① 비등액체팽창증기폭발(BLEVE) : 위험물시설로의 확대방지 → 인접시설로의 확대방지 순으로 대처해야 한다. 따라서 화염이나 복사열에 의해 탱크가 가열되는 것을 방지하고 소방대는 소화작업과 별도로 보호하고자 하는 위험물 탱크에 냉각주수를 실시하고 열화상 카메라로 탱크 전표면적의 온도를 체크하며 대응하는 것이 효율적이다.

② 슬롭오버(Slop over) : 탱크의 드레인(drain) 밸브를 개방하여 탱크에 고인 물을 제거하거나 모래 등을 탱크 내부로 던져서 물이 끓기 전에 비등석이 기포를 막아 갑작스러운 물의 비등을 억제한다.

③ 백드래프트(Backdraft) : 지붕 등 상부 개방 가능 시 상부를 개방하여 가연성 가스를 배연한다.

④ 플래시오버(Flash over) : 폭발력으로 건축물 변형·강도약화로 붕괴, 비산, 낙하물 피해와 방수모 등 개인보호 장구 이탈에 대비, 자세를 낮추고 대피방안을 강구한다.

⑤ 파이어볼(Fire ball) : 밸브나 배관에서 누출되는 가스가 연소하는 화염은 소화하지 않고, 그 화염에 의해서 가열되는 면을 냉각한다.

> **해설** 보일오버(Boil over) : 탱크의 드레인(drain) 밸브를 개방하여 탱크에 고인 물을 제거하거나 모래 등을 탱크 내부로 던져서 물이 끓기 전에 비등석이 기포를 막아 갑작스러운 물의 비등을 억제한다.

28 실내 일반화재 진행 과정에 관한 설명으로 옳은 것은?

① 화재 초기에는 실내온도가 급격하게 상승하기 시작한다.

② 성장기에는 급속한 연소 진행으로 환기지배형 화재 양상이 나타난다.

③ 최성기에는 실내 화염이 최고조에 도달하나 실내 산소 부족으로 연소속도가 느려진다.

④ 감쇠기에는 화염의 급격한 소멸로 훈소 상태가 되어 백드래프트(Backdraft)의 위험이 없다.

⑤ 목조건축물은 내화건축물에 비해 공기유통조건이 일정하며 화재진행시간도 길고, 저온 장기형이다.

해설
① 실내온도가 급격하게 상승하기 시작하는 시기는 초기가 아닌 성장기 때이다.
② 성장기에는 급속한 연소 진행으로 연료지배형 화재 양상이 나타난다.
④ 감쇠기에는 화염의 급격한 소멸로 훈소 상태가 되어 백드래프트(Backdraft)의 위험이 있다.
⑤ 내화건축물은 목조건축물에 비해 공기유통조건이 일정하며 화재진행시간도 길고, 저온장기형이다.

29 구획실 화재에 관한 설명으로 옳은 것은?

① 플래시오버(Flash over)는 최성기와 감쇠기 사이에서 발생하며 충격파를 수반한다.
② 굴뚝효과가 발생할 때는 개구부에 형성된 중성대 상부에서 공기가 유입되고, 중성대 하부에서 연기가 유출된다.
③ 연료지배형 화재는 환기지배형 화재보다 산소공급이 원활하고 연소속도가 빠르다.
④ 최성기에는 실내 화염이 최고조에 도달하고 실내 복사열에 의해 연소속도가 빨라진다.
⑤ 화재플럼(Fire plume)은 실내 공기의 압력 차이로 가연성 가스가 천장을 따라 화재가 발생하지 않은 복도 쪽으로 굴러다니는 것처럼 뿜어져 나오는 현상이다.

해설
① 플래시오버(Flash over)는 성장기와 최성기 간의 과도기적 시기이며 가연성 물질에 복사열을 발산한다.
② 굴뚝효과가 발생할 때는 개구부에 형성된 중성대 하부에서 공기가 유입되고, 중성대 상부에서 연기가 유출된다.
④ 최성기에는 실내 화염이 최고조에 도달하나 실내 산소 부족으로 연소속도가 느려진다.
⑤ 화재플럼(Fire plume)은 화재 시 상승력이 커진 부력에 의해 연소가스와 유입공기가 상승하면서 화염이 섞인 연기기둥 형태를 나타내는 현상이다.

30 다음은 플래시오버에 대한 설명이다. 바르지 않은 것은?

① 플래시오버는 화염이 실내 전체에 확대되는 현상이다.
② 플래시오버는 실내장식물의 영향을 많이 받는다.
③ 밀폐된 실내에서 출화한 전실화재로서 실내가 고온이다.
④ 건축물의 개구부가 작을수록 실내의 온도가 높고 화력이 강하다.
⑤ 단열성이 좋을수록 플래시오버 현상을 촉진시킬 수 있다.

해설 건축물의 개구부가 클수록 실내의 온도가 높고 화력이 강하다.

정답 27 ② 28 ③ 29 ③ 30 ④

31 플래시오버를 지연시키기 위한 소방전술을 모두 고른 것은?

ㄱ. 공기차단 지연방식	ㄴ. 배연 지연방식
ㄷ. 제거소화 지연방식	ㄹ. 냉각 지연방식

① ㄱ
② ㄱ, ㄴ
③ ㄱ, ㄴ, ㄷ
④ ㄱ, ㄴ, ㄹ
⑤ ㄱ, ㄴ, ㄷ, ㄹ

🔍**해설** 플래시오버(전실화재) 지연을 위한 소방전술 : 공기차단 지연방식, 배연 지연방식, 냉각 지연방식

32 특수화재현상 중 플래시오버(Flash over)와 롤오버(Roll over)에 대한 설명으로 옳지 않은 것은?

① 롤오버는 화염이 선단부에서 주변 공간으로 확대된다.
② 플래시오버는 화염이 순간적으로 공간 전체로 확대된다.
③ 플래시오버는 공간 내 전체 가연물에서 동시에 발화하는 현상이다.
④ 롤오버 시 발생되는 복사열은 플래시오버 시 발생되는 복사열보다 강하다.
⑤ 롤오버는 실의 상부에 있는 가연성 가스가 발화온도 이상 도달했을 때 발화하는 현상이다.

🔍**해설** 플래시오버 시 발생되는 복사열은 롤오버 시 발생되는 복사열보다 강하다.

33 플래시오버(Flash over) 현상에 대한 설명으로 옳지 않은 것은?

① 플래시오버 현상은 점화원의 위치와 크기, 가연물의 양과 성질, 개구부의 크기, 실내 마감재 등에 영향을 받는다.
② 단열성이 작은 내장재일수록 플래시오버 현상을 촉진시킬 수 있다.
③ 플래시오버 현상은 건축물 실내화재에서 볼 수 있는 현상이다.
④ 플래시오버 현상은 벽재료보다 천장재에 더 크게 영향을 받으며, 개구부의 크기가 클수록 플래시오버 현상을 촉진시킨다.
⑤ 천장 부근에 가연성 가스가 축적되어 어느 시기에 이르러 폭발적으로 연소하는 현상이다.

해설 | 단열성이 좋은 내장재일수록 플래시오버 현상을 촉진시킬 수 있다. 이는 구획실의 단열성이 좋을수록 열이 구획실 안에 있기 때문에 플래시오버를 촉진시킨다.

34 일반적으로 목조건축물은 빠르면 출화 후 5 ~ 10분에 플래시오버 현상이 발생될 수 있는데, 이때의 실내온도를 대략 몇 도 정도로 추정하는가?

① 700 ~ 800℃

② 800 ~ 900℃

③ 1,000 ~ 1,200℃

④ 1,200 ~ 1,300℃

⑤ 1,300 ~ 1,500℃

해설 | 일반적으로 목조건축물에서 플래시오버 현상이 발생할 때 실내온도는 800 ~ 900℃이다.

35 연료지배형 화재와 환기지배형 화재에 대한 설명으로 옳지 않은 것은?

① 환기지배형 화재는 공기공급이 충분하지 않으므로 불완전연소가 심하다.

② 연료지배형 화재는 공기공급이 충분한 조건에서 발생한 화재가 일반적이다.

③ 연료지배형 화재는 주로 큰 창문이나 개방된 공간에서, 환기지배형 화재는 내화구조 및 콘크리트 지하층에서 발생하기 쉽다.

④ 일반적으로 플래시오버 이전에는 환기지배형 화재가, 이후에는 연료지배형 화재가 지배적이다.

⑤ 환기요소인 개구부는 개구부의 면적(A)과 개구부 높이(H)에 같이 비례하지만, 높이(H)보다는 면적(A)에 더 큰 영향을 받는다.

해설 | 화재는 구획된 건물의 화재현상에 따라 연료지배형 화재와 환기지배형 화재로 나뉘는데 플래시오버 이전의 화재는 연료지배형 화재이고, 플래시오버 이후의 화재는 환기지배형 화재이다.

정답 | 31 ④ 32 ④ 33 ② 34 ② 35 ④

36 환기지배형 화재 시의 발생열량은 구획된 거실 내 재료의 종류에 따른 차이는 거의 없고 유입 공기량에 비례한다. 환기지배형 화재에서 온도인자에 대한 환기매개변수의 설명으로 옳은 것은?

① 개구부 면적에 비례하고, 개구부 높이의 평방근에 비례한다.
② 개구부 면적의 평방근에 비례하고, 개구부 높이에 반비례한다.
③ 개구부 면적의 제곱에 비례하고, 개구부 높이의 제곱에 반비례한다.
④ 개구부 면적에 반비례하고, 개구부 높이의 평방근에 반비례한다.
⑤ 개구부 면적에 반비례하고, 개구부 높이에 반비례한다.

해설 개구부 면적에 비례하고, 개구부 높이의 평방근에 비례한다.

37 환기지배형 화재에 관한 설명으로 옳지 않은 것은?

① 발화장소는 내화구조, 콘크리트 지하층, 무창층이다.
② 발생시기는 플래시오버 이전이며 성장기로서 온도가 높지 않다.
③ 화세가 강하며 산소가 소진되어 부족하다.
④ 연소속도는 느리고 연소시간은 길다.
⑤ 공기공급이 충분하지 않으므로 불완전연소가 심하다.

해설 연료지배형(환기정상) 화재에 대한 설명이다. 환기지배형 화재는 발생시기가 플래시오버 이후이며 최성기로서 온도가 높다.

38 강한 바람이 불 때 나뭇가지들의 마찰로 일어나는 자연발화현상 등을 무엇이라 하는가?

① 수간화   ② 지표화
③ 플레어 업   ④ 수관화
⑤ 지중화

해설 플레어 업(Flare up) : 강풍 등으로 인한 나뭇가지 마찰에 의해 발생하는 열로 인한 화재나, 강풍 또는 풍향의 변화에 의해 발생하는 임야화재의 급격한 연소현상

39 연료지배형 화재에 관한 설명으로 옳지 않은 것은?

① 발화장소는 목조건물, 개방된 건물, 큰 창문이 있는 층 등에서 주로 발생한다.
② 발생시기는 플래시오버 이전이며 성장기로서 온도가 높지 않다.
③ 환기요소에 영향을 받으므로 환기요소인 개구부 면적에 지배를 받는다.
④ 연소속도가 빠르고, 연소시간이 짧다.
⑤ 공기공급이 충분한 조건에서 발생한 화재가 일반적이다.

해설 연료지배형 화재는 환기요소에 영향을 받지 않으므로 환기요소인 개구부 면적에 지배를 받지
않는다.

40 연료지배형 화재와 환기지배형 화재의 비교로 옳은 것은?

① 환기지배형 화재는 공기공급이 충분한 조건에서 발생한 화재가 일반적이다.
② 연료지배형 화재는 공기공급이 충분하지 않으므로 불완전연소가 심하다.
③ 연료지배형 화재는 주로 큰 창문이나 개방된 공간에서, 환기지배형 화재는 내화구조 및
콘크리트 지하층에서 발생하기 쉽다.
④ 일반적으로 플래시오버 이전에는 환기지배형 화재가, 이후에는 연료지배형 화재가 지배
적이다.
⑤ 환기요소인 개구부는 개구부 면적(A)과 개구부 높이(H)에 같이 비례하지만, 면적보다는
높이에 더 큰 영향을 받는다.

해설 ① 환기지배형 화재는 공기공급이 충분하지 않으므로 불완전연소가 심하다.
② 연료지배형 화재는 공기공급이 충분한 조건에서 발생한 화재가 일반적이다.
④ 일반적으로 플래시오버 이전의 화재는 연료지배형 화재이고, 이후의 화재는 환기지배형 화
재이다.
⑤ 환기요소인 개구부는 개구부 면적(A)과 개구부 높이(H)에 같이 비례하지만, 높이(H)보다는
면적(A)에 더 큰 영향을 받는다.

▌정답 | 36 ① 37 ② 38 ③ 39 ③ 40 ③ |

41 화재 시 구획실에서 발생하는 현상에 관한 설명으로 옳지 않은 것은?

① 개구부의 크기와 가연물의 난연도 정도는 플래시오버 발생과 관련이 깊다.

② 문손잡이의 온도가 높으면 백드래프트의 전조증상이다.

③ 준불연성이나 불연성의 내장재를 사용할 경우 플래시오버 발생까지의 소요시간이 짧아진다.

④ 구획실 내의 산소가 부족하여 훈소 상태에서 공기가 갑자기 다량 공급될 때 가연성 가스가 순간적으로 폭발하는 현상은 백드래프트이다.

⑤ 구획실 내에서 연소하는 가연물은 최대의 열량 발산과 많은 양의 연소생성가스를 생성하지만 실내 산소 부족으로 연소속도가 느려지는 시기는 최성기이다.

해설 준불연성이나 불연성의 내장재를 사용할 경우 플래시오버 발생까지의 소요시간이 길어진다.

42 중질유 탱크에 화재가 발생하면 액표면 온도가 수백도로 올라가고 탱크 바닥에 물과 기름의 에멀션으로 존재할 때 물의 비등으로 탱크 내의 유류가 급격히 분출하는 현상을 무엇이라고 하는가?

① 오일오버   ② 프로스오버

③ 슬롭오버   ④ 링파이어

⑤ 보일오버

해설

> **더 알아보기 보일오버의 현상**
> ○ 중질유 탱크에서 장시간 조용히 연소하다가 탱크 내 유류가 갑자기 분출하는 현상
> ○ 탱크 바닥에 물과 기름의 에멀션으로 존재할 때 물의 비등으로 급격히 분출하는 현상
> ○ 유류저장 탱크의 화재 중 열유층을 형성하여 화재진행과 더불어 열유층이 점차 탱크 바닥으로 도달해 탱크 저부에 물 또는 물과 기름의 에멀션이 수증기의 부피팽창을 하면서 탱크 내의 유류가 갑작스럽게 탱크 밖으로 분출되어 화재를 확대시키는 현상

43 다음 〈보기〉에서 설명하는 유류화재 이상현상으로 옳은 것은?

> **보기**
>
> 가열된 아스팔트와 같이 물의 비점(100℃)보다 온도가 높은 액체를 용기에 부을 때 용기 바닥에 고여 있는 물과 닿으면서 물이 비등하여 거품이 넘치는 현상으로 화염은 발생하지 않는다.

① 프로스오버(Froth over) ② 보일오버(Boil over)
③ 플래시오버(Flash over) ④ 슬롭오버(Slop over)
⑤ 오일오버(Oil over)

해설 〈보기〉는 프로스오버(Froth over)에 대한 설명이다. "용기 바닥에 고인 물과 닿아 넘친다"는 문장과 "화재를 수반하지 않고"라는 표현이 있으면 프로스오버이다.

44 다음의 설명 중 옳은 것은?

① 원유를 분별증류하면 끓는 점이 높은 휘발유 성분이 먼저 분리되고 하부쪽으로 갈수록 끓는 점이 낮은 등유, 경유, 중유 순으로 분리된다.
② 슬롭오버는 탱크의 벽면이 가열된 상태에서 포를 방출하는 경우 가열된 벽면 부분에서 포가 열화되어 안정성이 저하된 상태에서 증발된 유류가스가 발포되어 있는 거품층을 뚫고 상승하며 유류가스에 불이 붙는 현상이다.
③ 보일오버는 서로 다른 원유가 섞여 있거나 중질유 탱크에서 오랜 시간 연소하다가 탱크 바닥 내 잔존기름이 물의 비등으로 탱크 밖으로 분출되는 현상이다.
④ 프로스오버는 유류 액표면의 온도가 물의 비점 이상으로 상승하고 소화용수 등이 뜨거운 액표면에 유입되면 물이 수증기화되면서 갑작스러운 부피팽창에 의해 유류가 탱크 외부로 분출되는 현상이다.
⑤ 오일오버는 유류저장 탱크 속의 물이 점성을 가진 뜨거운 기름의 표면 아래에서 끓을 때 화재를 수반하지 않고 기름이 넘쳐흐르는 현상이다.

해설 보일오버는 연소 중인 탱크로부터 원유(또는 기타 특정 액체)가 방출되는 것을 말한다. 즉, 중질유 탱크에서 장시간 조용히 연소하다가 탱크 내 잔존기름이 갑자기 분출하는 현상이다.
① 원유를 분별증류하면 끓는 점이 낮은 휘발유 성분이 먼저 분리되고 하부쪽으로 갈수록 끓는 점이 높은 등유, 경유, 중유 순으로 분리된다.

정답 41 ③ 42 ⑤ 43 ① 44 ③

② 링파이어는 탱크의 벽면이 가열된 상태에서 포를 방출하는 경우 가열된 벽면 부분에서 포가 열화되어 안정성이 저하된 상태에서 증발된 유류가스가 발포되어 있는 거품층을 뚫고 상승하며 유류가스에 불이 붙는 현상이다.

④ 슬롭오버는 유류 액표면의 온도가 물의 비점 이상으로 상승하고 소화용수 등이 뜨거운 액표면에 유입되면 물이 수증기화되면서 갑작스러운 부피 팽창에 의해 유류가 탱크 외부로 분출되는 현상이다.

⑤ 프로스오버는 유류저장 탱크 속의 물이 점성을 가진 뜨거운 기름의 표면 아래에서 끓을 때 화재를 수반하지 않고 기름이 넘쳐흐르는 현상이다.

45 다음 중 유류화재 이상현상에 대한 설명으로 옳지 않은 것은?

① 중질유 탱크에서 장시간 진행되는 현상으로서 탱크 바닥에 물과 기름의 에멀션으로 존재할 때 물이 끓어오르면서 유류가 비등하여 탱크 내의 유류가 갑작스럽게 분출되는 것을 보일오버라고 한다.

② 중질유 탱크의 화재발생 시 물분무 또는 포 소화약제를 방사하였을 때 유류 내부에서 표면까지 격렬하게 일부의 석유류, 식용유류를 외부로 비산시키는 현상을 슬롭오버라고 한다.

③ 화재를 수반하지 않고 기름과 섞여 있는 물이 갑자기 수증기화되면서 넘쳐흐르는 단순한 물리적 작용을 프로스오버라고 한다.

④ 탱크 내의 유류가 50% 미만 저장된 경우 화재로 인한 내부 압력상승으로 나타나는 탱크 폭발현상을 오일오버라고 한다.

⑤ 대형 유류저장 탱크 화재에 불꽃이 치솟는 유류표면에 포를 방출할 때 탱크 윗면의 중앙 부분은 불이 꺼졌어도 바깥쪽 벽을 따라 환상으로 불길이 남아 지속되는 현상을 윤화라고 한다.

❂ 해설 슬롭오버는 화재 시 점성이 큰 석유나 식용유가 물과 접촉될 때 이러한 유류의 표면온도에 의해 물이 수증기가 되어 팽창 비등함에 따라 주위에 있는 뜨거운 일부의 석유류, 식용유류를 외부로 비산시키는 현상으로 유류의 표면에 한정되며 보일오버에 비하여 격렬하지 않다.

46 백드래프트(Backdraft)에 대한 설명으로 옳은 것은?

① 불완전연소에 의해 발생된 일산화탄소가 가연물로 작용하여 폭발하는 현상이다.

② 화재진압 시 지붕 등 상부를 개방하는 것보다 출입문을 먼저 개방하는 것이 효과적인 전술이다.

③ 밀폐된 실내에서 발생되는 현상으로, 출입문을 한 번에 완전히 개방하여 연기를 일순간에 배출해야 폭발력을 억제할 수 있다.

④ 연료지배형 화재가 진행되고 있는 공간에 산소가 일시적으로 다량 공급됨에 따라 가연성 가스가 폭발적으로 연소하는 현상이다.

⑤ 백드래프트의 발생 요인은 축적된 복사열이다.

해설 ② 화재진압 시 지붕 등 상부를 개방하는 것이 효과적인 전술이다.

③ 백드래프트는 밀폐된 실내에서 발생되는 현상으로, 출입문을 한 번에 완전히 개방하면 폭발하므로 출입구나 개구부 개방이 불가피할 경우 가능한 한 서서히 개방해야 한다.

④ 환기지배형 화재가 진행되고 있는 공간에 산소가 일시적으로 다량 공급됨에 따라 가연성 가스가 폭발적으로 연소하는 현상이다.

⑤ 축적된 복사열은 플래시오버 현상의 발생 요인이다. 백드래프트의 발생 요인은 급격한 산소의 유입이다.

47 다음 중 백드래프트에 해당되는 폭발은?

① 화학적 분해폭발
② 화학적 가스폭발
③ 물리적 분해폭발
④ 물리적 가스폭발
⑤ 물리적 산화폭발

해설 백드래프트는 화학적 가스폭발 중 산화폭발로 분류할 수 있다.

48 다음 중 백드래프트에 해당되는 폭발은?

① 화학적 분해폭발에 속하는 가스폭발이다.
② 화학적 산화폭발에 속하는 가스폭발이다.
③ 화학적 중합폭발에 속하는 가스폭발이다.
④ 화학적 촉매폭발에 속하는 가스폭발이다.
⑤ 화학적 증기폭발에 속하는 가스폭발이다.

해설 백드래프트는 화염을 동반하는 화학적 폭발이며, 가연성 가스와 산소의 결합에 의한 산화폭발로, 가스폭발에 해당한다.

> **더 알아보기 산화폭발**
> ◦ 가연성 가스가 공기 중에 누설되거나 인화성 액체 저장탱크에 공기가 혼합되어 폭발성 혼합가스를 형성함으로써 점화원에 의해 착화되어 폭발하는 현상으로 연소의 한 형태이다.
> ◦ 연소가 비정상상태로 되어서 폭발이 일어나는 형태로 연소폭발이라고도 한다.
> ◦ 산화폭발은 가스폭발, 분진폭발, 분무폭발로 구분하고 있는데 이는 폭발 주체가 되는 물질에 따른 것이다.

정답 45 ② 46 ① 47 ② 48 ②

49 다음 백드래프트의 징후 중 그 관점이 다른 것은?

① 압력 차에 의해 공기가 빨려 들어오는 특이한 소리(휘파람소리 등)와 진동이 발생한다.
② 화염은 보이지 않으나 창문이나 문이 뜨겁다.
③ 유리창 안쪽에서 타르와 같은 물질(검은색 액체)이 흘러내린다.
④ 건물 내 연기가 소용돌이친다.
⑤ 거의 완전히 폐쇄된 건물처럼 보인다.

해설

더 알아보기 백드래프트의 징후	
건물내부 관점	건물외부 관점
• 압력 차에 의해 공기가 빨려 들어오는 특이한 소리(휘파람소리 등)와 진동이 발생한다. • 연기가 건물 내로 되돌아오거나 맴돈다. • 훈소가 진행되고 있고 높은 열이 집적된 상태이다. • 부족한 산소로 불꽃이 약화되어 있는 상태이다(노란색의 불꽃).	• 거의 완전히 폐쇄된 건물처럼 보인다. • 화염은 보이지 않으나 창문이나 문이 뜨겁다. • 유리창 안쪽에서 타르와 같은 물질(검은색 액체)이 흘러내린다. • 건물 내 연기가 소용돌이친다.

50 백드래프트 징후에 대한 설명으로 옳지 않은 것은?

① 창문에 농연 검은색 액체의 응축물이 흘러내리거나 얼룩이 진 자국이 관찰된다.
② 개방된 공간에서 훈소연소를 한다.
③ 화염은 보이지 않으나 창문이나 문손잡이가 뜨겁다.
④ 연기가 건물 내에서 빠르게 소용돌이치거나 건물 내로 되돌아가거나 맴도는 연기가 보인다.
⑤ 유리창 안쪽에서 타르와 같은 물질(검은색 액체)이 흘러내린다.

해설 밀폐된 공간에서 훈소연소를 한다.

51 건물의 내부나 외부에서 관찰할 수 있는 백드래프트 현상의 징후가 아닌 것은?

① 화염이 보이고 창문이나 문이 뜨거운 경우
② 창문을 통해 보았을 때 건물 내에서 연기가 소용돌이치고 있는 경우
③ 유리창의 안쪽으로 타르와 유사한 기름성분의 물질이 흘러내리는 경우
④ 압력 차이로 인해 공기가 내부로 빨려 들어가는듯한 호각 같은 소리가 들리는 경우
⑤ 거의 완전히 폐쇄된 건물처럼 보임

⊙해설 | 백드래프트 현상의 징후는 화염이 보이지 않으나 창문이나 문이 뜨겁다.

52 백드래프트(Backdraft) 현상에 관한 일반적인 설명으로 옳은 것은?

① 화재성장기에 주로 발생하는 급격한 가연성 가스 착화현상이며, 충격파는 발생되지 않는다.

② 공기 부족으로 훈소 상태에 있을 때 밀폐된 실내의 축적된 가연성 가스가 신선한 공기의 유입으로 인하여 폭발적으로 연소하는 현상이다.

③ 가연성 증기가 연소점에 도달하여 불덩어리가 천장을 따라 굴러다니는 현상이다.

④ 연료지배형 화재에서 환기지배형 화재로 급격하게 전이되는 과정으로, 구획 전체로 연소가 확대된다.

⑤ 천장의 복사열로 인해 주변 가연물이 자연발화에 도달하는 현상으로, 이 현상이 발생되기 전에 피난이 종료되어야 한다.

⊙해설 | ① 플래시오버 : 화재성장기에 주로 발생하는 급격한 가연성 가스 착화현상이며, 충격파는 발생되지 않는다.
③ 롤오버 : 가연성 증기가 연소점에 도달하여 불덩어리가 천장을 따라 굴러다니는 현상이다.
④ 플래시오버 : 연료지배형 화재에서 환기지배형 화재로 급격하게 전이되는 과정으로, 구획 전체로 연소가 확대된다.
⑤ 플래시오버 : 천장의 복사열로 인해 주변 가연물이 자연발화에 도달하는 현상으로, 이 현상이 발생되기 전에 피난이 종료되어야 한다.

53 특수화재현상의 대응절차에 관한 설명으로 옳은 것은?

① 비등액체팽창증기폭발(BLEVE) : 탱크의 드레인(drain) 밸브를 개방하여 탱크에 고인 물을 제거한다.

② 보일오버(Boil over) : 소화수를 이용하여 개방된 탱크의 상부 냉각을 최우선으로 하고, 탱크 주변의 화재진화를 병행한다.

③ 파이어볼(Fire ball) : 밸브나 배관에서 누출되는 가스가 연소하는 화염은 소화하지 않고, 그 화염에 의해서 가열되는 면을 냉각한다.

④ 백드래프트(Backdraft) : 지붕 등 상부 개방은 금지하고, 하부를 파괴하여 폭발적인 화염과 연소 확대에 따른 대피방안을 강구한다.

⑤ 플래임오버(Flame over) : 폭발력으로 건축물 변형·강도약화로 붕괴, 비산, 낙하물 피해와 방수모 등 개인보호 장구 이탈에 대비, 자세를 낮추고 대피방안을 강구한다.

⊿정답 | 49 ① 50 ② 51 ① 52 ② 53 ③

⊙ 해설

① 비등액체팽창증기폭발(BLEVE) : 위험물시설로의 확대방지 → 인접시설로의 확대방지 순으로 대처해야 한다. 따라서 화염이나 복사열에 의해 탱크가 가열되는 것을 방지하고 소방대는 소화작업과 별도로 보호하고자 하는 위험물 탱크에 냉각주수를 실시하고 열화상 카메라로 탱크 전표면적의 온도를 체크하며 대응하는 것이 효율적이다.

② 보일오버(Boil over) : 탱크의 드레인(drain) 밸브를 개방하여 탱크에 고인 물을 제거하거나 모래 등을 탱크 내부로 던져서 물이 끓기 전에 비등석이 기포를 막아 갑작스러운 물의 비등을 억제한다.

④ 백드래프트(Backdraft) : 지붕 등 상부 개방 가능 시 상부를 개방하여 가연성 가스를 배연한다.

⑤ 플레임오버(Flame over) : 가연물의 양을 조절한다.

　＊플래시오버 : 폭발력으로 건축물 변형・강도약화로 붕괴, 비산, 낙하물 피해와 방수모 등 개인보호 장구 이탈에 대비, 자세를 낮추고 대피방안을 강구한다.

54 특수화재현상의 대응절차에 관한 설명으로 바르지 않은 것은?

① 비등액체팽창증기폭발(BLEVE)은 화염이나 복사열에 의해 탱크가 가열되는 것을 방지하고 소방대는 소화작업과 별도로 보호하고자 하는 위험물 탱크에 냉각주수를 실시하고 열화상 카메라로 탱크 전표면적의 온도를 체크하며 대응하는 것이 효율적이다.

② 보일오버(Boil over)가 발생한 경우 탱크의 드레인(drain) 밸브를 개방하여 탱크에 고인 물을 제거하거나 모래 등을 탱크 내부로 던져서 물이 끓기 전에 비등석이 기포를 막아 갑작스런 물의 비등을 억제한다.

③ 파이어볼(Fire ball)이 발생한 경우 밸브나 배관에서 누출되는 가스가 연소하는 화염은 소화하지 않고, 그 화염에 의해서 가열되는 면을 냉각한다.

④ 백드래프트(Backdraft)의 3대 소화 전술로는 배연・배열 지연법, 공기차단 지연법, 냉각 지연법이 있다.

⑤ 슬롭오버(Slop over) 현상이 발생한 식용유화재의 경우 뚜껑을 덮거나 젖은 담요 등을 덮어 기름의 비산을 방지하고 질식소화를 해야 한다.

⊙ 해설

플래시오버의 3대 지연 소화전술에 대한 설명이다. 백드래프트의 3대 소화전술은 배연(지붕환기)법, 급냉(담금질)법, 측면 공격법이다.

> **더 알아보기　백드래프트(Backdraft)와 플래시오버(Flash over)의 소화전술**
>
> ◦ 백드래프트(Backdraft)
> － 지붕 등 상부 개방 가능 시 상부를 개방하여 가연성 가스를 배연한다.
> － 백드래프트의 3대 소화전술 : 배연(지붕환기)법, 급냉(담금질)법, 측면 공격법
> ◦ 플래시오버(Flash over)
> － 폭발력으로 건축물 변형・강도약화로 붕괴, 비산, 낙하물 피해와 방수모 등 개인보호 장구 이탈에 대비, 자세를 낮추고 대피방안을 강구한다.
> － 플래시오버의 3대 지연 소화전술 : 배연・배열 지연법, 공기차단 지연법, 냉각 지연법

55 특수화재현상의 대응절차에 관한 설명으로 옳지 않은 것은?

① 파이어볼(Fire Ball) : 밸브나 배관에서 누출되는 가스가 연소하는 화염은 소화하지 않고, 그 화염에 의해서 가열되는 면을 냉각한다.

② 개방공간의 액면화재(Pool fire) : 탱크의 드레인(drain) 밸브를 개방하여 탱크에 고인 물을 제거하거나 모래 등을 탱크 내부로 던져서 물이 끓기 전에 비등석이 기포를 막아 갑작스러운 물의 비등을 억제한다.

③ 가압액체 분출화재(Jet fire) : 소규모 화재인 경우 관계인은 빨리 밸브를 차단하고 대규모일 경우 복사열에 의해 접근이 어려우므로 소방대가 분무주수로 엄호하며 접근해 밸브를 차단, 소화하는 방식으로 대응한다.

④ 비등액체팽창증기폭발(BLEVE) : 소화수를 이용하여 탱크의 상부 냉각을 최우선으로 하고, 화염이나 복사열에 의해 탱크가 가열되는 것을 방지하면서 탱크 주변의 화재진화를 병행한다.

⑤ 밀폐공간 폭발(Confined explosion) : 점화원으로의 작용을 주의하면서 배풍기를 활용하여 유증기의 농도를 연소범위 이하로 희석한다.

해설 개방공간의 액면화재(Pool fire) : 소규모 화재의 경우에는 관계인의 소방시설 활용으로 소화를 시도하고 확대된 화재의 경우에는 소방대가 유면 전체에 방사할 수 있는 위치를 선정한 후 수원과 포약제량을 확보하고 충분한 방출량으로 동시 방사해 폼으로 유면을 덮어 소화한다.

56 중유와 같은 중질유 탱크 화재를 소화하기 위하여 물 또는 폼 소화약제를 방사한 경우, 연소하는 위험물이 수증기로 변하면서 급격한 부피팽창이 일어나 탱크 외부로 기름이 분출하는 현상을 무엇이라 하는가?

① 보일오버 현상
② 슬롭오버 현상
③ 프로스오버 현상
④ 플래시오버 현상
⑤ 오일오버 현상

해설 슬롭오버 현상이란 중유와 같은 중질유 탱크에 화재가 발생하여 이를 소화하기 위하여 물 또는 폼 소화약제를 방사한 경우, 연소하는 위험물이 수증기로 변하면서 급격한 부피팽창이 일어나 탱크 외부로 기름이 분출하는 현상을 말한다.

▶정답 | 54 ④ 55 ② 56 ②

57 화재와 소화의 일반적인 설명으로 옳지 않은 것은?

① 플래시오버 발생점은 성장기 마지막이자 최성기 시작점이다.

② 플래시오버 원인은 화재 시 서서히 공급되는 복사열로 인해 발생한다.

③ 부촉매소화는 라디칼(유리기)을 흡착하여 연소상태를 저지하는 화학적 소화방법이다.

④ 화재 시 전기전원 차단, 가스밸브를 잠그는 것과 촛불을 입으로 불어서 끈다든지 하는 것은 제거소화이다.

⑤ 롤오버를 막기 위해 갈고리나 장갑 낀 손으로 화재가 발생한 아파트 출입구 문을 닫는다.

🎯 **해설** | 플래시오버 원인은 중기에 갑작스럽게 공급되는 복사열이다. 화재확대 현상인 플래시오버와 폭발현상인 백드래프트 현상은 갑자기 일어난다는 개념을 갖도록 한다. 반면 자연발화는 서서히 일어나는 현상이다.

58 다음 중 플래시오버에 관한 설명으로 옳지 않은 것은?

① 내장재는 실 내부에 수납된 가연물의 양과 그 성질을 말하며, 벽재료보다 천장재가 플래시오버의 발생시각에 큰 영향을 미친다.

② 플래시오버 현상이란 대류와 복사 또는 이 두 가지의 결합에 의해 가연물이 발화되는 것을 말하며 짙은 황회색으로 변하는 검은 연기로 얼룩진 창문 등의 징후가 나타난다.

③ 플래시오버로 전이되는 것을 지연하기 위해 냉각 지연법, 배연 지연법, 공기차단 지연법을 사용한다.

④ 목조건축물은 약 5 ~ 6분이면 플래시오버가 발생할 수 있으며 가연재료 → 난연재료 → 준불연재료의 순으로 연소가 진행된다.

⑤ 자세를 낮춰야 할 정도로 고온의 농연이 있다면 플래시오버의 가능성을 고려해야 한다. 또한 롤오버 현상이 관찰된다면 플래시오버의 전조임을 기억해야 한다.

🎯 **해설** | 플래시오버 현상이란 화점 주위에서 화재가 서서히 진행하다가 어느 정도 시간이 경과함에 따라 대류와 복사현상에 의해 일정 공간 안에 있는 가연물이 발화점까지 가열되어 일순간 동시 발화되는 현상을 말한다. 짙은 황회색으로 변하는 검은 연기로 얼룩진 창문 등의 징후가 나타나는 경우는 백드래프트의 징후이다.

59 다음 설명에 해당하는 것은 무엇인가?

> 액화가스저장탱크 속으로는 화염을 동반하지 않고 외부 탱크벽으로부터 화재 시 뜨거운 열이 가해졌을 때, 과열상태의 탱크에서 액체의 비등으로 내부압력이 높아지면 용기가 파열되는 현상이다.

① 보일오버 현상   ② 블레비 현상
③ 슬롭오버 현상   ④ 오일오버 현상
⑤ 파이어볼 현상

해설 블레비 현상이란 끓는 액체팽창증기폭발(Boiling Liquid Expanding Vapor Explosion)이라 하며 탱크 속으로는 화염을 동반하지 않고 외부 탱크벽으로부터 화재 시 뜨거운 열이 가해졌을 때 과열상태의 탱크에서 내부의 액화가스가 분출되어 착화되었을 때 폭발하는 현상으로 물리적 폭발과 화학적 폭발이 양립한다.
① 보일오버 현상이란 비점이 불균일한 중질유 등의 탱크 바닥에 찌꺼기와 함께 있는 물이 끓어 수분의 급격한 부피팽창에 의하여 기름을 탱크 외부로 넘치게 하는 현상이다.
③ 슬롭오버 현상이란 유류 액표면에 불이 붙었을 때 기름이 끓고 있는 상태에서 물이 주성분인 물분무나 포를 방사하면 물과 기름이 섞이지 않는데, 이때 끓는 기름온도에 의하여 물이 표면에서 튀면서(Slop) 수증기화되고 갑작스러운 부피팽창으로 유류가 탱크 외부로 비산·분출(over)되는 현상이다.
④ 오일오버 현상이란 탱크 내의 유류가 50% 미만 저장된 경우 화재로 인한 내부 압력상승으로 인한 탱크 폭발현상으로 가장 격렬하다.
⑤ 파이어볼 현상이란 대량의 증발한 가연성 액체가 갑자기 연소할 때 형성되는 공 모양의 둥근 불꽃을 말하며, 약 1,500℃의 고온으로 복사열에 의한 피해가 심각하고, 수백 미터 이내의 가연물을 연소시킬 수 있는 위력이다.

60 다음 설명에 해당하는 것은 무엇인가?

> 가연성 또는 인화성 액체가 저장탱크 또는 웅덩이에서 일정한 액면이 대기 중에 노출되어 화염의 열에 의해 불이 붙는 액면화재를 말한다.

① BLEVE   ② Confined Explosion
③ Jet Fire   ④ Fire Ball
⑤ Pool Fire

> **해설**　Pool Fire(개방공간의 액면화재)란 대기상에 액면이 노출된 개방탱크, Pool 또는 흐르는 액체 상태에서 증발되는 연료에 착화되어 난류 확산화염이 발생하는 화재를 말한다. 대응방법으로 소규모 화재의 경우에는 관계인의 소방시설 활용으로 소화를 시도하고 확대된 화재의 경우에는 소방대가 유면 전체에 방사할 수 있는 위치를 선정한 후 수원과 포약제량을 확보하고 충분한 방출량으로 동시 방사해 폼으로 유면을 덮어 소화한다.
> - 개방공간의 액체표면화재
> - 개방된 용기 내에 탄화수소계가 저장된 상태에서 증발되는 연료에 점화되어 발생한 난류적인 확산형 화재(풀의 상부표면에서 연소가 일어나는 것)
> - 액면이 일정한 화재 또는 대칭되는 원형의 수평연료면 화재

61　다음 중 피난시설계획 등의 일반적인 원칙으로 옳지 않은 것은?

① 피난경로는 간단명료해야 한다.
② 피난수단은 원시적 방법에 의하는 것을 원칙으로 한다.
③ 피난대책은 Fool-Proof와 Fail-Safe의 원칙을 중시해야 한다.
④ 피난설비는 이동식 기구나 장치 등을 주로 사용하고 고정시설은 보조설비로 사용한다.
⑤ 일정한 구획을 한정하여 피난 Zone을 설정한다.

> **해설**
>
> ┌───┐
> │ **더 알아보기　피난계획** │
> │ ◦ 피난경로는 간단명료해야 한다. │
> │ ◦ 피난수단은 원시적 방법에 의하는 것을 원칙으로 한다. │
> │ ◦ 피난설비는 고정적인 시설에 의해야 한다. │
> │ ◦ 피난대책은 Fool-Proof와 Fail-Safe의 원칙을 중시해야 한다. │
> │ ◦ 일정한 구획을 한정하여 피난 Zone을 설정한다. │
> │ ◦ 정전 시에도 피난방향을 명백히 할 수 있는 표시를 한다. │
> │ ◦ 피난구는 항시 사용할 수 있도록 한다. │
> └───┘

62　피난방향 및 피난로의 유형 중 피난자들의 집중으로 Panic 현상이 일어날 우려가 있는 것은?

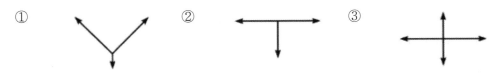

①　②　③

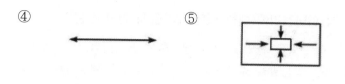

○ 해설

H형	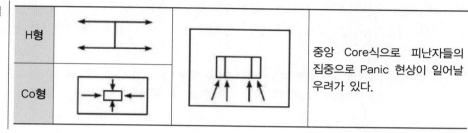		중앙 Core식으로 피난자들의 집중으로 Panic 현상이 일어날 우려가 있다.
Co형			

63 피난계획의 일반원칙 중 풀 프루프(Fool proof) 원칙에 대한 설명으로 옳은 것은?

① 한 가지 장치가 고장나더라도 다른 장치나 수단을 이용할 수 있도록 하는 원리
② 두 방향의 피난동선을 항상 확보하는 원칙
③ 피난설비를 이동식 설비 위주로 설치하는 원칙
④ 피난수단을 조작이 간편한 원시적 방법으로 하는 원칙
⑤ 이중 안전장치를 확보하는 원칙

○ 해설

> **더 알아보기** Fail safe와 Fool proof
>
> ∘ Fail safe
> – 한 가지 피난기구가 고장나도 다른 수단을 이용할 수 있도록 고려해야 한다.
> – 이중 안전장치를 확보해야 한다.
> – 두 방향의 피난동선을 항상 확보해야 한다.
> ∘ Fool proof
> – 피난경로는 간단명료해야 한다.
> – 피난수단은 원시적 방법에 의하는 것을 원칙으로 한다.
> – 피난설비는 고정식 설비 위주로 설치하되 이동식 설비를 보조적으로 설치한다.
> – 피난통로는 완전불연화한다.
> – 막다른 복도가 없게 한다.
> – 간단한 그림이나 색채를 이용하여 표시한다.

64 화재발생 시 인간의 기본적 피난심리에 대한 설명으로 옳지 않은 것은?

① 지광본능이란 어두운 곳에서 밝은 불빛을 따라 행동하는 습성이다.
② 우회본능이란 오른손잡이는 오른발을 축으로 시계반대방향으로 행동하는 습성이다.
③ 추종본능이란 혼란 시 판단력이 저하되어 최초로 달리는 앞사람을 따르는 습성이다.
④ 퇴피본능이란 반사적으로 화염연기 등으로부터 멀리하려는 본능이다.
⑤ 귀소본능이란 화재 시 인간은 평소의 습관처럼 출입구, 통로를 향하는 경향이 있다.

> **해설** | 좌회본능 : 일반적으로 오른손잡이는 오른쪽으로 행동하기 때문에 화재와 같은 어두운 환경에서는 왼쪽(시계반대방향)으로 이동한다는 연구결과가 있다.

65 「소방의 화재조사에 관한 법률」에서 뜻하는 화재의 정의로 옳은 것만을 고른 것은?

> ㄱ. 과실에 의하여 발생하는 연소 현상으로서 소화할 필요가 있는 현상은 화재이다.
> ㄴ. 사람의 의도에 반하여 발생하거나 확대된 화학적 폭발현상은 화재이다.
> ㄷ. 사람의 의도에 반하여 발생하거나 확대된 물리적인 폭발현상은 화재이다.
> ㄹ. 고의에 의하여 발생하는 연소 현상으로서 소화할 필요가 있는 현상은 화재이다.
> ㅁ. 과실에 의하여 발생하는 연소 현상으로서 이미 소화가 완료된 현상도 화재이다.

① ㄱ, ㄴ, ㄷ
② ㄱ, ㄴ, ㄹ
③ ㄱ, ㄴ, ㅁ
④ ㄴ, ㄷ, ㄹ, ㅁ
⑤ ㄱ, ㄴ, ㄷ, ㄹ, ㅁ

> **해설** | **더 알아보기 정의(「소방의 화재조사에 관한 법률」 제2조 제1항 제1호)**
> 1. "화재"란 사람의 의도에 반하거나 고의 또는 과실에 의하여 발생하는 연소 현상으로서 소화할 필요가 있는 현상 또는 사람의 의도에 반하여 발생하거나 확대된 화학적 폭발현상을 말한다.

66 화재조사의 과학적 방법에 대한 설명이다. (   )에 들어갈 용어로 옳은 것은?

> 필요성 인식 → (㉠) → 자료수집 → (㉡) → 가설수립 → (㉢) → 최종가설 선택

	㉠	㉡	㉢
①	문제의 정의	자료분석	가설검증
②	문제의 정의	자료가공	가설검증
③	문제의 수립	자료가공	가설분석
④	문제의 정의	자료가공	가설분석
⑤	문제의 수립	자료분석	가설분석

해설

> **더 알아보기 화재조사의 과학적 방법**
> 필요성 인식 → 문제의 정의 → 자료수집 → 자료분석 → 가설수립 → 가설검증 → 최종가설 선택

67 「화재조사 및 보고규정」상 화재조사의 용어 설명으로 옳은 것은?

① "최초착화물"이란 연소가 확대되는 데 있어 결정적 영향을 미친 가연물을 말한다.
② "동력원"이란 발화에 관련된 불꽃 또는 열을 발생시킨 기기 또는 장치나 제품을 말한다.
③ "발화요인"이란 발화의 최초 원인이 된 불꽃 또는 열을 말한다.
④ "잔가율"이란 화재 당시에 피해물의 재구입비에 대한 현재가의 비율을 말한다.
⑤ "발화지점"이란 화재가 발생한 장소를 말한다.

해설

① 연소확대물에 대한 설명이다. '최초착화물'이란 발화열원에 의해 불이 붙은 최초의 가연물을 말한다.
② 발화관련 기기에 대한 설명이다. '동력원'이란 발화관련 기기나 제품을 작동 또는 연소시킬 때 사용되어진 연료 또는 에너지를 말한다.
③ 발화열원에 대한 설명이다. '발화요인'이란 발화열원에 의하여 발화로 이어진 연소 현상에 영향을 준 인적, 물적, 자연적인 요인을 말한다.
⑤ 발화장소에 대한 설명이다. '발화지점'이란 열원과 가연물이 상호작용하여 화재가 시작된 지점을 말한다.

정답 64 ② 65 ② 66 ① 67 ④

68 「소방의 화재조사에 관한 법률」 및 「화재조사 및 보고규정」의 용어 중 화재원인을 규명하고 화재로 인한 피해를 산정하기 위하여 자료의 수집, 관계자 등에 대한 질문, 현장 확인, 감식, 감정 및 실험 등을 하는 일련의 행동을 무엇이라고 하는가?

① 감식

② 감정

③ 화재조사

④ 화재수사

⑤ 화재원인 판정

🎯 **해설**

> **더 알아보기** 정의(「소방의 화재조사에 관한 법률」 제2조 제1항 제2호)
>
> 2. "화재조사"란 소방청장, 소방본부장 또는 소방서장이 화재원인, 피해상황, 대응활동 등을 파악하기 위하여 자료의 수집, 관계인 등에 대한 질문, 현장 확인, 감식, 감정 및 실험 등을 하는 일련의 행위를 말한다.

69 소방관서에서 실시하는 화재조사에 대한 일반적인 설명으로 옳지 않은 것은?

① 「소방의 화재조사에 관한 법률」 제5조 제1항에 따라 화재조사관은 화재발생 사실을 인지하는 즉시 화재조사를 시작해야 한다.

② 화재조사는 강제성을 지니며, 프리즘식으로 진행한다.

③ 화재조사 시 건축·구조물 화재의 소실정도는 입체면적에 대한 비율을 적용하여 구분한다.

④ 화재조사 용어 중 "동력원"이란 발화에 관련된 불꽃 또는 열을 발생시킨 기기 또는 장치나 제품을 말한다.

⑤ 화재조사사항으로는 화재로 인한 인명·재산피해상황이 있다.

🎯 **해설** 발화관련 기기에 대한 설명이다. "동력원"이란 발화관련 기기나 제품을 작동 또는 연소시킬 때 사용되어진 연료 또는 에너지를 말한다.

70 「소방의 화재조사에 관한 법률」상 화재조사 대상 및 사항으로 옳지 않은 것은?

① 「소방기본법」에 따른 소방대상물에서 발생한 화재는 화재조사 대상이다.

② 화재조사는 화재발생건축물과 구조물, 화재유형별 화재위험성에 관한 사항을 조사한다.

③ 화재조사관이 화재조사가 필요하다고 인정하는 화재는 화재조사 대상이다.

④ 화재조사는 「화재예방 및 안전관리에 관한 법률」 제7조에 따른 화재안전조사의 실시 결과에 관한 사항을 조사한다.

⑤ 화재조사는 화재원인에 관한 사항과 화재로 인한 인명·재산피해상황을 조사한다.

해설 화재조사관이 아니라 소방관서장이 화재조사가 필요하다고 인정하는 화재가 화재조사 대상이다.

> **더 알아보기 화재조사의 대상(「소방의 화재조사에 관한 법률 시행령」 제2조)**
> 「소방의 화재조사에 관한 법률」(이하 "법"이라 한다) 제5조에 따라 소방청장, 소방본부장 또는 소방서장(이하 "소방관서장"이라 한다)이 화재조사를 실시해야 할 대상은 다음 각 호와 같다.
> 1. 「소방기본법」에 따른 소방대상물에서 발생한 화재
> 2. 그 밖에 소방관서장이 화재조사가 필요하다고 인정하는 화재

---

71 화재조사 시 발화부 원인의 추정 5원칙에 대한 설명으로 옳지 않은 것은?

① 균열흔은 발화부에 가까울수록 뜨거워서 잘고 가늘어지는 경향이 있다.
② 탄화심도는 발화부에 가까울수록 깊어지는 경향이 있다.
③ 화염은 수직의 가연물을 따라 상승하고 측면과 하부는 연소속도가 완만하다.
④ 발화건물의 기둥, 벽, 건자재 등은 발화부의 반대쪽으로 도괴하는 경향이 있다.
⑤ 발열체가 목재면에 밀착되었을 경우 발열체 표면의 목재면에 훈소흔이 남는다.

해설 발화부의 반대쪽으로 도괴하는 것이 아니라, 발화부 쪽으로(중심으로) 도괴하는 경향이 있다.

> **더 알아보기 발화부 원인의 추정 5원칙**
> ° 원칙 1 : 발화건물의 기둥, 벽, 건자재 등은 발화부를 중심으로 도괴하는 경향이 있다.
> ° 원칙 2 : 화염은 수직의 가연물을 따라 상승하고 측면과 하부는 연소속도가 완만하다.
> ° 원칙 3 : 탄화심도는 발화부에 가까울수록 깊어지는 경향이 있다.
> ° 원칙 4 : 목재의 연소흔에서 표면의 균열흔은 발화부에 가까울수록 뜨거워서 가늘어지는 경향이 있다. 이러한 균열흔은 3가지 유형(완소흔, 강소흔, 열소흔)의 형태로 구분할 수 있다.
> ° 원칙 5 : 발열체가 목재면에 밀착되었을 경우 발열체 표면의 목재면에 훈소흔이 남으며 발화부 부근의 훈소흔은 발화 부위인 경우가 있다.

---

72 「소방의 화재조사에 관한 법률」에서 정의하는 화재의 정의를 모두 고른 것은?

ㄱ. 사람의 의도에 반한 연소 현상	ㄴ. 고의에 의해 발생하는 연소 현상
ㄷ. 소화할 필요가 있는 연소 현상	ㄹ. 물리적 폭발현상

① ㄱ
② ㄱ, ㄴ
③ ㄱ, ㄴ, ㄷ, ㄹ
④ ㄱ, ㄴ, ㄹ
⑤ ㄱ, ㄴ, ㄷ

정답 68 ③ 69 ④ 70 ③ 71 ④ 72 ⑤

🎯 해설

> **더 알아보기 정의(「소방의 화재조사에 관한 법률」제2조 제1항 제1호)**
> 1. "화재"란 사람의 의도에 반하거나 고의 또는 과실에 의하여 발생하는 연소 현상으로서 소화할 필요가 있는 현상 또는 사람의 의도에 반하여 발생하거나 확대된 화학적 폭발현상을 말한다.

73 화재조사에 대한 내용으로 바르지 않은 것은?

① 강제성이 있다. ② 경제성이 있다.
③ 현장성이 있다. ④ 프리즘식이 있다.
⑤ 정밀과학성이 있다.

🎯 해설

> **더 알아보기 화재조사의 특징**
> ◦ 신속성 : 화재조사는 신속해야 한다.
> ◦ 정밀과학성 : 화재조사는 정밀과학적으로 하도록 한다.
> ◦ 안전성 : 현장의 안전사고를 대비해야 한다.
> ◦ 강제성 : 조사를 위한 관계인에 대한 질문 등의 강제성을 의미한다.
> ◦ 보존성 : 화재조사 증거물의 보존성을 의미한다.
> ◦ 현장성 : 주요 정보의 현장성을 의미한다.
> ◦ 프리즘식 : 여러 사람의 견해를 모아서 진행한다.

74 「화재조사 및 보고규정」에 따른 용어의 정의 중 발화관련 기기나 제품을 작동 또는 연소시킬 때 사용되어진 연료 또는 에너지를 지칭하는 용어로 옳은 것은?

① 발화열원 ② 발화요인
③ 동력원 ④ 발화에너지
⑤ 연소확대물

🎯 해설 "동력원"이란 발화관련 기기나 제품을 작동 또는 연소시킬 때 사용되어진 연료 또는 에너지를 말한다(「화재조사 및 보고규정」제2조 제1항 제10호).

> **더 알아보기 「화재조사 및 보고규정」제2조 제1항에 따른 용어의 정의**
> ◦ "발화열원"이란 발화의 최초 원인이 된 불꽃 또는 열을 말한다.
> ◦ "발화지점"이란 열원과 가연물이 상호작용하여 화재가 시작된 지점을 말한다.
> ◦ "발화장소"란 화재가 발생한 장소를 말한다.
> ◦ "최초착화물"이란 발화열원에 의해 불이 붙은 최초의 가연물을 말한다.
> ◦ "발화요인"이란 발화열원에 의하여 발화로 이어진 연소 현상에 영향을 준 인적·물적·자연적인 요인을 말한다.
> ◦ "발화관련 기기"란 발화에 관련된 불꽃 또는 열을 발생시킨 기기 또는 장치나 제품을 말한다.
> ◦ "연소확대물"이란 연소가 확대되는 데 있어 결정적 영향을 미친 가연물을 말한다.

75 「화재조사 및 보고규정」에 따른 화재조사에 관한 설명으로 옳지 않은 것은?

① 「소방의 화재조사에 관한 법률」 제5조 제1항에 따라 화재조사관은 화재발생 사실을 인지하는 즉시 화재조사를 시작해야 한다.
② 전소란 화재의 소실정도가 70% 이상이거나 70% 미만이라도 재사용이 되지 않는 경우를 말한다.
③ 감식이란 화재와 관계되는 물건의 형상, 구조, 재질, 성분, 성질 등 이와 관련된 모든 현상에 대하여 과학적 방법에 의한 필요한 실험을 행하고 그 결과를 근거로 화재원인을 밝히는 자료를 얻는 것을 말한다.
④ 잔가율이란 화재 당시에 피해물의 재구입비에 대한 현재가의 비율을 말한다.
⑤ 최종잔가율이란 피해물의 내용연수가 다한 경우 잔존하는 가치의 재구입비에 대한 비율을 말한다.

🎯 **해설** │ 감정에 대한 설명이다. 감식이란 화재원인의 판정을 위하여 전문적인 지식, 기술 및 경험을 활용하여 주로 시각에 의한 종합적인 판단으로 구체적인 사실관계를 명확하게 규명하는 것을 말한다.

76 화재조사에 대한 설명으로 옳은 것을 모두 고른 것은?

> ㄱ. 소방관서장은 과학적이고 합리적인 화재원인 규명을 위하여 화재현장에서 수거된 물품에 대하여 감정을 실시하고 화재원인 입증을 위한 재현실험 등을 할 수 있다.
> ㄴ. 화재조사에는 화재원인조사와 화재피해조사가 있다. 화재피해조사에서 인명피해조사 대상은 소방활동 중 발생한 사망자 및 부상자, 그 밖에 화재로 인한 사망자 및 부상자이며, 재산피해조사는 소화활동 중 사용된 물로 인한 피해, 연기, 물품반출, 화재로 인한 폭발 등에 의한 피해, 열에 의한 탄화, 용융, 파손 등의 피해, 연소경로 및 연소확대물, 연소확대 사유 등이 있다.
> ㄷ. 화재조사의 목적은 화재의 경계와 예방활동을 위한 정보 자료 획득, 화재 및 재물 위치관련 통계작성 추구, 방화·실화 수사협조 및 피해자의 구체적 증거 확보 등이 있다.
> ㄹ. 화재조사는 관계인의 승낙유무 여부에 따라 관계인의 협조가 잘 이루어지지 않는 경우 화재조사가 힘들게 된다. 따라서 관계인의 임의적 협조가 항상 필요하다.

① ㄴ, ㄷ, ㄹ
② ㄱ, ㄷ
③ ㄱ, ㄴ
④ ㄴ, ㄹ
⑤ ㄱ, ㄴ, ㄷ

▌정답 | 73 ② 74 ③ 75 ③ 76 ②

🎯 **해설** ㄴ. 화재조사에서 재산피해조사는 소화활동 중 사용된 물로 인한 피해, 연기, 물품반출, 화재로 인한 폭발 등에 의한 피해, 열에 의한 탄화, 용융, 파손 등의 피해조사를 한다. 연소경로 및 연소확대물, 연소확대 사유 등은 연소상황조사이다.

ㄹ. 화재조사는 강제성을 띤다. 필요한 경우 관계인 승낙이 없거나 일몰 전후 강제 조사가 가능하다.

77 5층 건물 2층에서 화재가 발생하여 1층 천장 100m²가 수손되고, 2층은 천장, 바닥, 벽면이 200m²가 소실되었으며, 3층은 벽면과 천장 등 3면이 50m² 그을렸을 경우 화재피해액 산정 시 소실면적은 m²인가?

① 200m²
② 250m²
③ 270m²
④ 300m²
⑤ 350m²

🎯 **해설** 1층 : 100m², 2층 : 200m², 3층 : 50m²
따라서, 소실면적은 100 + 200 + 50 = 350m²이다.

78 「소방의 화재조사에 관한 법률」 및 「화재조사 및 보고규정」에 따른 화재조사에 관한 내용으로 옳지 않은 것은?

① 소방관서장은 화재조사를 위하여 필요한 최대범위에서 화재현장 보존조치를 하거나 화재현장과 그 인근 지역을 통제구역으로 설정할 수 있다.
② 발화지점이 한 곳인 화재현장이 둘 이상의 관할구역에 걸친 화재는 발화지점이 속한 소방서에서 1건의 화재로 산정한다.
③ 지진, 낙뢰 등 자연현상으로 인한 다발화재로 동일 소방대상물의 발화점이 2개소 이상에서 발생하여도 1건의 화재로 한다.
④ 건축·구조물의 소실정도는 전소·반소·부분소로 구분하며, 그중 전소는 건물의 70% 이상(입체면적에 대한 비율) 소실되었거나 또는 그 미만이라도 잔존부분을 보수하여도 재사용이 불가능한 것이고, 반소는 30% 이상 70% 미만이 소실된 것을 말한다.
⑤ 화재인지시간은 소방관서에 최초로 신고된 시점을 말하며, 자체진화 등의 사후인지 화재로 그 결정이 곤란한 경우에는 발생시간을 추정할 수 있다.

🎯 **해설**
┌───
│ **더 알아보기 화재현장 보존 등(「소방의 화재조사에 관한 법률」 제8조 제1항)**
│ ① 소방관서장은 화재조사를 위하여 필요한 범위에서 화재현장 보존조치를 하거나 화재현장과 그 인근 지역을 통제구역으로 설정할 수 있다.
└───

79 화재조사의 건물 동수 산정에 대한 설명으로 바르지 않은 것은?

① 건물의 외벽을 이용하여 실을 만들어 헛간, 목욕탕, 작업실, 사무실 및 기타 건물 용도로 사용하고 있는 것은 주건물과 다른 동으로 본다.
② 주요구조부가 하나로 연결되어 있는 것은 1동으로 한다.
③ 구조에 관계없이 지붕 및 실이 하나로 연결되어 있는 것은 같은 동으로 본다.
④ 목조 또는 내화조 건물의 경우 격벽으로 방호구획이 되어 있는 경우도 같은 동으로 한다.
⑤ 독립된 건물과 건물 사이에 차광막, 비막이 등의 덮개를 설치하고 그 밑으로 통로 등으로 사용하는 경우는 다른 동으로 한다.

해설 | 건물의 외벽을 이용하여 실을 만들어 헛간, 목욕탕, 작업실, 사무실 및 기타 건물 용도로 사용하고 있는 것은 주건물과 같은 동으로 본다.

80 「화재조사 및 보고규정」에 따른 화재조사에 관한 설명으로 옳지 않은 것은?

① 「소방의 화재조사에 관한 법률」에 따라 화재조사관은 화재발생 사실을 인지하는 즉시 화재조사를 시작해야 한다.
② 전소란 화재의 소실정도가 70% 이상이 넘거나 70% 미만이라도 잔존부분을 보수하여도 재사용이 되지 않는 경우를 말한다.
③ 사상자가 20명 이상이거나 2개 시·군·구 이상에 발생한 화재는 소방청장이 화재합동조사단을 구성하여 운영하여야 한다.
④ 화재사고 발생 후 72시간 내에 사망한 자는 인명피해 구분 시 사망자로 구분한다.
⑤ 화재의 소실정도의 기준은 입체면적에 대한 비율을 말한다.

해설

> **더 알아보기 화재합동조사단 운영 및 종료(「화재조사 및 보고규정」 제20조 제1항)**
> ① 소방관서장은 영 제7조 제1항에 해당하는 화재가 발생한 경우 다음 각 호에 따라 화재합동조사단을 구성하여 운영하는 것을 원칙으로 한다.
>   1. 소방청장 : 사상자가 30명 이상이거나 2개 시·도 이상에 걸쳐 발생한 화재(임야화재는 제외한다. 이하 같다)
>   2. 소방본부장 : 사상자가 20명 이상이거나 2개 시·군·구 이상에 발생한 화재
>   3. 소방서장 : 사망자가 5명 이상이거나 사상자가 10명 이상 또는 재산피해액이 100억원 이상 발생한 화재

▋**정답** 77 ⑤ 78 ① 79 ① 80 ③

81 「소방의 화재조사에 관한 법률」 및 「화재조사 및 보고규정」상 내용으로 옳지 않은 것은?

① 「소방기본법」에 따른 소방대상물에서 발생한 화재는 화재조사 대상이다.

② 화재조사사항으로는 화재원인에 관한 사항과 화재로 인한 인명·재산피해상황 등이 있다.

③ 건축물의 동수 산정 시 건물의 외벽을 이용하여 실을 만들어 헛간, 목욕탕, 작업실, 사무실 및 기타 건물 용도로 사용하고 있는 것은 주건물과 같은 동으로 본다.

④ 화재조사 절차는 '현장출동 중 조사 → 화재현장 조사 → 정밀조사 → 화재조사 결과 보고' 순이다.

⑤ 건물의 소실면적 산정은 소실 입체면적의 비율이 기준이다.

> **👁️ 해설**
>
> **더 알아보기 소실면적 산정(「화재조사 및 보고규정」 제17조)**
> ① 건물의 소실면적 산정은 소실 바닥면적으로 산정한다.
> ② 수손 및 기타 파손의 경우에도 제1항의 규정을 준용한다.

82 「소방의 화재조사에 관한 법률」 및 그 하위법령과 「화재조사 및 보고규정」에 따른 화재조사에 관한 설명으로 옳지 않은 것은?

① 「소방의 화재조사에 관한 법률」에 따른 화재란 사람의 의도에 반하거나 고의 또는 과실에 의하여 발생하는 연소 현상으로서 소화할 필요가 있는 현상 또는 사람의 의도에 반하여 발생하거나 확대된 화학적 폭발현상을 말한다.

② 「소방의 화재조사에 관한 법률 시행령」에 따라 소방관서장은 화재조사전담부서에 화재조사관을 2명 이상 배치해야 한다.

③ 「화재조사 및 보고규정」에 따른 1건의 화재란 1개의 발화지점에서 확대된 것으로 발화부터 진화까지를 말한다.

④ 「화재조사 및 보고규정」에 따라 화재의 소실정도의 산정은 소실된 입체면적에 대한 비율로 산정한다.

⑤ 「화재조사 및 보고규정」에 따라 건물 등 자산에 대한 최종잔가율은 건물·부대설비·구축물·가재도구는 10%로 한다.

> **👁️ 해설**
>
> **더 알아보기 화재피해액의 산정(「화재조사 및 보고규정」 제18조 제3항)**
> ③ 건물 등 자산에 대한 최종잔가율은 건물·부대설비·구축물·가재도구는 20%로 하며, 그 이외의 자산은 10%로 정한다.

83 화재로 인한 피해 중 간접적 피해에 해당하는 것은?

① 연기로 인한 식료품 등의 피해
② 유독가스로 인한 인명의 피해
③ 소화용수로 인한 수손피해
④ 화재복구에 수반되는 피해
⑤ 연소나 열로 인한 피해

🎯 **해설**

> **더 알아보기 화재의 직접적 · 간접적 피해**
> ◦ 직접적 피해
> – 소손피해 : 연소나 열로 인한 피해(예 그을음에 의한 내장재의 피해)
> – 소화피해 : 수손 · 오손 피해(예 소화용수로 인한 수손피해)
> – 인적피해 : 부상자나 사망자의 발생(예 유독가스 등으로 인한 인명피해)
> – 기타피해 : 연기, 연기로 인한 식료품 피해, 피난 또는 물품반출에 수반한 피해, 폭발 등 재산상
>   의 피해
> ◦ 간접적 피해
> – 정리비
> – 휴업으로 인한 피해
> – 화재복구에 수반하는 피해
> – 그 밖의 화재로 인한 업무의 중단, 업무의 중단에 의한 신용의 상실, 화재로 인한 정신적 충격

84 「소방의 화재조사에 관한 법률」 및 「화재조사 및 보고규정」에 따른 화재조사에 관한 내용으로 옳지 않은 것은?

① 소방관서장은 화재조사를 위하여 필요한 범위에서 화재현장 보존조치를 하거나 화재현장과 그 인근 지역을 통제구역으로 설정할 수 있다.
② 건물의 소실면적 산정은 소실 바닥면적으로 산정한다.
③ 건물 등 자산에 대한 최종잔가율은 건물 · 부대설비 · 구축물 · 가재도구는 20%로 하며, 그 이외의 자산은 10%로 정한다.
④ 건축 · 구조물의 소실정도는 전소 · 반소 · 부분소로 구분하며, 그중 전소는 건물의 70% 이상(70% 미만이라도 재사용이 불가능한 경우 포함), 반소는 30% 이상 70% 미만이 소실된 것을 말한다.
⑤ 소방관서장은 화재조사전담부서에 화재조사관을 4명 이상 배치해야 한다.

🎯 **해설**

> **더 알아보기 화재조사전담부서의 구성 · 운영(「소방의 화재조사에 관한 법률 시행령」 제4조 제1항)**
> ① 소방관서장은 법 제6조 제1항에 따른 화재조사전담부서(이하 "전담부서"라 한다)에 화재조사관을 2명 이상 배치해야 한다.

▶**정답** 81 ⑤ 82 ⑤ 83 ④ 84 ⑤

85 「화재조사 및 보고규정」상 화재건수의 결정 기준에 관한 설명으로 옳지 않은 것은?

① 1건의 화재란 1개의 발화지점에서 확대된 것으로 발화부터 진화까지를 말한다.
② 동일 소방대상물의 누전점이 다른 2개소 이상에서 누전에 의해 발생한 화재는 1건의 화재로 한다.
③ 동일 소방대상물에 지진, 낙뢰 등 자연환경에 의해 발생한 여러 화재는 1건의 화재로 한다.
④ 동일범이 아닌 각기 다른 사람에 의한 방화, 불장난은 동일 대상물에서 발화했더라도 각각 별건의 화재로 한다.
⑤ 발화지점이 한 곳인 화재현장이 둘 이상의 관할구역에 걸친 화재는 발화지점이 속한 소방서에서 1건의 화재로 산정한다.

> 🎯 **해설**
>
> **더 알아보기 화재건수의 결정(「화재조사 및 보고규정」 제10조)**
> 1건의 화재란 1개의 발화지점에서 확대된 것으로 발화부터 진화까지를 말한다. 다만, 다음 경우는 각 호에 따른다.
> 1. 동일범이 아닌 각기 다른 사람에 의한 방화, 불장난은 동일 대상물에서 발화했더라도 각각 별건의 화재로 한다.
> 2. 동일 소방대상물의 발화점이 2개소 이상 있는 다음의 화재는 1건의 화재로 한다.
>   가. 누전점이 동일한 누전에 의한 화재
>   나. 지진, 낙뢰 등 자연현상에 의한 다발화재
> 3. 발화지점이 한 곳인 화재현장이 둘 이상의 관할구역에 걸친 화재는 발화지점이 속한 소방서에서 1건의 화재로 산정한다. 다만, 발화지점 확인이 어려운 경우에는 화재피해금액이 큰 관할구역 소방서의 화재 건수로 산정한다.

86 「화재조사 및 보고규정」상 화재건수의 결정 기준에 대한 설명으로 옳지 않은 것은?

① 한 곳에서 발생하여 발화부터 진화까지 이루어진 화재는 1건의 화재로 한다.
② 동일 소방대상물의 발화점이 2개소 이상인 경우라도 동일한 누전점에서 발생한 화재는 1건의 화재로 한다.
③ 동일 소방대상물이 지진, 낙뢰 등 자연환경에 의해 발생한 다발화재는 1건의 화재로 한다.
④ 동일 소방대상물이 각기 다른 사람에 의한 방화 또는 불장난으로 발화했다면 1건의 화재로 한다.
⑤ 발화지점이 한 곳인 화재현장이 둘 이상의 관할구역에 걸친 화재는 발화지점이 속한 소방서에서 1건의 화재로 산정한다.

> 🎯 **해설**
>
> **더 알아보기 화재건수 결정(「화재조사 및 보고규정」 제10조 제1호)**
> 1. 동일범이 아닌 각기 다른 사람에 의한 방화, 불장난은 동일 대상물에서 발화했더라도 각각 별건의 화재로 한다.

87 다음의 〈보기〉는 「화재조사 및 보고규정」에 따른 화재피해금액 산정기준 중 건물의 산정 기준이다. (   ) 안에 들어갈 내용으로 옳은 것은? (단, 신축단가는 한국감정원이 최근 발표한 '건물신축단가표'에 의한다.)

보기

$$신축단가(m^2당) \times (\,㉠\,) \times [1 - \{0.8 \times \frac{㉡}{㉢}\}] \times (\,㉣\,)$$

	㉠	㉡	㉢	㉣
①	소실면적	경과연수	내용연수	손해율
②	소실면적	내용연수	경과연수	손해율
③	손해율	내용연수	경과연수	소실면적
④	손해율	경과연수	소실면적	내용연수
⑤	소실면적	손해율	경과연수	내용연수

🎯 **해설**

> **더 알아보기** 건물의 화재피해금액 산정기준(「화재조사 및 보고규정」 별표 2)
>
> $$신축단가(m^2당) \times 소실면적 \times [1 - (0.8 \times \frac{경과연수}{내용연수})] \times 손해율$$

88 화재조사 시 현장보존에 관한 내용이다. 옳지 않은 것은?

① 소방관서장은 화재조사를 위하여 필요한 범위에서 화재현장 보존조치를 하거나 화재현장과 그 인근 지역을 통제구역으로 설정할 수 있다. 다만, 방화(放火) 또는 실화(失火)의 혐의로 수사의 대상이 된 경우에는 관할 경찰서장 또는 해양경찰서장이 통제구역을 설정한다.

② 누구든지 소방관서장 또는 경찰서장의 허가 없이 설정된 통제구역에 출입하여서는 아니 된다.

③ 화재현장 보존조치를 하거나 통제구역을 설정하는 경우 화재현장 보존조치나 통제구역 설정의 이유 및 주체 등을 관계인에게 알리고 해당 사항이 포함된 표지를 설치해야 한다.

④ 화재조사가 완료된 경우 화재현장 보존조치를 해제해야 한다.

⑤ 공공의 이익에 중대한 영향을 미친다고 판단되거나 인명구조 등 긴급한 사유가 있는 경우에는 화재현장 보존조치를 해제해야 한다.

정답   85 ②   86 ④   87 ①   88 ⑤

🎯 **해설**

> **더 알아보기** 화재현장 보존 등(「소방의 화재조사에 관한 법률」 제8조 제1항 ~ 제3항)
>
> ① 소방관서장은 화재조사를 위하여 필요한 범위에서 화재현장 보존조치를 하거나 화재현장과 그 인근 지역을 통제구역으로 설정할 수 있다. 다만, 방화(放火) 또는 실화(失火)의 혐의로 수사의 대상이 된 경우에는 관할 경찰서장 또는 해양경찰서장(이하 "경찰서장"이라 한다)이 통제구역을 설정한다.
> ② 누구든지 소방관서장 또는 경찰서장의 허가 없이 제1항에 따라 설정된 통제구역에 출입하여서는 아니 된다.
> ③ 제1항에 따라 화재현장 보존조치를 하거나 통제구역을 설정한 경우 누구든지 소방관서장 또는 경찰서장의 허가 없이 화재현장에 있는 물건 등을 이동시키거나 변경·훼손하여서는 아니 된다. 다만, 공공의 이익에 중대한 영향을 미친다고 판단되거나 인명구조 등 긴급한 사유가 있는 경우에는 그러하지 아니하다.

> **더 알아보기** 화재현장 보존조치 통지 등(「소방의 화재조사에 관한 법률 시행령」 제8조)
>
> 소방관서장이나 관할 경찰서장 또는 해양경찰서장(이하 "경찰서장"이라 한다)은 법 제8조 제1항에 따라 화재현장 보존조치를 하거나 통제구역을 설정하는 경우 다음 각 호의 사항을 화재가 발생한 소방대상물의 소유자·관리자 또는 점유자(이하 "관계인"이라 한다)에게 알리고 해당 사항이 포함된 표지를 설치해야 한다.
> 1. 화재현장 보존조치나 통제구역 설정의 이유 및 주체
> 2. 화재현장 보존조치나 통제구역 설정의 범위
> 3. 화재현장 보존조치나 통제구역 설정의 기간

> **더 알아보기** 화재현장 보존조치 등의 해제(「소방의 화재조사에 관한 법률 시행령」 제9조)
>
> 소방관서장이나 경찰서장은 다음 각 호의 경우에는 법 제8조 제1항에 따른 화재현장 보존조치나 통제구역의 설정을 지체 없이 해제해야 한다.
> 1. 화재조사가 완료된 경우
> 2. 화재현장 보존조치나 통제구역의 설정이 해당 화재조사와 관련이 없다고 인정되는 경우

89 「소방기본법 시행규칙」에 의거 화재조사활동 중 소방서의 종합상황실장은 소방본부의 종합상황실에, 소방본부의 종합상황실장은 소방청의 종합상황실에 긴급상황을 보고하여야 할 화재를 모두 고르시오.

> ㄱ. 인명피해가 사망자 5명 이상인 화재
> ㄴ. 학교화재
> ㄷ. 소방청장이 정하는 재난상황
> ㄹ. 「긴급구조대응활동 및 현장지휘에 관한 규칙」에 의한 통제단장의 현장지휘가 필요한 재난상황
> ㅁ. 방화 등 화재원인이 특이하다고 인정되는 화재
> ㅂ. 대형화재취약대상 및 화재예방강화지구의 화재

① ㄱ, ㄴ, ㄷ　　　　　　　　　　② ㄱ, ㄴ, ㄷ, ㄹ
③ ㄱ, ㄴ, ㅁ, ㅂ　　　　　　　　④ ㄱ, ㄴ, ㄷ, ㄹ, ㅁ
⑤ ㄱ, ㄴ, ㄷ, ㄹ, ㅁ, ㅂ

◎ 해설

> **더 알아보기 종합상황실의 실장의 업무 등(「소방기본법 시행규칙」 제3조 제2항)**
>
> ② 종합상황실의 실장은 다음 각 호의 어느 하나에 해당하는 상황이 발생하는 때에는 그 사실을 지체 없이 별지 제1호 서식에 따라 서면·팩스 또는 컴퓨터통신 등으로 소방서의 종합상황실의 경우는 소방본부의 종합상황실에, 소방본부의 종합상황실의 경우는 소방청의 종합상황실에 각각 보고해야 한다.
> 1. 다음 각 목의 1에 해당하는 화재
>   가. 사망자가 5인 이상 발생하거나 사상자가 10인 이상 발생한 화재
>   나. 이재민이 100인 이상 발생한 화재
>   다. 재산피해액이 50억원 이상 발생한 화재
>   라. 관공서·학교·정부미도정공장·문화재·지하철 또는 지하구의 화재
>   마. 관광호텔, 층수(「건축법 시행령」 제119조 제1항 제9호의 규정에 의하여 산정한 층수를 말한다. 이하 이 목에서 같다)가 11층 이상인 건축물, 지하상가, 시장, 백화점, 「위험물안전관리법」 제2조 제2항의 규정에 의한 지정수량의 3천배 이상의 위험물의 제조소·저장소·취급소, 층수가 5층 이상이거나 객실이 30실 이상인 숙박시설, 층수가 5층 이상이거나 병상이 30개 이상인 종합병원·정신병원·한방병원·요양소, 연면적 1만5천제곱미터 이상인 공장 또는 「화재의 예방 및 안전관리에 관한 법률」 제18조 제1항 각 목에 따른 화재경계지구에서 발생한 화재
>   바. 철도차량, 항구에 매어둔 총 톤수가 1천톤 이상인 선박, 항공기, 발전소 또는 변전소에서 발생한 화재
>   사. 가스 및 화약류의 폭발에 의한 화재
>   아. 「다중이용업소의 안전관리에 관한 특별법」 제2조에 따른 다중이용업소의 화재
> 2. 「긴급구조대응활동 및 현장지휘에 관한 규칙」에 의한 통제단장의 현장지휘가 필요한 재난상황
> 3. 언론에 보도된 재난상황
> 4. 그 밖에 소방청장이 정하는 재난상황

90 화재조사 시 화재의 유형과 발화원인에 따른 분류에 대한 내용으로 옳지 않은 것은?

① 건축·구조물 화재란 건축물, 구조물 또는 그 수용물이 소손된 화재를 말한다.
② 자연발화는 지진, 낙뢰 등에 의해 화재에 이른 것을 의미한다.
③ 자동차·철도차량 화재란 자동차, 철도차량 및 피견인 차량 또는 그 적재물이 소손된 화재를 말한다.
④ 실화는 과실에 의해 화재를 발생시켜 물질을 훼손시키는 것으로 부주의에 의한 행위에 의해 화재에 이른 것을 의미한다.
⑤ 방화는 손해목적 등 고의에 의해 화재에 이른 것을 의미한다.

▌정답　89 ②　90 ②

해설
- 천재발화는 지진, 낙뢰 등에 의해 화재에 이른 것을 의미한다.
- 자연발화는 산화 및 마찰열 등에 의해 화재에 이른 것과 가연성의 물질 또는 혼합물이 외부에서의 가열 없이, 단지 내부의 반응열 축적만으로 발화점에 도달하여 화재에 이른 것을 의미한다.

91 「화재조사 및 보고규정」에 관한 내용으로 옳지 않은 것은?

① 건물의 소실면적 산정은 소실 바닥면적으로 산정한다.
② 건물의 소실정도에서의 반소는 건물의 30% 이상 70% 미만이 소실된 것을 말한다.
③ 건물 등 자산에 대한 최종잔가율은 건물·부대설비·구축물·가재도구는 20%로 하며, 그 이외의 자산은 10%로 정한다.
④ 발화일시의 결정은 관계인 등의 화재발견 상황통보(인지)시간 및 화재발생 건물의 구조, 재질 상태와 화기취급 등의 상황을 종합적으로 검토하여 결정한다. 다만, 자체진화 등 사후인지 화재로 그 결정이 곤란한 경우에는 발화시간을 추정할 수 있다.
⑤ 건물의 소실정도의 산정은 소실바닥면적으로 산정한다.

해설 | 건물의 소실정도의 산정은 입체면적의 비율로 산정한다.

92 「소방의 화재조사에 관한 법률 시행령」상 화재조사 절차로 옳지 않은 것은?

① 현장출동 중 조사 : 화재발생 접수, 출동 중 화재상황 파악 등
② 화재현장 조사 : 화재의 발화(發火)원인, 연소상황 및 피해상황 조사 등
③ 정밀조사 : 감식·감정, 화재결과 판정 등
④ 화재조사 결과 보고
⑤ 화재조사 절차는 "현장출동 중 조사 → 화재현장 조사 → 정밀조사 → 화재조사 결과 보고"순으로 진행된다.

해설 | 화재결과 판정이 아니라 화재원인 판정이다.

> **더 알아보기 화재조사의 내용·절차(「소방의 화재조사에 관한 법률 시행령」 제3조 제2항)**
> ② 화재조사는 다음 각 호의 절차에 따라 실시한다.
> 1. 현장출동 중 조사 : 화재발생 접수, 출동 중 화재상황 파악 등
> 2. 화재현장 조사 : 화재의 발화(發火)원인, 연소상황 및 피해상황 조사 등
> 3. 정밀조사 : 감식·감정, 화재원인 판정 등
> 4. 화재조사 결과 보고

▮정답 91 ⑤ 92 ③

소화이론

01 소화방법에 대해 옳은 설명만을 모두 고른 것은?

> ㄱ. 질식소화는 일반적으로 공기 중 산소농도를 낮추어 소화하는 방법을 말한다.
> ㄴ. 냉각소화가 가능한 약제로는 물, 강화액, CO_2, 할론 등이 있다.
> ㄷ. 유화소화는 수용성 가연물질인 알코올, 에테르, 에스터 등으로 인한 화재 시에 물을 주수하여 소화하는 방법을 말한다.
> ㄹ. 부촉매소화는 연소의 연쇄반응을 차단·억제하여 소화하는 방법으로 억제소화라 하며, 가스화재 시 가스공급을 차단하여 소화하는 방법을 말한다.
> ㅁ. 제거소화는 유전화재 시 질소폭탄을 투하하여 유증기를 제거하는 소화방법 등을 말한다.
> ㅂ. 피복소화는 이산화탄소와 같은 공기보다 무거운 불연성 기체 또는 모래 등으로 가연물을 덮어 질식을 유도하는 소화방법을 말한다.

① ㄱ, ㄴ, ㄷ
② ㄱ, ㄴ, ㄷ, ㄹ
③ ㄱ, ㄴ, ㅁ, ㅂ
④ ㄱ, ㄴ, ㄷ, ㄹ, ㅂ
⑤ ㄱ, ㄴ, ㄷ, ㄹ, ㅁ, ㅂ

해설
ㄷ. 희석소화 : 수용성 가연물질인 알코올, 에테르, 에스터 등으로 인한 화재 시에 물을 주수하여 소화하는 방법을 말한다.
　※ 유화소화 : 비중이 물보다 큰 비수용성 유류화재 시 무상주수하여 소화하는 방법을 말한다.
ㄹ. 부촉매소화는 연소의 연쇄반응을 차단·억제하여 소화하는 방법으로 억제소화 또는 화학소화작용이라 하며, 할로겐화합물 소화약제가 대표적이다.
　※ 제거소화 : 가연물질의 공급을 차단 또는 안전한 장소로 이동시켜 더 이상 연소가 진행되지 않도록 하는 소화방법으로 가스화재 시 밸브 차단 등이 있다.

02 소화방법에 대한 설명 중 옳지 않은 것은?

① 질식소화는 연소하기 위해서 반드시 필요한 산소공급원의 공급을 차단하여 연소를 중단시키는 방법으로 물질마다 차이는 있지만 액체의 경우는 산소농도가 15% 이하일 때 불이 꺼진다.
② 냉각소화로 많이 이용되는 물은 비열, 증발 잠열의 값이 다른 물질에 비해 커서 가연성 물질을 발화점 혹은 인화점 이하로 냉각하는 효과가 있다.
③ 제거소화는 연소반응이 일어나고 있는 연소물이나 화원을 제거하여 연소반응을 중지시켜 소화하는 방법을 말한다.

④ 억제소화(부촉매효과)는 연소의 4요소 중 연쇄반응의 속도를 빠르게 하는 부촉매를 억제시키는 것으로 화학적 소화방법이다.

⑤ 유화효과는 물보다 비중이 큰 중유 등 비수용성의 유류화재 시 포소화약제를 방사하거나 무상주수로 유류표면을 두드려서 증기발생을 억제함으로써 연소성을 상실시키는 소화효과이다.

🎯 **해설** 억제소화(부촉매효과)는 연소의 4요소 중 연쇄반응의 속도를 빠르게 하는 정촉매를 억제시키는 것으로 화학적 소화방법이다.

---

03 소화원리 중 제거소화의 사례에 해당하지 않는 것은?

① 촛불을 입으로 불어 소화하는 방법
② 식용유화재 시 주변의 야채를 집어넣어 소화하는 방법
③ 전기화재 시 신속하게 전원을 차단하여 소화하는 방법
④ 산림화재 시 화재 진행 방향의 나무를 벌목하여 소화하는 방법
⑤ 가스화재 시 밸브를 차단시켜 가스공급을 중단하여 소화하는 방법

🎯 **해설** 식용유화재 시 주변의 야채를 집어넣어 소화하는 방법은 냉각소화의 사례에 해당한다.

---

04 소화에 대한 용어설명으로 옳지 않은 것은?

① 질식소화는 소화에 필요한 산소를 차단하거나 그 농도를 낮추어 소화하는 방법으로서, 일반적으로 공기 중의 산소농도를 15% 이하로 낮추어 소화하는 방법이다.
② 부촉매소화는 연소의 4요소 중 가연물의 연속적인 연쇄반응을 차단·억제하여 소화하는 방법으로, 물리적 소화방법에 해당된다.
③ 냉각소화는 연소의 4연소 중 발화원(열)을 발화점 이하로 냉각시켜 소화하는 방법으로서, 다량의 물 등을 이용하여 열을 흡수해 점화에너지를 차단하는 방법이다.
④ 제거소화는 연소물이나 화원을 제거·차단 또는 감량·파괴하여 소화하는 방법으로서, 가연물을 격리시켜 소화하는 방법을 말한다.
⑤ 피복소화는 목재나 유류의 표면화재에서 공기보다 무거운 기체를 방사하면 연소면은 불연성 물질로 피복되어 연소에 필요한 산소는 차단되어 질식하게 하는 것을 말한다.

▌정답 | 01 ③ | 02 ④ | 03 ② | 04 ② |

> **🎯 해설** | 부촉매소화(억제소화)는 '화학적' 소화방법에 해당된다.

05 다음 〈보기〉에서 소화방법에 관한 설명으로 옳은 것만을 모두 고른 것은?

> **보기**
>
> ㄱ. 산림화재 시 화재 진행 방향의 나무를 벌목하는 것은 제거소화의 방법 중 하나이다.
> ㄴ. 물은 비열, 증발 잠열의 값이 커서 주로 냉각소화에 사용된다.
> ㄷ. 부촉매소화는 화학적 소화에 해당한다.
> ㄹ. 탄산칼륨을 함유한 강화액은 CO_3^{2-}(탄산이온)로 인해 부촉매소화효과를 가진다.
> ㅁ. 불화단백포 및 수성막포는 표면하 주입방식에 사용할 수 있다.

① ㄱ, ㄹ

② ㄱ, ㄴ, ㄷ

③ ㄱ, ㄴ, ㄹ, ㅁ

④ ㄱ, ㄴ, ㄷ, ㅁ

⑤ ㄱ, ㄴ, ㄷ, ㄹ, ㅁ

> **🎯 해설** | ㄹ. 탄산칼륨을 함유한 강화액은 K^+(칼륨이온)로 인해 부촉매소화효과를 가진다.

06 다음 중 소화의 분류 및 특성으로 가장 옳지 않은 것은?

① 가연성 물질을 인화점 이하로 냉각시켜 점화에너지를 차단하는 작용을 냉각소화라고 한다.

② 유전화재 시 질소폭탄으로 열을 흡수하여 산소와 혼합시키는 방법을 냉각소화라고 한다.

③ 물보다 비중이 큰 중유 등 비수용성의 유류화재 시 에멀션효과를 이용한 산소차단효과를 유화소화라고 한다.

④ 제3종 분말소화약제에서 메타인산이 가연물질을 덮어 잔진현상까지 차단하는 소화작용을 방진소화라고 한다.

⑤ 연소의 연쇄반응을 차단·억제하여 소화하는 방법을 억제소화, 화학적 소화작용이라 하며, 할로겐화합물 소화약제가 대표적으로 사용된다.

> **🎯 해설** | 유전화재 시 질소폭탄 투하를 통해 유증기를 제거하는 제거소화방법을 사용한다. 질소의 물성을 이용한 열 흡수를 통한 소화는 냉각소화이고, 산소를 차단하여 산소농도를 낮춤으로써 소화하는 것은 질식소화이다.

07 소화약제로서 갖추어야 할 조건으로 옳지 않은 것은?

① 연소의 요소 중 한 가지 이상을 제거 또는 차단할 수 있을 것
② 가격이 고가일 것
③ 인체에 독성이 없을 것
④ 환경에 대한 오염이 적을 것
⑤ 저장에 있어 변질이 발생하지 않고 안정성이 있을 것

⊙ 해설 | 소화약제는 가격이 저렴하여야 한다.

08 다음 그래프는 1기압하에서 −20℃의 얼음 1g이 가열되는 동안의 온도변화를 나타낸 것이다. 그래프에 대한 설명으로 옳지 않은 것은?

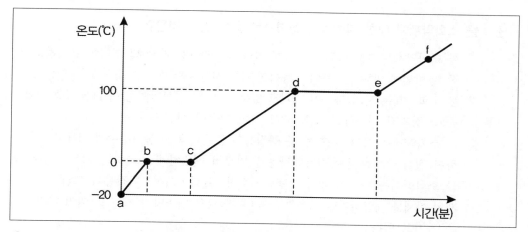

① 구간 b ~ c, 구간 d ~ e에서 잠열을 흡수한다.
② 구간 a ~ b, 구간 c ~ d, 구간 e ~ f에서 현열을 흡수한다.
③ 구간 b ~ d에서 흡수하는 열량은 약 180cal이다.
④ 구간 b ~ e에서 소요되는 열량은 약 619cal이다.
⑤ 구간 c ~ d에서 소요되는 열량은 약 100cal이다.

▶ 정답 05 ④ 06 ② 07 ② 08 ④

해설 | 구간 b ~ e에서 소요되는 열량은 약 719cal이다.

더 알아보기 열의 용어 정의

1) 잠열 : 물질 상태가 기체와 액체, 액체와 고체 사이에서 변화할 때 흡수 또는 방출하는 열을 말하며, 열의 출입이 있더라도 온도는 변하지 않기 때문에 숨은 열이라고도 부른다. 특히 소화수로 물을 사용하는 이유는 잠열이 크기 때문이다.
2) 현열 : 열이 물질에 가해졌을 때 상(기체·액체·고체)의 변화는 없으며 온도만을 가지는 열을 말한다.
3) 1cal : 1g의 물의 온도를 섭씨 1℃까지 높이는 데 필요한 열의 양을 말한다.
   ◦ 물 1g을 1℃ 높이는 데 1cal가 소요되며, 기화하여 수증기로 되는 데는 539cal가 필요하다.
   ◦ 얼음의 융해열 : 얼음 0℃에서 물 0℃로 변화하는 데 필요한 잠열(80cal)
   ◦ 물의 증발열 : 물 100℃에서 수증기 100℃로 변화하는 데 필요한 잠열(539cal)
     − 0℃의 얼음 1g이 0℃의 물이 되려면 80cal
     − 0℃의 물 1g이 100℃의 물이 되려면 100cal
     − 100℃의 물 1g이 100℃의 수증기가 되려면 539cal

---

09 물 소화약제에 대한 일반적인 설명으로 옳지 않은 것은?

① 물 소화약제는 자연으로부터 쉽게 얻을 수 있으며, 저장 및 취급이 용이하고 간단한 조작 및 방법에 의해서 사용이 가능하여 빠른 시간 내에 화재를 소화할 수 있는 장점이 있다.

② 물 소화약제는 자기 자신이 가지고 있는 비열 및 기화열의 값이 다른 소화약제에 비하여 높고, 장기간 저장해도 소화약제로서의 기능이 상실되지 않는다.

③ 물 소화약제는 제4류 위험물 중 중질유인 중유화재 시 봉상주수에 의해서 유화층을 형성하여 질식·냉각 및 유화소화작용을 일으켜 신속하게 소화하는 기능을 갖는다.

④ 물 소화약제는 화재에 대하여 냉각·질식·유화·희석소화작용과 고압으로 주수 시 화재의 화세를 제압하거나 이웃한 소방대상물로의 연소방지 기능 등 여러 가지의 소화작용을 가지고 있다.

⑤ 물 소화약제는 수용성 가연물의 화재 시 소화약제로 이용할 경우 알코올포 소화약제와 함께 우수한 소화작용과 소화능력을 발휘한다.

해설 | 물 소화약제는 제4류 위험물 중 중질유인 중유화재 시 무상주수에 의해서 유화층을 형성하여 질식·냉각 및 유화소화작용을 일으켜 신속하게 소화하는 기능을 갖는다.

10 **물 소화약제에 대한 설명으로 옳지 않은 것은?**

① 물이 소화약제로서 많이 사용되고 있는 것은 구입하기 손쉽고 가격이 비교적 저렴하기 때문이다.

② 물의 입자크기가 크게 되면 표면적이 증가해서 열을 흡수하여 기화가 용이하게 되므로 입경이 클수록 냉각효과가 크다.

③ 소화효과를 높이기 위해서는 증발률을 증가시켜야 하는데 이 경우는 물의 입자를 분무상으로 하는 것이 효과적이다.

④ 물은 A급 화재(일반화재)에서는 우수한 소화능력이 발휘되나, B급 화재(유류화재)에서는 오히려 화재가 확대될 수 있고, C급 화재(전기화재)에서는 소화가 가능하지만 감전사고의 위험성이 있으므로 주의하여야 한다.

⑤ 물 소화약제를 무상수주하게 되면 냉각효과뿐만 아니라 수증기의 급격한 팽창에 의한 산소농도를 감소시켜 질식효과를 기대할 수 있다.

⊙ 해설 물의 입자크기가 작게 되면 표면적이 증가해서 열을 흡수하여 기화가 용이하게 되므로 입경이 작을수록 냉각효과가 크다. 즉, 물을 봉상주수하느냐 무상주수하느냐의 차이로서 같은 양의 물을 가지고 이용한다 하면 봉상주수의 경우 일정 부분의 화재에는 효과가 있지만, 넓은 범위의 열을 흡수하는 데는 무상주수가 더 효과적이다.
- 봉상주수 : 입자크기(입경)가 크다.
- 무상주수 : 입자크기(입경)가 작다.

11 **물 소화약제에 관한 설명으로 옳지 않은 것은?**

① 물은 분자 내에서는 수소결합을, 분자 간에는 극성공유결합을 하여 소화약제로서의 효과가 뛰어나다.

② 물의 증발 잠열은 100℃, 1기압에서 539kcal/kg이므로 냉각소화에 효과적이다.

③ 물의 주수형태 중 무상은 전기화재에도 적응성이 있다.

④ 물 소화약제를 알코올 등과 같은 수용성 액체 위험물 화재에 사용하면 희석작용을 하여 소화효과가 있다.

⑤ 중질유화재에 물을 무상으로 주수 시 급속한 증발에 의한 질식효과와 함께 에멀션(emulsion) 형성에 의한 유화효과가 있다.

⊙ 해설 물은 분자 간에는 수소결합을, 원자 간에는 극성공유결합을 하여 소화약제로서의 효과가 뛰어나다.

▌**정답** 09 ③ 10 ② 11 ①

> **더 알아보기 물의 화학적 특성**
>
> ○ 공유결합 : 물 분자 내의 수소원자와 산소원자 사이의 원자 간의 결합으로 전자 한 쌍을 두 원자가 서로 공유함으로써 화학적 결합을 하는 상태이며, 물 분자는 극성공유결합의 형태를 취하고 있어 극성 물질 등에 대한 용해도가 크기 때문에 첨가제 사용이 용이하다.
> ○ 수소결합 : 물 분자는 극성분자이기 때문에 분자 간에는 정전기적 인력이 작용하므로 물 분자 사이의 결합력이 강한 편이며, 분자 사이의 인력이 강하므로 분자 간의 결합을 끊기 어려워서 물 분자는 다른 분자들에 비해 비열이나 기화열이 크다.

12 다음 중 소화원리에 대한 설명으로 옳지 않은 것은?

① 제거소화는 가연물을 제거하여 소화하는 방법으로 산림화재 시 벌목하여 방화선을 구축함으로써 소화하는 경우가 이에 해당한다.

② 냉각소화는 연소 중의 가연물에 물을 주수하여 열 흡수량을 낮추어 연소가 지속되지 못하게 하는 소화방법이다.

③ 질식소화는 산소의 농도를 떨어뜨려 소화하는 방법으로 유류화재에 적합하며, 밀폐된 공간에서 효과적이다.

④ 부촉매소화는 반응속도를 조절하여 소화하는 방법으로 주로 사용되는 부촉매 물질은 할로겐화합물이다.

⑤ 유화소화는 비중이 물보다 큰 중유 등 비수용성 유류화재 시 무상주수하여 유류표면에 얇은 층이 형성되어 공기 중의 산소공급을 차단시켜 소화하는 방법이다.

🎯 해설 냉각소화는 연소 중의 가연물에 물을 주수하여 열 방출량을 낮추어 연소가 지속되지 못하게 하는 소화방법이다.

13 다음 설명 중 옳지 않은 것은?

① 물에 계면활성제를 첨가하면 표면장력이 커진다.

② 환기지배형 화재는 통기가 적고 가연물이 적절하다.

③ 산소 또는 압력이 많아지면 연소범위의 상한계는 커진다.

④ 냉각에 의한 소화는 점화에너지를 차단하여 연소를 막는다.

⑤ 질식에 의한 소화는 산소의 공급을 차단하여 연소를 막는다.

🎯 해설 표면장력이란 액체의 표면이 스스로 수축하여 끌어당기며 가능한 한 작은 면적을 취하려는 힘이다. 물은 표면장력이 커서 다른 소화약제에 비해 가연물에 침투가 잘 안되기 때문에 물에 계면활성제를 첨가하면 표면장력이 작아지고(풀어져서) 침투성이 높아진다(예 물은 표면장력이 크므로 뭉쳐서 물방울을 만들 수 있다).

14 소방차나 소화전을 이용하여 화재진압을 할 때 물의 소화효과로 거리가 먼 것은?

① 희석효과
② 냉각효과
③ 유화효과
④ 파괴효과
⑤ 제거효과

> **해설**
> • 유화소화는 비중이 물보다 큰 중유 등 비수용성 유류화재 시 무상주수하거나 포 소화약제를 방사하여 유류표면에 엷은 층이 형성되어 공기 중의 산소공급을 차단시켜 소화하는 방법을 말한다.
> • 소방차나 소화전을 이용한 주수는 주로 직사(적상·봉상)주수이다.

15 유전화재가 발생한 경우 '질소폭탄'을 투하하여 소화하는 방법을 사용하는데, 소화효과 중 어떤 소화효과를 누리기 위함인가?

① 제거소화
② 질식소화
③ 냉각소화
④ 억제소화
⑤ 유화소화

> **해설**
>
> **더 알아보기   제거소화**
> ◦ 산불화재가 발생한 경우 주위 산림을 벌채한다.
> ◦ 화학반응기 가스화재가 발생한 경우 원료 공급관의 밸브를 잠근다.
> ◦ 전기화재가 발생한 경우 전원을 차단한다.
> ◦ 촛불을 입으로 불어서 끄는 경우 화원으로부터 격리시킨다.
> ◦ 유전화재가 발생한 경우 질소폭탄을 투하하여 순간적으로 유전표면의 증기를 날려 보낸다.
> ◦ 유류탱크화재가 발생한 경우 탱크 밑으로 기름을 빼낸다(감량, 배유, Drain).
> ◦ 창고화재가 발생한 경우 창고 등에서 물건을 빼내어 옮긴다.

16 5℃의 물 2L가 100℃의 수증기로 변화하는 데 필요한 열량은 얼마인가?

① 634cal
② 639cal
③ 634kcal
④ 1,268cal
⑤ 1,268kcal

> **해설**
> 5℃의 1g 물 → 100℃의 물 : 95cal
> 100℃의 1g 물 → 100℃의 수증기 : 539cal
> 5℃의 1g 물이 100℃의 수증기가 되는 데 634cal가 필요하며, 1L의 물은 634kcal가 필요하다.
> 따라서 2L라면 634 × 2 = 1,268kcal가 필요하다.

▌정답   12 ②   13 ①   14 ③   15 ①   16 ⑤

> **더 알아보기 열량 구하는 공식**
> ◦ 0℃의 얼음 1g → 0℃의 물이 되려면 80cal
> ◦ 0℃의 물 1g → 100℃의 물이 되려면 100cal
> − 물 1g을 1℃ 올리는 데 1cal 필요
> ◦ 100℃의 물 1g → 100℃의 수증기가 되려면 539cal
> − 1L = 1kg = 1,000g
> − 1,000cal = 1kcal

17 질식, 냉각의 주효과를 가지며 소화속도가 느리고 사용 후 오염이 큰 것은?

① 물 소화약제   ② 할론 소화약제
③ 분말 소화약제   ④ 포 소화약제
⑤ 이산화탄소 소화약제

해설 포 소화약제는 질식, 냉각의 주효과를 가지며 소화속도가 느리고 사용 후 오염이 가장 크다. 반면, 방사 시 곧 증발할 수 있는 이산화탄소 등의 가스계 소화약제는 오염이 적다.

18 가연성 물질의 화재 시 소화방법으로 옳은 것은?

① 탄화칼슘은 물을 분무하여 소화한다.
② 황(S)은 물을 분무하여 소화한다.
③ 나트륨은 할론 소화약제로 소화한다.
④ 마그네슘은 이산화탄소 소화약제로 소화한다.
⑤ 아세톤은 수성막포 소화약제로 소화한다.

해설 ① 탄화칼슘은 카바이드라고도 불리며, 물을 분무하면 가연성 가스(아세틸렌)를 생성한다.
③ 나트륨은 할론 소화약제에 적응성이 없다. 따라서 건조사한다.
④ 마그네슘은 이산화탄소 소화약제에 반응하여 가연성 가스(산화마그네슘과 탄소나 일산화탄소)를 생성한다. 따라서 건조사한다.
  • $2Mg + CO_2 \rightarrow 2MgO + C$
  • $Mg + CO_2 \rightarrow MgO + CO$
⑤ 아세톤은 알코올포 소화약제로 소화한다.

19 소방전술에서 물을 뿌리는 주수방법 중 바르지 않은 것은?

① 직사주수는 유리창 틀 같은 곳의 이물질을 제거할 수 있다.
② 중속분무는 간접공격법인 로이드레만 전법에 가장 적합하다.
③ 직사주수는 분무주수에 비하여 소화시간이 짧다.
④ 분무주수는 유류화재에 질식효과가 있다.
⑤ 분무주수는 전기화재에도 감전의 우려가 없고 질식효과가 있다.

해설 │ 간접공격법인 로이드레만 전법에 가장 적합한 주수방법은 저속분무이다.

20 물은 표면장력이 커서 가연물에 침투가 비교적 느리기 때문에 물의 표면장력을 작게 하여 가연물에 침투가 더 빨라지게 하는 주 첨가제로 바른 것은?

① Viscous Agent
② Rapid Agent
③ Wetting Agent
④ Emulsifier
⑤ Poly(oxyethylene)

해설 │ Wetting Agent(침투제)에 대한 설명이다. 물은 표면장력이 커서 가연물에 침투가 비교적 느리지만 침투제를 사용하여 물의 표면장력을 작게 하면 가연물에 침투가 더 빨라지게 된다(첨가하는 침투제의 양은 약 1% 이하이다). 이때 계면활성제(세제)의 총칭을 침투제라 한다.

21 물의 유실방지 및 소방대상물의 표면에 오랫동안 잔류하면서 무상주수 시 물체의 표면에서 점성의 효력을 올리는 약제로서 산불화재 시 주 첨가제로 바른 것은?

① Viscous Agent
② Rapid Agent
③ Wetting Agent
④ Emulsifier
⑤ NaCl

해설 │ Viscous Agent는 물소화약제의 가연물에 점성을 높이기 위해 첨가하는 약제이다.

▐**정답** │ 17 ④ 18 ② 19 ② 20 ③ 21 ①

22 소화에 대한 용어설명으로 옳지 않은 것은?

① 질식소화는 소화에 필요한 산소를 차단하거나 그 농도를 낮추어 소화하는 방법으로서, 일반적으로 공기 중의 산소농도를 15% 이하로 낮추어 소화하는 방법이다.

② 부촉매소화는 연소의 4요소 중 가연물의 연속적인 연쇄반응을 차단·억제하여 소화하는 방법으로, 물리적 소화방법에 해당된다.

③ 냉각소화는 연소의 4요소 중 발화원(열)을 발화점 이하로 냉각시켜 소화하는 방법으로서, 다량의 물 등을 이용하여 열을 흡수해 점화에너지를 차단하는 방법이다.

④ 제거소화는 연소물이나 화원을 제거·차단 또는 감량·파괴하여 소화하는 방법으로서, 가연물을 격리시켜 소화하는 방법을 말한다.

⑤ 희석소화는 가연물의 농도를 희석시키는 것을 기본원리로 하며, 수용성인 인화성 액체의 농도를 묽게 하여 연소농도 이하가 되게 하는 등의 소화방법을 말한다.

🎯 **해설** | 부촉매소화(억제소화)는 '화학적' 소화방법에 해당된다.

> **더 알아보기 소화의 방법**
> ◦ 부촉매소화 : 연소의 4요소 중 연소반응의 속도를 빠르게 하는 정촉매를 억제하는 화학적 소화방법이다. 연쇄반응(수소기와 수산기의 발생)에서 핵심적인 역할을 하는 라디칼(Radical, 유리기)을 흡수하여 더 이상의 라디칼을 만들지 못하도록 한다. 부촉매소화에는 대표적으로 할론 소화제 또는 분말 소화약제 및 무상의 강화액 소화제가 있다.
> ◦ 유화소화 : 유류화재 시 유류탱크 표면에 물을 안개처럼 무상으로 방사하여 유화층의 막[유탁액(乳濁液)]을 형성시켜 에멀션효과로 공기의 접촉을 막는 방법이다.
> ◦ 희석소화 : 가연물의 농도를 희석시키는 것을 기본원리로 한다. 이는 가연물에서 나오는 분해가스 등의 농도를 희석하거나 수용성인 인화성 액체의 농도를 묽게 하여 연소농도 이하가 되게 하거나 식용유화재 시 상온의 식용유를 넣어 희석시키는 소화방법을 말한다.
> ◦ 피복소화 : 이산화탄소 등과 같이 공기보다 비중이 약 1.5배 정도 무거운 소화약제를 방사하여 가연물의 구석까지 침투시켜 소화하는 방법이다.

23 다음은 수성막포에 관한 설명이다. (   ) 안에 들어갈 내용으로 옳은 것은?

> 수성막포는 (㉠)이 강하여 표면하 주입방식에 효과적이며, 내약품성으로 (㉡) 소화약제와 Twin Agent System이 가능하다. 반면에 내열성이 약해 탱크 내벽을 따라 잔불이 남게 되는 (㉢) 현상이 일어날 우려가 있으며, 대형화재 또는 고온화재 시 수성막 생성이 곤란한 단점이 있다.

	㉠	㉡	㉢			㉠	㉡	㉢
①	점착성	강화액	윤화		②	점착성	분말	선화
③	내유성	분말	선화		④	내유성	강화액	선화
⑤	내유성	분말	윤화					

해설 수성막포는 (㉠ 내유성)이 강하여 표면하 주입방식에 효과적이며, 내약품성으로 (㉡ 분말) 소화약제와 Twin Agent System이 가능하다. 반면에 내열성이 약해 탱크 내벽을 따라 잔불이 남게 되는 (㉢ 윤화) 현상이 일어날 우려가 있으며, 대형화재 또는 고온화재 시 수성막 생성이 곤란한 단점이 있다.

> **더 알아보기** **수성막포 소화약제(소화성능 가장 뛰어남)**
> - 화재 액표면 위에 수성의 막을 형성함으로써 포의 전파속도를 증가시키고 액체의 증발을 억제하여 소화효과가 우수하며, 일명 Light Water라 한다(내유성과 유동성이 좋다).
> - 단백포 소화약제의 소화능력보다 3 ~ 5배 정도 높으며, 드라이케미컬(Dry chemical)과 함께 사용했을 경우는 700 ~ 800% 정도 소화성능이 증가한다.
> - 1,000℃ 이상의 가열된 탱크 벽에서는 벽 주변의 피막이 파괴되어 소화가 곤란한 점이 있다.
> - 유류화재 진압용으로 가장 성능이 뛰어난 포 약제이다.
> - 흑갈색의 원액이며 유류저장 탱크, 비행기 격납고, 옥내 주차장의 홈헤드용 등이 있다.
> - 표면장력이 낮아 수명이 짧고, 탱크 내부에 링파이어(윤화) 현상이 일어날 수 있다.

24 수성막포에 대한 설명으로 옳지 않은 것은?

① 화재 액표면 위에 수성의 막을 형성함으로써 유동성이 좋은 포의 전파속도를 증가시키고 얇은 수막을 형성하여 유류화재에 적합하다.

② 수용성 유류(알코올 등)에는 매우 효과적이다.

③ 단백포 소화약제의 소화능력보다 3 ~ 5배 정도 높으며, 드라이케미컬(Dry chemical)과 함께 사용했을 경우는 700 ~ 800%(7 ~ 8배) 정도 소화성능이 증가한다.

④ 1,000℃ 이상의 가열된 탱크 벽에서는 벽 주변의 피막이 파괴되어 소화가 곤란한 점이 있다.

⑤ 내유성이 커서 표면하 주입방식에 적당하다.

해설 소화성능이 가장 뛰어난 수성막포 소화약제는 화재 액표면 위에 수성의 막을 형성함으로써 유동성이 좋은 포의 전파속도를 증가시키고 얇은 수막을 형성하여 유류화재에 적합하다. 단, 수용성 유류(알코올 등)에는 적합하지 않다.

정답 | **22** ② **23** ⑤ **24** ②

25 포 소화약제 혼합 시 팽창비에 관한 내용으로 옳지 않은 것은?

① 포의 팽창비란 '최종 발생한 포 수용액 체적'을 '발포 전 수액의 체적'으로 나눈 값을 말한다.

② 저발포는 3%, 6%형으로 팽창비가 6배 이상 ~ 20배 이하이다.

③ 고발포는 1%, 1.5%, 2%형으로 제1종 기계포 80배 이상 ~ 250배 미만이다.

④ 고발포는 1%, 1.5%, 2%형으로 제2종 기계포 250배 이상 ~ 500배 미만이다.

⑤ 고발포는 1%, 1.5%, 2%형으로 제3종 기계포 500배 이상 ~ 1,000배 미만이다.

> **⊙ 해설** │ 포 팽창비(foam expansion)란 형성된 포의 부피와 포의 형성에 소비된 액체량의 비율을 말한다.
>
> $$포의 \ 팽창비 = \frac{발포 \ 후 \ 포 \ 수액의 \ 체적}{발포 \ 전 \ 포 \ 수액의 \ 체적}$$
>
> 즉, '최종 발생한 포 수용액 체적'이 아니라 '발포 후 포 수액의 체적'을 '발포 전 포 수액의 체적'으로 나눈 값을 말한다.

26 펌프와 발포기의 중간에 설치된 벤츄리관의 벤츄리 작용과 펌프가압수의 포 소화약제 저장탱크에 대한 압력에 따라 포 소화약제를 흡입·혼합하는 방식은?

① 프레져사이드 프로포셔너(Pressure-side Proportioner)

② 프레져 프로포셔너(Pressure Proportioner)

③ 라인 프로포셔너(Line Proportioner)

④ 펌프 프로포셔너(Pump Proportioner)

⑤ 압축공기포 혼합방식

> **⊙ 해설** │ 프레져 프로포셔너 : 펌프와 발포기의 중간에 설치된 벤츄리관의 작용과 펌프가압수의 포 소화약제 저장탱크에 대한 압력에 의하여 포 소화약제를 흡입·혼합하는 방식

27 다음 〈보기〉는 포 소화약제 혼합방식의 구조도이다. 〈보기〉 구조도의 혼합방식은?

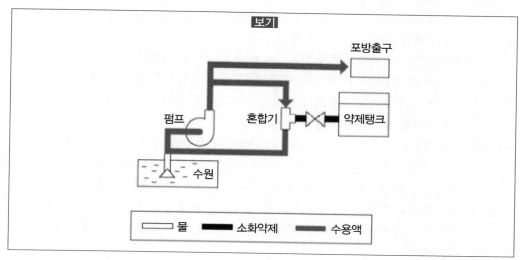

① 라인 프로포셔너
② 펌프 프로포셔너
③ 프레져 프로포셔너
④ 압축공기포 믹싱챔버방식
⑤ 프레져사이드 프로포셔너

해설 | 펌프 프로포셔너 : 펌프의 토출관과 흡입관 사이의 배관 도중에 설치한 흡입기에 펌프에서 토출된 물의 일부를 보내고 농도조절밸브에서 조정된 포 소화약제의 필요량을 포 소화약제 탱크에서 펌프 흡입 측으로 보내어 약제를 혼합하는 방식

28 펌프 토출관에 압입기를 설치하여 포 소화약제 압입용 펌프로 포 소화약제를 압입시켜 혼합하는 방식은?

① 프레져사이드 프로포셔너
② 프레져 프로포셔너
③ 라인 프로포셔너
④ 펌프 프로포셔너
⑤ 압축공기포 믹싱챔버방식

해설 | 프레져사이드 프로포셔너 : 펌프 토출관에 압입기를 설치하여 포 소화약제 압입용 펌프로 포 소화약제를 압입시켜 혼합하는 방식

29 포 소화약제 혼합방식에 대한 설명으로 바른 것은?

① 라인 프로포셔너 : 펌프와 발포기의 중간에 설치된 벤츄리관의 벤츄리 작용에 의하여 포 소화약제를 흡입, 혼합하는 방식

② 펌프 프로포셔너 : 펌프와 발포기의 중간에 설치된 벤츄리관의 작용과 펌프가압수의 포 소화약제 저장탱크에 대한 압력에 의하여 포 소화약제를 흡입, 혼합하는 방식

③ 프레져 프로포셔너 : 펌프 토출관에 압입기를 설치하여 포 소화약제 압입용 펌프로 포 소화약제를 압입시켜 혼합하는 방식

④ 프레져사이드 프로포셔너 : 펌프의 토출관과 흡입관 사이의 배관 도중에 설치한 흡입기에 펌프에서 토출된 물의 일부를 보내고 농도조절밸브에서 조정된 포 소화약제의 필요량을 포 소화약제 탱크에서 펌프 흡입 측으로 보내어 약제를 혼합하는 방식

⑤ 압축공기포 혼합방식 : 압축공기 또는 압축질소를 일정 비율로 포 수용액에 강제 주입 혼합하는 장치로서 단거리 방수만 가능하며, 물 사용량을 줄여 수손피해를 최소화할 수 있는 방식

⊙ 해설
② 펌프 프로포셔너 : 펌프의 토출관과 흡입관 사이의 배관 도중에 설치한 흡입기에 펌프에서 토출된 물의 일부를 보내고 농도조절밸브에서 조정된 포 소화약제의 필요량을 포 소화약제 탱크에서 펌프 흡입 측으로 보내어 약제를 혼합하는 방식
③ 프레져 프로포셔너 : 펌프와 발포기의 중간에 설치된 벤츄리관의 작용과 펌프가압수의 포 소화약제 저장탱크에 대한 압력에 의하여 포 소화약제를 흡입, 혼합하는 방식
④ 프레져사이드 프로포셔너 : 펌프 토출관에 압입기를 설치하여 포 소화약제 압입용 펌프로 포 소화약제를 압입시켜 혼합하는 방식
⑤ 압축공기포 혼합방식 : 압축공기 또는 압축질소를 일정 비율로 포 수용액에 강제 주입 혼합하는 장치로서 원거리 방수가 가능하며, 물 사용량을 줄여 수손피해를 최소화할 수 있는 방식

30 가연물의 종류에 따른 화재별 특징으로 옳지 않은 것은?

① 일반화재는 보통화재라고도 하며, 화재 발생 시 주로 백색 연기가 생성되며 연소 후에는 재를 남긴다.

② 유류화재는 화재 시 일반화재보다 진행속도가 빠르고 주로 흑색 연기가 생성되며 연소 후에는 재를 남기지 않는다.

③ 전기화재는 C급 화재로서 통전 중인 전기시설물로부터 유도되며, 원인으로는 합선(단락), 과부하, 누전, 낙뢰 등이다.

④ 금속화재는 D급 화재로서 금속작업 시 열의 축적 등의 원인으로 발생하며, 건조사, 건조분말 등을 이용한 질식·피복효과와 물을 이용한 냉각효과를 이용해 소화한다.

⑤ 가스화재는 가스가 누설되어 공기와 일정 비율로 혼합된 상태에서 점화원에 의하여 착화되어 발생하며, 주된 소화방법은 밸브류 등을 잠그거나 차단시킴으로 인한 제거소화법이다.

◎ 해설 | 금속화재는 D급 화재로서 금속작업 시 열의 축적 등의 원인으로 발생하며, 건조사, 건조분말 등을 이용한 질식·피복효과를 이용한 소화를 하며, 물을 이용한 냉각소화는 금지한다. 즉, 금속화재 시 수분과 접촉은 일반적으로 가연성 가스(수소, 아세틸렌, 에탄 등)가 발생하므로 절대 피하여야 하고, 물이 주체로 된 소화약제의 물분무소화, 포(포말)소화 등은 절대 사용될 수 없다.

31 연소반응이 일어나고 있는 연소물이나 화원을 제거함으로써 연소반응을 중지시켜 소화하는 방법에 대한 설명으로 옳지 않은 것은?

① 산불화재가 발생한 경우 방화선을 구축한다.
② 가스화재가 발생한 경우 원료 공급관의 밸브를 잠근다.
③ 전기화재 시 물분무 주수하거나 할로겐화합물 소화설비를 가동한다.
④ 유전화재가 발생한 경우 질소폭탄을 투하하여 순간적으로 유전표면의 증기를 날려 보낸다.
⑤ 유류 저장탱크 화재 시 배유(Drain) 방법을 통해 유류를 옮긴다.

◎ 해설 | 제거소화에 대한 내용을 묻는 문제이다. 전기화재 시 물분무 주수하거나 할로겐화합물 소화설비를 가동하는 방법은 질식소화이다.

32 다음 〈보기〉에서 설명하는 소화원리로 옳은 것은?

보기

일반적으로 공기 중 산소량을 감소시켜 산소공급을 차단하거나 산소의 농도를 15% 이하로 낮추어 소화시키는 원리를 말한다.

① 질식소화   ② 부촉매소화
③ 제거소화   ④ 유화소화
⑤ 냉각소화

> **해설** 〈보기〉에서 설명하는 소화원리는 질식소화이다.

> **더 알아보기 질식소화**
> ∘ 질식소화 개념 : 연소에는 반드시 산소를 필요로 하는데, 이때 산소의 공급을 차단하여 연소를 중단시키는 방법을 질식소화라 한다. 이는 공기 중 산소의 양을 감소시키거나 그 농도를 15% 이하로 낮추어서 소화하는 것으로 물질에 따라 차이는 있지만 대체적으로 액체는 15%, 고체는 6%, 아세틸렌의 경우 4% 이하로 산소농도를 낮추면 소화가 가능하다.
> ∘ 질식소화 방법
> – 수건, 담요, 이불, 젖은 가마니 등의 고체를 덮어 소화하는 방식
> – 거품(포), 분무주상 주수, 분말·할로겐·CO_2 소화설비로 연소물을 질식시키는 방식

33 소화방법에 대해 옳은 설명만을 모두 고른 것은?

> ㄱ. 질식소화는 일반적으로 공기 중 산소농도를 낮추어 소화하는 방법을 말한다.
> ㄴ. 냉각소화가 가능한 약제로는 물, 강화액, CO_2, 할론 등이 있다.
> ㄷ. 피복소화는 비중이 물보다 큰 비수용성 유류화재 시 무상주수하여 소화하는 방법을 말한다.
> ㄹ. 부촉매소화는 가스화재 시 가스공급을 차단하여 소화하는 방법을 말한다.

① ㄱ, ㄴ
② ㄴ, ㄷ
③ ㄱ, ㄴ, ㄷ
④ ㄴ, ㄷ, ㄹ
⑤ ㄱ, ㄴ, ㄷ, ㄹ

> **해설** ㄷ. 유화소화에 대한 설명이다. 피복소화는 이산화탄소와 같은 공기보다 무거운 불연성 기체 또는 모래 등으로 가연물을 덮어 질식을 유도하는 소화방법을 말한다.
> ㄹ. 제거소화에 대한 설명이다. 부촉매소화는 연소의 연쇄반응을 차단·억제하여 소화하는 방법으로 억제소화, 화학적 소화작용이라 하며, 할로겐화합물 소화약제가 대표적이다.

34 전기화재에 적응성이 있는 소화약제에 해당하지 않는 것은?

① 이산화탄소 소화약제
② 인산염류 소화약제
③ 중탄산염류 소화약제
④ 고체에어로졸화합물
⑤ 팽창질석·팽창진주암

해설 | 제3류 위험물 중 금수성 물질과 D급 화재의 적응 소화약제 : 마른모래, 건조분말, 팽창질석·팽창진주암, 건조석회를 사용한다.

35 전기화재에 적응성이 있는 소화약제에 해당하지 않는 것은?

① 이산화탄소 소화약제
② 중탄산염류 소화약제
③ 강화액 소화약제
④ 물 소화약제
⑤ 포 소화약제

해설 | 물과 강화액 소화약제의 경우 무상주수가 가능해서 전기화재에 적응성이 있으나, 포 소화약제는 무상주수가 불가하여 감전 위험 때문에 전기화재에 불가하다.

36 다음 중 D급 화재에 적응성이 있는 소화약제에 해당하는 것은?

① 이산화탄소 소화약제
② 포 소화약제
③ 강화액 소화약제
④ 팽창질석·팽창진주암
⑤ 할로겐화합물 및 불활성기체 소화약제

해설 | 제3류 위험물 중 금수성 물질과 D급 화재의 적응 소화약제 : 마른모래, 건조분말, 팽창질석·팽창진주암, 건조석회를 사용한다.

37 부촉매소화효과와 거리가 먼 것은?

① 강화액 소화약제
② FC-3-1-10 소화약제
③ HCFC BLEND A
④ 제3종 분말 소화약제
⑤ 불활성기체 소화약제

해설 | 부촉매소화는 연소의 4요소 중 연쇄반응의 속도를 빠르게 하는 정촉매를 억제시키는 것으로 화학적 소화방법이다. 연쇄반응(수소기와 수산기의 발생)에서 핵심적인 역할을 하는 라디칼(Radical, 유리기)을 흡수하여 더 이상 라디칼을 만들지 못하도록 한다. 대표적으로 ㉠ 할로겐화합물, ㉡ 분말 소화약제 및 ㉢ 무상의 강화액 소화약제가 있다.

▶**정답** | **33** ① **34** ⑤ **35** ⑤ **36** ④ **37** ⑤

38 다음 〈보기〉의 소화약제 중 부촉매소화효과가 있는 것을 모두 고른 것은?

> 보기
>
> ㄱ. 강화액 소화약제　　　　　　　　　ㄴ. 산·알칼리 소화약제
> ㄷ. 할로겐화합물 소화약제　　　　　　ㄹ. 이산화탄소 소화약제
> ㅁ. 분말 소화약제　　　　　　　　　　ㅂ. 불활성기체 소화약제

① ㄱ, ㄴ, ㄷ　　　　　　　　　　② ㄴ, ㄷ, ㄹ
③ ㄱ, ㄷ, ㅁ　　　　　　　　　　④ ㄱ, ㄷ, ㅂ
⑤ ㄹ, ㅁ, ㅂ

🎯 해설

더 알아보기　부촉매소화효과에 따른 소화약제

부촉매소화효과가 있는 소화약제	부촉매소화효과가 없는 소화약제
• 강화액 소화약제(수계) • 할론 소화약제(가스계) • 할로겐화합물 소화약제(가스계) • 분말 소화약제(가스계)	• 물 소화약제(수계) • 포 소화약제(수계) • 산·알칼리 소화약제(수계) • 이산화탄소 소화약제(가스계) • 불활성기체 소화약제(가스계)

39 할로겐화합물 및 불활성기체 소화약제에 대한 설명으로 바르지 않은 것은?

① 불활성기체 소화약제 중 Ar이 포함되어 있지 않은 소화약제는 IG-100이다.
② HCFC-124는 HCFC BLEND A 중 9.5%를 차지한다.
③ HCFC BLEND A의 최대허용 설계농도는 43%이다.
④ IG-541의 성분은 N_2 : 52%, Ar : 40%, CO_2 : 8%이다.
⑤ Br은 할로겐화합물 소화약제 중에 원소를 포함하고 있다.

🎯 해설　HCFC BLEND A의 최대허용 설계농도는 10%이다.

> **더 알아보기　하이드로클로로플루오르카본 혼합제(HCFC BLEND A)**
> ◦ 화학식
> － HCFC－123($CHCl_2CF_3$) : 4.75%
> － HCFC－22($CHClF_2$) : 82%
> － HCFC－124($CHClFCF_3$) : 9.5%
> － $C_{10}H_{16}$: 3.75%
> ◦ 최대허용 설계농도 : 10%

40 이산화탄소 소화설비에 대한 설명으로 옳지 않은 것은?

① 전역 방출방식의 경우 피복효과를 통하여 일반화재에도 적용성이 있다.
② 국소 방출방식의 경우 냉각과 질식효과를 동반한다.
③ 화학적 소화효과가 있다.
④ 고압가스이므로 별도의 발사압력 없이 자체 압력만으로 사용이 가능하다.
⑤ 침투성이 좋고 심부화재와 표면화재에 적합하며 비전도성으로 전기화재에도 좋다.

🎯**해설** │ 화학적(부촉매·억제) 소화효과가 없다.

41 소화약제에 대한 설명으로 옳은 것은?

① 불활성기체 소화약제 중 N_2 성분이 없는 것은 IG-100이다.
② 제1·2·3종 분말 소화약제는 열분해 반응에서 CO_2가 생성된다.
③ 밀폐된 구획에서 이산화탄소 소화약제가 공기 중에 34vol% 공급되면 산소의 농도는 약 14vol%가 된다.
④ 물의 입자크기가 크게 되면 표면적이 증가해서 열을 흡수하여 기화가 용이하게 되므로 입경이 클수록 냉각효과가 크다.
⑤ 할로겐화합물 소화약제는 소화성능을 발휘할 수 있는 약제의 농도에서도 사람의 호흡에 문제가 없으므로 사람이 있는 곳에서도 사용이 가능하다.

🎯**해설** │ 밀폐된 구획에서 이산화탄소 소화약제가 공기 중에 34vol% 공급되면 산소의 농도는 약 14vol%가 된다.

> $CO_2 = \dfrac{21 - O_2}{21} \times 100$ (여기서, CO_2 : CO_2의 농도, O_2 : O_2의 농도)
>
> $CO_2 = \dfrac{21 - O_2}{21} \times 100$, $34 = \dfrac{21 - O_2}{21} \times 100$, $\dfrac{34 \times 21}{100} = 21 - O_2$
>
> $O_2 + \dfrac{34 \times 21}{100} = 21$, $O_2 = 21 - \dfrac{34 \times 21}{100} = 13.86$
>
> 따라서 약 14vol%

① 불활성기체 소화약제 중 N_2 성분이 없는 것은 IG-01이다.
② 제1·2종 분말 소화약제는 열분해 반응에서 CO_2가 생성되며, 제3종 분말 소화약제가 열분해 될 때 생성되는 물질로서 방진작용을 하는 물질은 HPO_3이다.

▌정답 │ **38** ③ **39** ③ **40** ③ **41** ③

④ 물의 입자크기가 작게 되면 표면적이 증가해서 열을 흡수하여 기화가 용이하게 되므로 입경이 작을수록 냉각효과가 크다. 즉, 물을 봉상주수하느냐 무상주수하느냐의 차이로서 같은 양의 물을 가지고 이용한다 하면 봉상주수의 경우 일정 부분의 화재에는 효과가 있지만, 넓은 범위의 열을 흡수하는 데는 무상주수가 더 효과적이다.

⑤ 불활성기체 소화약제 중 IG – 541은 소화성능을 발휘할 수 있는 약제의 농도에서도 사람의 호흡에 문제가 없으므로 사람이 있는 곳에서도 사용이 가능하다.

42 경유화재 시 주수(물)에 의한 소화가 부적당한 이유는?

① 물보다 비중이 가벼워 물 위에 떠서 화재확대의 우려가 있다.
② 물과 반응하여 유독가스를 발생시킨다.
③ 경유의 연소열로 산소가 방출되어 연소를 돕기 때문이다.
④ 경유가 연소할 때 수소가스가 발생하여 연소를 돕기 때문이다.
⑤ 수용성 위험물이기 때문에 물과 섞여 산소를 방출한다.

해설 | 경유의 경우 물보다 비중이 가벼워 물 위에 떠서 화재가 확대될 우려가 있다.

43 중질유화재 시 무상주수를 함으로써 기대할 수 있는 소화효과로 올바르게 묶인 것은?

① 질식소화, 부촉매소화
② 질식소화, 유화소화
③ 유화소화, 타격소화
④ 피복소화, 타격소화
⑤ 질식소화, 제거소화

해설 | 비중이 물보다 큰 중유 유류화재 시 무상주수하면 유류표면에 엷은 층이 형성되는 '유화소화'를 기반으로 공기 중의 산소공급을 차단시키는 '질식소화'를 한다.

44 인화성 액체의 소화방법에 대한 설명으로 틀린 것은?

① 질식소화가 가장 효과적이다.
② 물분무소화도 적응성이 있다.
③ 수용성인 가연성 액체의 화재에는 수성막포에 의한 소화가 효과적이다.
④ 비중이 물보다 작은 위험물의 경우에는 주수소화효과가 떨어진다.
⑤ 알코올포(내알코올포)를 사용하여 질식소화한다.

해설 수용성 물질은 포를 소멸시키므로 수성막포 소화약제는 수용성인 가연성 액체에는 효과가 거의 없다. 따라서 수용성 액체의 경우 알코올포를 사용하거나 다량의 물로 희석시켜 가연성 증기의 발생을 억제하여 소화해야 한다.

45 물을 안개처럼 무상으로 방사하여 유류표면에 유화층을 형성시켜 공기의 접촉을 막아 소화하는 방법은 무엇인가?

① 피복소화　　　　　　　　　　　② 유화소화
③ 희석소화　　　　　　　　　　　④ 냉각소화
⑤ 부촉매소화

해설
① 피복소화란 가연물 주위의 산소공급을 차단하여 연소가 진행되지 않도록 하는 소화방법이다.
③ 희석소화란 화재가 발생한 경우 다량의 물을 방사함으로써 산소농도나 가연물의 조성을 연소범위 이하로 희석시켜 점화원에 착화되지 않게 하는 소화방법이다.
④ 냉각소화란 연소되고 있는 가연물질 또는 주위의 온도를 활성화 에너지 이하로 냉각시켜 소화하는 방법이다.
⑤ 부촉매소화란 연쇄반응의 속도를 빠르게 하는 정촉매를 억제시키는 화학적 소화방법이다.

46 위험물의 종류에 따른 소화방법으로 옳지 않은 것은?

① 제1류 위험물인 알칼리금속의 과산화물은 물을 사용한다.
② 제2류 위험물인 마그네슘은 건조사를 사용한다.
③ 제3류 위험물인 알킬알루미늄은 건조사를 사용한다.
④ 제4류 위험물인 알코올은 내알코올포(泡, foam)를 사용한다.
⑤ 제6류 위험물인 과산화수소 화재 시에는 다량의 물을 사용하여 희석소화가 가능하다.

해설 제1류 위험물의 경우 무기과산화물을 제외하고 주수소화한다(무기과산화물은 건조사).

정답 42 ① 43 ② 44 ③ 45 ② 46 ①

47 화재진압 시 주수소화에 적응성 있는 위험물로 옳은 것은?

① 황화인   ② 질산에스터류
③ 유기금속화합물   ④ 알칼리금속의 과산화물
⑤ 나트륨

🎯 **해설** 질산에스터류는 제5류 위험물이며, 물에 반응하는 물질이 아니기 때문에 화재 초기 시에 다량의 물로 냉각소화하는 것이 적당하다.

48 「위험물안전관리법」의 분류에 따른 제3류 위험물에 대한 설명으로 옳지 않은 것은?

① 자연발화성 물질 및 금수성 물질이며 고체 또는 액체로서 공기 중에서 발화의 위험성이 있거나 물과 접촉하여 발화하거나 가연성 가스를 발생하는 위험성이 있는 것이다.
② 칼륨, 나트륨, 알킬알루미늄, 알킬리튬, 황린은 연소하고 나머지는 연소하지 않는다.
③ 황린을 제외한 제3류 위험물은 주수소화를 금지한다.
④ 칼륨, 나트륨, 알킬알루미늄, 알킬리튬은 물보다 가볍고 나머지는 물보다 무겁다.
⑤ 칼륨(K), 나트륨(Na) 및 알칼리금속은 산소가 함유되지 않은 석유류(경유, 등유 등)에 저장한다.

🎯 **해설**

> **더 알아보기**   **제3류 위험물의 일반적인 특징**
> ◦ 대부분 무기화합물이며 고체 또는 액체이다.
>   – 알킬알루미늄, 알킬리튬, 유기금속화합물류는 유기화합물이다.
> ◦ 칼륨, 나트륨, 알킬알루미늄, 알킬리튬은 물보다 가볍고 나머지는 물보다 무겁다.
> ◦ 칼륨, 나트륨, 황린, 알킬알루미늄은 연소하고 나머지는 연소하지 않는다.
> ◦ 물에 대해 위험한 반응을 초래하는 고체 및 액체물질이다(단, 황린은 제외).
>   – 황린은 주수소화가 가능하나 나머지는 물에 의한 냉각소화가 절대 불가능하다.

49 위험물의 유형별 소화방법에 대한 설명으로 옳은 것을 모두 고른 것은?

> ㄱ. 제1류 위험물 중 무기과산화물은 마른모래 등을 사용한 질식소화가 적합하다.
> ㄴ. 제2류 위험물 중 철분, 황화인은 주수소화가 가장 적합하다.
> ㄷ. 제3류 위험물 중 황린을 제외한 제3류 위험물은 주수소화가 적합하다.
> ㄹ. 제4류 위험물 중 알코올류의 화재의 경우 수성막포가 적합하다.
> ㅁ. 제5류 위험물 모두는 다량의 물을 이용한 주수소화는 적합하지 않다.

① ㄱ, ㄴ　　　　　　　　　　② ㄱ, ㄴ, ㄷ
③ ㄱ　　　　　　　　　　　　④ ㄴ, ㄷ, ㄹ
⑤ ㄱ, ㄴ, ㅁ

⊙ 해설　ㄴ. 제2류 위험물 중 철분, 황화인은 건조사가 가장 적합하다.
　　　　ㄷ. 제3류 위험물 중 황린을 제외한 제3류 위험물은 주수금지이다.
　　　　ㄹ. 제4류 위험물 중 알코올류의 화재의 경우 알코올포가 적합하다. 수용성 위험물의 경우 수성막포는 소화효과가 거의 없다.
　　　　ㅁ. 제5류 위험물 모두는 다량의 물을 이용한 주수소화가 적합하다.

50 위험물의 유형별 소화방법에 대한 설명으로 옳은 것을 모두 고른 것은?

> ㄱ. 황린 : 물을 이용한 냉각소화
> ㄴ. 유황 : 물을 이용한 냉각소화
> ㄷ. 경유, 휘발유 : 포 소화약제를 이용한 질식소화
> ㄹ. 탄화알루미늄, 알킬알루미늄 : 건조사, 팽창질석을 이용한 질식소화
> ㅁ. 질산에스터류 : 이산화탄소 소화약제를 이용한 질식소화

① ㄱ, ㄷ　　　　　　　　　　② ㄴ, ㄹ
③ ㄱ, ㄷ, ㄹ　　　　　　　　④ ㄱ, ㄴ, ㄷ, ㄹ
⑤ ㄱ, ㄴ, ㄷ, ㄹ, ㅁ

⊙ 해설　ㄱ. 황린 : 물을 이용한 냉각소화
　　　　ㄴ. 유황 : 물을 이용한 냉각소화(무상주수)
　　　　ㄷ. 경유, 휘발유 : 포 소화약제를 이용한 질식소화
　　　　ㄹ. 탄화알루미늄, 알킬알루미늄 : 건조사, 팽창질석을 이용한 질식소화

▌**정답**　47 ②　48 ②　49 ③　50 ④

51 밀폐된 구획공간에서 이산화탄소 방사 시 산소농도를 10%로 설계할 때 방사하는 이산화탄소의 농도는? (단, 소수점은 올림 처리한다.)

① 15% ② 24%

③ 35% ④ 45%

⑤ 53%

🎯 **해설** 이산화탄소의 농도 구하는 공식

원공식 $= \dfrac{21 - O_2}{21} \times 100$ (O_2는 변화된 현재 산소농도)

$= \dfrac{21 - 10}{21} \times 100$

$= 52.3$

따라서 약 53%이다.

52 이산화탄소(CO_2) 소화약제가 공기 중에 37vol% 공급되면 산소의 농도는 약 몇 vol%가 되는가? (소수점 둘째 자리에서 반올림한다.)

① 약 13.2vol% ② 약 13.9vol%

③ 약 14.2vol% ④ 약 14.9vol%

⑤ 약 15.2vol%

🎯 **해설** $CO_2 = \dfrac{21 - O_2}{21} \times 100$ (여기서, CO_2 : CO_2의 농도, O_2 : O_2의 농도)

$CO_2 = \dfrac{21 - O_2}{21} \times 100$, $37 = \dfrac{21 - O_2}{21} \times 100$, $\dfrac{37 \times 21}{100} = 21 - O_2$

$O_2 + \dfrac{37 \times 21}{100} = 21$, $O_2 = 21 - \dfrac{37 \times 21}{100} = 13.23$

따라서 약 13.2vol%이다.

53 이산화탄소 소화약제의 특징으로 옳은 것은?

① 무색, 무취로 전도성이며 독성이 있다.
② 질식소화 효과와 기화열 흡수에 의한 냉각효과가 있다.
③ 제3류 위험물, 제5류 위험물의 소화에 사용한다.
④ 자체 증기압이 매우 낮아 별도의 가압원이 필요하다.
⑤ 국소 방출방식의 경우 피복효과가 있어 일반화재에도 적응성이 있다.

🎯 **해설**
① 무색, 무취로 비전도성이며 자체의 독성은 없다.
③ 제3류 위험물 중 금속성 물질과 제5류 위험물의 소화에는 적응성이 없다.
④ 자체 증기압이 매우 높아 별도의 가압원이 필요 없는 고압가스이다.
⑤ 전역 방출방식의 경우 피복효과가 있어 일반화재에도 적응성이 있다.

54 이산화탄소 소화약제의 소화효과에 대한 설명으로 바르지 않은 것은?

① 질식효과 : 공기 중 산소농도 21%를 약 16 ~ 15% 이하의 저농도로 낮추어 질식소화하는 효과를 말한다.
② 냉각효과 : 이산화탄소 소화기를 방사할 때 기화열에 의한 열흡수효과를 말한다.
③ 방진효과 : 이산화탄소 분자량이 공기보다 약 1.5배 무거워 연소물을 덮는 효과를 말한다.
④ 이산화탄소는 전기가 통하지 않아 주로 전기화재 등에 사용되고 있다.
⑤ 줄톰슨효과 : 방출 시에는 배관 내를 액상으로 흐르지만, 분사헤드에서 방출 시에는 기화되면서 분사된다. 분사헤드에서 액화탄산가스가 기화하는 경우 온도가 급강하며 냉각효과를 가진다.

🎯 **해설** │ 피복효과 : 이산화탄소 분자량이 공기보다 약 1.5배 무거워 연소물을 덮는 효과가 대표적 예이다.

55 이산화탄소 소화설비의 설치 및 구성에 관한 기준으로 옳지 않은 것은?

① 방호구역 외의 장소에 설치할 것
② 방화문으로 구획된 실에 설치할 것
③ 용기 간의 간격은 점검에 지장이 없도록 3cm 이상 유지할 것
④ 저장용기와 집합관을 연결하는 배관에는 체크밸브를 설치할 것
⑤ 기동용기함, SVP, Deluge밸브 등으로 구성되어 있다.

▌정답 │ 51 ⑤ 52 ① 53 ② 54 ③ 55 ⑤

✪ **해설** | Deluge밸브(일제개방밸브)는 일제살수식 스프링클러 소화설비의 구성품이다.

> **더 알아보기   이산화탄소 소화설비 등의 설치장소 기준**
> ◦ 방호구역 외의 장소에 설치할 것(다만, 방호구역 내에 설치할 경우에는 피난 및 조작이 용이하도록 피난구 부근에 설치하여야 한다)
> ◦ 온도가 40℃ 이하이고 온도변화가 적은 곳에 설치할 것
> ◦ 방화문으로 구획된 실에 설치할 것
> ◦ 직사광선 및 빗물의 침투 우려가 없는 곳에 설치할 것
> ◦ 해당 용기가 설치된 곳임을 표시하는 표지를 설치할 것
> ◦ 용기 간의 간격은 점검에 지장이 없도록 3cm 이상 유지할 것
> ◦ 저장용기와 집합관을 연결하는 배관에는 체크밸브를 설치할 것

56 소화기의 적응성에 대한 표시색상으로 옳지 않은 것은?

① 일반화재용은 백색의 원형 안에 흑색문자로 'A(일반)'라고 표기한다.
② 유류화재용은 적색의 원형 안에 흑색문자로 'B(유류)'라고 표기한다.
③ 전기화재용은 청색의 원형 안에 흑색문자로 'C(전기)'라고 표기한다.
④ 주방화재용은 황색의 원형 안에 흑색문자로 'B(전기)'라고 표기한다.
⑤ 'ABC분말소화기'는 일반화재, 유류화재, 전기화재 모두에 소화적응성이 있다.

✪ **해설** | 주방화재용은 별도의 색상 지정 없이 'K(주방화재용)'라고 표기한다.

> **더 알아보기   소화기의 적응성에 대한 표시색상**
> ◦ 일반화재용은 백색의 원형 안에 흑색문자로 'A(일반)'라고 표기한다.
> ◦ 유류화재용은 적색의 원형 안에 흑색문자로 'B(유류)'라고 표기한다.
> ◦ 전기화재용은 청색의 원형 안에 흑색문자로 'C(전기)'라고 표기한다.
> – 따라서 ABC분말소화기는 일반화재, 유류화재, 전기화재 모두에 소화적응성이 있음
> ◦ 주방화재용은 별도의 색상 지정 없이 'K(주방화재용)'라고 표기한다.

57 분말 소화약제에 관한 설명으로 옳지 않은 것은?

① 제2종 분말 소화약제의 주성분은 $KHCO_3$이다.
② 제1·2·3종 분말 소화약제는 열분해 반응에서 H_2O가 생성된다.
③ $NaHCO_3$이 주된 성분인 분말 소화약제는 B·C급 화재에 사용하고 분말 색상은 백색이다.
④ $NH_4H_2PO_4$이 주된 성분인 분말 소화약제는 A·B·C급 화재에 유효하고 비누화현상이 일어나지 않는다.
⑤ $NH_4H_2PO_4$이 주성분인 분말 소화약제는 열분해에 의해 CO_2가 생성된다.

🎯 해설

더 알아보기	분말 소화약제의 종류			
종류	분말 소화약제	착색	소화	열분해 반응식
제1종	중탄산나트륨	백색	B·C급	$2NaHCO_3 \rightarrow Na_2CO_3 + CO_2 + H_2O$
제2종	중탄산칼륨	담회색	B·C급	$2KHCO_3 \rightarrow K_2CO_3 + CO_2 + H_2O$
제3종	제1인산암모늄	담홍색	A·B·C급	$NH_4H_2PO_4 \rightarrow HPO_3 + NH_3 + H_2O(P_2O_5)$
제4종	중탄산칼륨 + 요소	회색	B·C급	$2KHCO_3 + (NH_2)_2CO \rightarrow K_2CO_3 + 2NH_3 + 2CO_2$

※ 화재 시 분말은 열을 만나 열분해 반응에서 제1·2·3종은 H_2O가 생성되고, 제1·2·4종은 CO_2가 생성된다.

58 분말 소화약제는 제1·2·3·4종으로 구분하고 있는데, 현재 사무실이나 복도 등에서 흔히 볼 수 있는 제3종 분말 소화약제의 주성분인 것은 무엇인가?

① 탄산수소칼륨
② 탄산수소나트륨
③ 탄산수소칼륨 + 요소
④ 제1인산암모늄
⑤ 황산칼륨

🎯 해설
- 제1종 분말 : 탄산수소나트륨, 중탄산나트륨, 중탄산소다, 중조, $NaHCO_3$
- 제2종 분말 : 탄산수소칼륨, 중탄산칼륨, $KHCO_3$
- 제3종 분말 : 제1인산암모늄, $NH_4H_2PO_4$
- 제4종 분말 : 중탄산칼륨 + 요소, $KHCO_3 + (NH_2)_2CO$
  * $(NH_2)_2CO$ = ㅣ

59 분말 소화약제의 소화효과에 대한 설명으로 바르지 않은 것은?

① 질식작용 : 열분해 시 생산되는 수증기나 CO_2 등이 질식효과를 유발한다.
② 냉각작용 : 열분해 시 발생되는 수증기 흡열반응에 의해 냉각효과가 나타난다.
③ 부촉매작용 : 소화분말에서 유리되어 나온 암모늄이온(NH_4^+), 나트륨이온(Na^+), 칼륨이온(K^+) 등이 활성라디칼과 결합하여 연쇄반응을 차단·억제하는 부촉매소화를 한다.
④ 방진작용 : 제3종 소화분말은 열분해 시 액체상태의 점성을 가진 메타인산(HPO_3)을 형성하는데, 이 메타인산이 가연물의 표면을 피복하여 가연물과 산소의 접촉을 차단하여, 잔진현상(숯불 형태의 연소현상)을 방지한다.
⑤ 비누화(Saponification)현상 : 제3종 분말 소화약제를 식용유나 유지류 등의 화재에 사용하면 분말약제($NaHCO_3$)가 이들과 반응하며 가수분해하여 비누거품을 발생시켜 질식소화한다.

▶정답 | 56 ④ | 57 ⑤ | 58 ④ | 59 ⑤ |

🎯 **해설** 비누화(Saponification)현상 : 제1종 분말 소화약제를 식용유나 유지류 등의 화재에 사용하면 분 말약제($NaHCO_3$)가 이들과 반응하며 가수분해하여 비누거품을 발생시켜 질식소화한다.

> **더 알아보기 분말 소화약제의 소화효과**
> ◦ 질식작용 : 열분해 시 생산되는 수증기나 CO_2 등이 질식효과를 유발한다.
> ◦ 냉각작용 : 열분해 시 발생되는 수증기 흡열반응에 의해 냉각효과가 나타난다.
> ◦ 부촉매작용 : 소화분말에서 유리되어 나온 암모늄이온(NH_4^+), 나트륨이온(Na^+), 칼륨이온(K^+) 등 이 활성라디칼과 결합하여 연쇄반응을 차단・억제하는 부촉매소화를 한다.
> ◦ 방진작용 : 제3종 소화분말은 열분해 시 액체상태의 점성을 가진 메타인산(HPO_3)을 형성하는데, 이 메타인산이 가연물의 표면을 피복하여 가연물과 산소의 접촉을 차단하여, 잔진현상(숯불 형태 의 연소현상)을 방지한다.
> ◦ 탄화・탈수작용 : 제1인산암모늄의 열분해 시 생성되는 오쏘인산(H_3PO_4)이 목재, 종이, 섬유 등 을 구성하는 셀룰로오스(섬유소)를 탈수・탄화시켜 난연성의 탄소와 물로 변화시키기 때문에 연 소반응이 중단된다.
> ◦ 비누화(Saponification)현상 : 제1종 분말 소화약제를 식용유나 유지류 등의 화재에 사용하면 분 말약제($NaHCO_3$)가 이들과 반응하며 가수분해하여 비누거품을 발생시켜 질식소화한다.

60 분말 소화약제의 특징과 거리가 먼 것은?

① 분말은 방사 후 흡습하여 약알칼리와 약산성을 나타내기 때문에 금속을 부식시킬 수 있다.

② 분말가루의 입자가 너무 크면 소화효과가 떨어지기 때문에 입자가 미세할수록 소화효과 가 좋다.

③ 분말을 수면에 고르게 살포한 경우, 1시간 이내에 침강하지 않아야 한다.

④ 분말은 털어지기 때문에 오염은 적지만, 정밀기기류나 통신기기류에는 적합하지 않다.

⑤ 불꽃화재에 사용할 경우 속효성(knock down 효과)이 있다.

🎯 **해설** 분말가루의 입자가 너무 크거나, 너무 미세해도 소화효과가 떨어진다. 적당한 소화입도는 20 ~ 25㎛이다.

> **더 알아보기 분말 소화약제의 특징**
> ◦ 분말가루의 입자가 너무 크거나 미세하면 소화효과가 떨어진다. 적당한 소화입도는 20 ~ 25㎛이다.
> ◦ 분말은 털어지기 때문에 오염은 적지만, 정밀기기류나 통신기기류에는 적합하지 않다.
> ◦ 분말을 수면에 고르게 살포한 경우에는 1시간 이내에 침강하지 않아야 한다.
> ◦ 칼륨의 중탄산염이 주성분인 소화약제는 담회색으로, 인산염 등이 주성분인 소화약제는 담홍색 (또는 황색)으로 각각 착색하여야 하며, 이를 혼합하지 아니하여야 한다.
> ◦ 인산은 물과의 결합 정도에 따라 메타인산, 피로인산, 오쏘인산의 3가지로 나누며 오쏘인산(H_3 PO_4)은 상온에서, 메타인산(HPO_3)은 고온에서 안정된 물질이다. 또한 세 개의 수소원자와 결합 하는 암모니아의 수에 따라 제1・2・3인산암모늄이 생성된다.
> ◦ 비중은 제1종은 2.18, 제2종은 2.14, 제3종・제4종은 1.82로 주로 가벼울수록 효과가 좋다.

○ 분말은 방사 후 흡습하여 약알칼리와 약산성을 나타내기 때문에 금속을 부식시킬 수 있다.
○ 방습제는 실리콘 오일, 스테아린산 아연, 스테아린산 마그네슘 등이 있다.
○ 제3종의 소화효과는 A · B · C급 화재에 있고 제2종의 소화효과는 B · C급 화재에 있으므로 같은 조건에서 비교할 수 없고, 별도로 비교 평가된다. E급 화재에서도 사용은 가능하다.
○ 소화약제 방사를 개시한 후 10 ～ 20초 이내에 녹다운 효과가 있어야 한다.

61 분말소화기 중 비누화현상으로 인하여 식용유화재에 가장 적합한 소화기는 어느 것인가?

① 제1종 분말소화기
② 제2종 분말소화기
③ 제3종 분말소화기
④ 제4종 분말소화기
⑤ 금속화재용 분말소화기

해설 비누화현상으로 인하여 식용유화재에 가장 적합한 소화기는 제1종 분말소화기이다.

> **더 알아보기 제1종 분말**
> ○ 백색으로 착색됨
> ○ B · C급 화재에 적합
> ○ 질식 · 부촉매 · 냉각 효과
> ○ 식용유화재에 적합(비누화현상에 의해 거품을 형성하여 질식소화 및 발화 방지)

62 분말 소화약제에 대한 설명으로 옳지 않은 것은?

① 제1종 분말 – 연소 시 생성된 활성기가 분말의 표면에 흡착되거나, 탄산수소나트륨의 Na^+이온에 의해 안정화되어 연쇄반응이 차단되는 효과가 있다.
② 제2종 분말 – 소화능력은 제1종 분말 소화약제보다 약 2배 우수하지만 요리용 기름이나 지방질 기름과 비누화반응을 일으키지 않는다.
③ 제3종 분말 – 소화효과는 냉각, 질식, 방진, 부촉매, 열차단, 탈수 · 탄화작용이 있으나 불꽃연소 및 작열연소에는 소화력을 발휘하지 못하는 특징이 있다.
④ 제4종 분말 – 분말 소화약제 중 가장 우수하다. 특히 B급 · C급 화재에는 소화효과가 우수하나 A급 화재에는 효과가 적다.
⑤ CDC분말 소화약제는 방사된 분말이 화염을 입체적으로 둘러싸고 부촉매, 냉각, 질식, 방사열 차단 효과 등이 있다.

정답 | 60 ② 61 ① 62 ③ |

> **✪ 해설** | 일반 분말 소화약제는 불꽃연소에는 소화력을 발휘하지만, 작열연소의 소화에는 그다지 큰 소화
> 력을 발휘하지 못하는 단점이 있다. 그러나 제3종 분말 소화약제는 불꽃연소는 물론 작열(불씨)
> 연소에도 효과가 있다.

63 분말 소화약제의 이상적인 조건에 해당되지 않는 것은?

① 분말의 안식각이 크고 유동성이 커야 한다.
② 장치에 대한 부식성과 열분해 시 독성이 나타나지 않아야 한다.
③ 다양한 입자크기(입도)가 유지되어 우수한 소화기능을 가져야 한다.
④ 수분에 대한 내습성과 시간에 따른 안전성이 커서 덩어리지는 현상이 없어야 한다.
⑤ 분말을 수면에 고르게 살포한 경우에 1시간 이내에 침강하지 아니하여야 한다.

> **✪ 해설** | 분말의 안식각이 '작고' 유동성이 커야 한다.
>
> > **더 알아보기 안식각**
> > 퇴적물이 물 속이나 지상에 퇴적될 때 퇴적물의 표면이 어느 각도 이상 경사지면 퇴적물 일부가
> > 미끄러져 내리는데, 이렇게 미끄러져 내리지 않는 최대의 각을 안식각이라 한다.

64 분말 소화약제에 대한 일반적인 설명으로 옳지 않은 것은?

① 피연소물질에 영향을 끼치는 단점을 가지고 있다.
② 전기절연성이 높아 고전압의 전기화재에도 적합하다.
③ 제3종 분말 소화약제의 착색은 담홍색이다.
④ 자기연소성 물질의 화재에 강한 소화력을 가지고 있다.
⑤ 습기의 흡입에 주의하여야 한다.

> **✪ 해설** | 자기연소성 물질인 제5류 위험물은 초기 시 다량의 물을 주수하는 냉각소화를 원칙으로 한다.

65 분말 소화약제는 제1종·제2종·제3종·제4종으로 구분하고 있는데, 현재 사무실이나 복도 등에서 흔히 볼 수 있는 제3종 분말 소화약제의 주성분인 것은 무엇인가?

① $KHCO_3$

② $NaHCO_3$

③ $KHCO_3 + (NH_2)_2CO$

④ $NH_4H_2PO_4$

⑤ $K_2CO_3 + H_2SO_4$

해설 ・제1종 분말 : 탄산수소나트륨, 중탄산나트륨, 중탄산소다, 중조, $NaHCO_3$
・제2종 분말 : 탄산수소칼륨, 중탄산칼륨, $KHCO_3$
・제3종 분말 : 제1인산암모늄, $NH_4H_2PO_4$
・제4종 분말 : 중탄산칼륨 + 요소, $KHCO_3 + (NH_2)_2CO$
  * $(NH_2)_2CO$ = l
・강화액 소화약제 : 탄산칼륨 + 황산, $K_2CO_3 + H_2SO_4$

66 제3종 분말 소화약제가 열분해될 때 생성되는 물질로서 방진작용을 하는 물질은?

① N_2(질소)

② H_2O(수증기)

③ K_2CO_3(탄산칼륨)

④ HPO_3(메타인산)

⑤ Na_2CO_3(탄산나트륨)

해설 메타인산은 방진작용을 가지고, 오쏘인산은 탄화와 탈수작용을 가진다.

> **더 알아보기 제3종 분말(제1인산암모늄, $NH_4H_2PO_4$)**
> A·B·C급 화재에 유효하나 비누화현상이 일어나지 않아 식용유화재에는 효과가 적다. 열분해로 인하여 CO_2는 생성되지 않지만, 메타인산(HPO_3)이 생성되면서 가연물의 표면에 점착되어 가연물과 산소를 차단시켜주기 때문에 가연물의 숯불 형태의 잔진 상태의 연소까지 저지시키는 방진작용을 한다. 또한 열분해되어 나온 오쏘인산(H_3PO_4)은 연소물의 섬유소를 난연성의 탄소와 물로 분해시키는 탈수와 탄화작용을 가진다.

67 제3종 분말 소화약제에서 볼 수 있는 소화작용으로 메타인산(HPO_3)이 숯불 모양으로 연소하는 가연물질을 덮어 소화하는 방법은 무엇인가?

① 피복소화

② 방진소화

③ 희석소화

④ 부촉매소화

⑤ 탄화·탈수소화

정답 63 ① 64 ④ 65 ④ 66 ④ 67 ②

해설 ① 피복소화란 가연물 주위의 산소공급을 차단하여 연소가 진행되지 않도록 하는 소화방법이다.
③ 희석소화란 화재가 발생한 경우 다량의 물을 방사함으로써 산소농도나 가연물의 조성을 연소범위 이하로 희석시켜 점화원에 착화되지 않게 하는 소화방법이다.
④ 부촉매소화란 연쇄반응의 속도를 빠르게 하는 정촉매를 억제시키는 화학적 소화방법이다.
⑤ 탄화·탈수소화란 제3종 분말 소화약제가 열분해되어 생성된 오쏘인산(H_2PO_4)이 연소물의 섬유소를 난연성의 탄소와 물로 분해시키는 탈수와 탄화작용을 말한다.

68 포(foam)에 대한 일반적인 설명으로 옳지 않은 것은?

① 불화단백포 및 수성막포는 표면하 주입방식에 사용할 수 있다.
② 불소를 함유하고 있는 합성계면활성제포는 친수성이므로 유동성은 좋으나 내유성은 좋지 않다.
③ 단백포는 유동성은 나쁘나, 내화성은 좋다.
④ 알코올포 사용 시 비누화현상이 일어나면 소화능력이 우수하다.
⑤ 수성막포는 3%, 6%의 저발포형과 1%, 1.5%, 2%의 고발포형이 있으며, 고발포형이 있어 팽창범위가 넓다.

해설 합성계면활성제포 소화약제는 3%, 6%의 저발포형과 1%, 1.5%, 2%의 고발포형이 있으며, 고발포형이 있어 팽창범위가 넓다.

69 포 소화약제의 특성으로 바르지 않은 것은?

① 단백포 : 흑갈색 액체로서 주로 3%형이 많이 쓰이며, 내열성과 유면봉쇄성이 없다.
② 불화단백포 : 유동성, 내유성이 좋지 않은 단백포와 비내열성의 수성막포를 개선한 포이다.
③ 합성계면활성제포 : 안정제, 부동제, 방청제 등을 첨가한 포로서 저발포부터 고발포까지 가능하나 환경문제가 있다.
④ 내알코올포 : 알코올류 등의 수용성 유류에 사용하며 재연소 방지에 우수하다.
⑤ 수성막포 : 무독성의 불소계 계면활성제를 주성분으로 안정제를 첨가한 약제로서 분말과 함께 사용 시 7 ~ 8배 정도 소화성능이 증가하며, 표면하 주입방식에 적당하다.

해설

> **더 알아보기 단백포 소화약제**
> ◦ 동·식물성의 단백질 가수분해물질에 포 안정제를 첨가한 것으로 3%형 및 6%형이 있다.
> ◦ 내열성이 좋아 링파이어(Ring fire)현상이나 재연소 방지효과가 좋다.
> ◦ 내유성이 약하여 오염이 잘 된다.
> ◦ 안정성이 커서 화재나 연기를 제어하기가 쉽다(유면봉쇄성이 좋다).

70 불소계 계면활성제이며, 분말과 겸용하면 7 ~ 8배 정도 소화효과를 높일 수 있는 포 소화약제는?

① 단백포   ② 합성계면활성제포
③ 수성막포   ④ 내알코올포
⑤ 불화단백포

해설

> **더 알아보기 수성막포 소화약제(Aqueous Film Forming Foam)**
> ◦ 불소계 계면활성제를 주성분으로 하여 라이트워터라고도 불린다.
> ◦ 표면하 주입방식을 사용하며, 흑갈색 원액으로 유류탱크, 비행기 격납고, 주차장에 사용한다.
> ◦ Twin Agent System 가능 : 분말, CO_2 등과 함께 사용 시 7 ~ 8배 정도 소화효과가 증대되며 반영구적이다.

71 다음 설명에 해당하는 포 소화약제 혼합장치 방식은?

> 압축공기 또는 압축질소를 일정 비율로 포 수용액에 강제 주입 혼합하는 장치로서, 팽창비가 20배 이하인 저발포형에 사용된다. 원거리 방수가 가능하며, 물 사용량을 줄여 수손피해를 최소화할 수 있는 방식이다.

① 라인 프로포셔너방식   ② 펌프 프로포셔너방식
③ 압축공기포 혼합방식   ④ 프레져 프로포셔너방식
⑤ 프레져사이드 프로포셔너방식

해설

> **더 알아보기 압축공기포 혼합(믹싱)챔버방식**
> ◦ 압축공기 또는 압축질소를 일정 비율로 포 수용액에 강제 주입 혼합하는 장치이다.
> ◦ 팽창비가 20배 이하인 저발포형에 사용된다.
> ◦ 고정식 압축공기포 소화설비만 설치할 수 있는 장소인 발전실, 엔진펌프실, 유압설비실 등에 사용된다(단, 300m² 미만 장소).
> ◦ 원거리 방수가 가능하며, 물 사용량을 줄여 수손피해를 최소화할 수 있는 방식이다.

▶정답 68 ⑤ 69 ① 70 ③ 71 ③

2025 정태화 소방학개론 단원별 500제

72 다음 〈보기〉에서 설명하는 포 소화약제 혼합방식은 무엇인가?

> **보기**
>
> 화학소방차 등에서 주로 사용하는 방식으로서 펌프의 토출 측과 흡입 측 사이를 바이패스 배관으로 연결하고, 그 바이패스 배관 도중에 혼합기와 포약제를 접속한 후 펌프에서 토출된 물의 일부를 보내고, 벤츄리 작용에 의해 포원액이 흡입된다. 이때 포약제 탱크에서 농도조절밸브를 통하여 펌프흡입 측으로 흡입된 약제가 유입되어 이를 지정농도로 혼합하여 발포기로 보내주는 혼합방식이다.

① 라인 프로포셔너   ② 펌프 프로포셔너
③ 프레져 프로포셔너   ④ 압축공기포 혼합장치
⑤ 프레져사이드 프로포셔너

◎ 해설

> **더 알아보기 펌프 프로포셔너**
> ◦ 펌프의 토출 측과 흡입 측 사이를 바이패스 배관으로 연결하고, 그 바이패스 배관 도중에 혼합기와 포약제를 접속한 후 펌프에서 토출된 물의 일부를 보내고, 벤츄리 작용에 의해 포원액이 흡입된다. 이때 포약제 탱크에서 농도조절밸브를 통하여 펌프흡입 측으로 흡입된 약제가 유입되어 이를 지정농도로 혼합하여 발포기로 보내주는 방식이다.
> ◦ 화학소방차 등에서 주로 사용하는 방식이다.

73 다음 설명에 해당하는 포 소화약제 혼합방식은 무엇인가?

> 펌프와 발포기의 중간에 설치된 벤츄리관의 벤츄리 작용에 의하여 포 소화약제를 흡입·혼합하는 방식으로, 소형이며 경제적이다.

① 압축공기포 혼합방식   ② 라인 프로포셔너방식
③ 펌프 프로포셔너방식   ④ 프레져 프로포셔너방식
⑤ 프레져사이드 프로포셔너방식

◎ 해설 관로혼합장치인 라인 프로포셔너방식에 대한 설명이다.
① 압축공기포 혼합방식이란, 압축공기 또는 압축질소를 일정 비율로 포 수용액에 강제 주입 혼합하는 방식을 말한다.
③ 펌프 프로포셔너방식이란, 펌프의 토출관과 흡입관 사이의 배관 도중에 설치한 흡입기로 펌프에서 토출된 물의 일부를 보내고, 농도조절밸브에서 조정된 포 소화약제의 필요량을 포 소화약제 탱크에서 펌프흡입 측으로 보내어 혼합하는 방식을 말한다.

④ 프레져 프로포셔너방식이란, 펌프와 발포기의 중간에 설치된 벤츄리관의 벤츄리 작용과 펌프가압수의 포 소화약제 저장탱크의 압력에 의해서 포 소화약제를 흡입·혼합하는 방식을 말한다. 압입식과 압송식이 있다.

⑤ 프레져사이드 프로포셔너방식이란, 펌프의 토출관에 압입기를 설치하여 포 소화약제 압입용 펌프로 포 소화약제를 압입시켜 혼합하는 방식을 말한다.

74 포 소화약제 혼합장치에 따른 사용 방법 및 적용에 대한 설명으로 옳지 않은 것은?

① 라인 프로포셔너 : 펌프와 발포기의 중간에 설치된 벤츄리관의 벤츄리 작용에 의하여 포 소화약제를 흡입, 혼합하는 방식이다. 소규모 또는 이동식 간이설비에 사용되는 방법으로 포소화전 또는 한정된 방호대상물의 포 소화설비에 적용한다.

② 펌프 프로포셔너 : 펌프의 토출 측과 흡입 측 사이를 바이패스배관으로 연결하고, 그 바이패스 배관 도중에 혼합기와 포 약제를 접속한 후 펌프에서 토출된 물의 일부를 보내고, 벤츄리 작용에 의해 포원액이 흡입된다. 이때 포 약제탱크에서 농도조절밸브를 통하여 펌프흡입 측으로 흡입된 약제가 유입되어 이를 지정농도로 혼합하여 발포기로 보내주는 방식으로 화학소방차 등에서 주로 사용된다.

③ 프레져 프로포셔너 : 펌프와 발포기 간의 배관 중간에 포 소화약제 저장탱크 및 혼합기를 설치하여 약제탱크로 소화용수를 유입시켜 소화용수의 수압에 의한 압입과 혼합기의 벤츄리효과에 의한 흡입을 이용한 것으로 약제탱크에는 격막이 있는 것과 없는 것의 2종류가 있으며, 격막이 없는 저장탱크의 경우 물이 유입되면 재사용이 불가능해진다.

④ 프레져사이드 프로포셔너 : 가압송수용 펌프 이외에 별도의 포원액용 펌프를 설치하고 원액을 송수관 혼합기에 보내어 적정 농도로 포수용액을 만든 후 발포기로 보내는 방식으로 원액펌프의 토출압이 급수펌프의 토출압보다 높아야 하며, 비행기 격납고, 대규모 유류저장소, 석유화학 Plant 시설 등과 같은 대단위 고정식 포 소화설비에 사용한다.

⑤ 압축공기포 혼합방식 : 압축공기 또는 압축질소를 일정 비율로 포 수용액에 강제 주입 혼합하는 장치로서 팽창비가 200배 이상인 고발포형에 사용되며, 고정식 압축공기포 소화설비만 설치할 수 있는 장소로서 300m² 미만인 발전실, 엔진펌프실, 유압설비실 등에 사용된다.

해설

> **더 알아보기 압축공기포 혼합(믹싱)챔버방식**
> - 압축공기 또는 압축질소를 일정 비율로 포 수용액에 강제 주입 혼합하는 장치이다.
> - 팽창비가 20배 이하인 저발포형에 사용된다.
> - 고정식 압축공기포 소화설비만 설치할 수 있는 장소인 발전실, 엔진펌프실, 유압설비실 등에 사용된다(단, 300m² 미만 장소).
> - 원거리 방수가 가능하며, 물 사용량을 줄여 수손피해를 최소화할 수 있는 방식이다.

▶정답 72 ② 73 ② 74 ⑤

75 소화원리 중 희석소화의 사례로 가장 옳은 것은?

① 크레오소트유 화재 시 물을 무상주수하여 소화하는 방법
② 식용유화재 시 주변의 야채를 집어 넣어 소화하는 방법
③ 식용유화재 시 주변의 상온의 식용유를 넣어 소화하는 방법
④ 식용유화재 시 제1종 분말소화기를 사용하여 소화하는 방법
⑤ 일반화재 시 옥내소화전을 사용하여 소화하는 방법

⊙ 해설
① 크레오소트유 화재 시 물을 무상주수하여 소화하는 방법 : 유화소화, 질식소화
② 식용유화재 시 주변의 야채를 집어 넣어 소화하는 방법 : 냉각소화
④ 식용유화재 시 제1종 분말소화기를 사용하여 소화하는 방법 : 질식소화, 냉각소화
⑤ 일반화재 시 옥내소화전을 사용하여 소화하는 방법 : 냉각소화

76 다음 중 소화기의 온도적응성에 대한 설명으로 옳지 않은 것은?

① 분말소화기는 $-20℃$ 이상 $40℃$ 이하에서 사용한다.
② CO_2소화기는 $0℃$ 이상 $40℃$ 이하에서 사용한다.
③ 할로겐화합물 및 불활성기체 소화기는 $55℃$ 이하에서 사용한다.
④ 포소화기는 $-20℃$ 이상 $30℃$ 이하에서 사용한다.
⑤ 강화액소화기는 $-20℃$ 이상 $40℃$ 이하에서 사용한다.

⊙ 해설
포소화기는 $5℃$ 이상 $30℃$ 이하에서 사용한다. $-20℃$ 이상 $30℃$ 이하에서 사용하는 것은 수성막포소화기이다.

> **더 알아보기 각 소화약제별 사용 온도**
> ◦ 강화액소화기 : $-20℃$ 이상 $40℃$ 이하에서 사용함
> ◦ 분말소화기 : $-20℃$ 이상 $40℃$ 이하에서 사용함
> ◦ CO_2·할론소화기 : $0℃$ 이상 $40℃$ 이하에서 사용함
> ◦ 할로겐화합물 및 불활성기체 소화기 : $55℃$ 이하에서 사용함
> ◦ 포소화기 : $5℃$ 이상 $30℃$ 이하에서 사용함
> ◦ 수성막포소화기 : $-20℃$ 이상 $30℃$ 이하에서 사용함
> − 일반용 : $-5℃$ 이상 $30℃$ 이하
> − 내한용 : $-10℃$ 이상 $30℃$ 이하
> − 초내한용 : $-20℃$ 이상 $30℃$ 이하

77 위험물의 종류에 따른 소화방법으로 옳지 않은 것은?

① 제1류 위험물 중 무기과산화물을 제외하고 주수소화한다.
② 제2류 위험물 중 철분, 마그네슘, 금속분은 주수소화를 금지한다.
③ 제3류 위험물 중 황린을 제외하고 주수소화를 금지한다.
④ 제5류 위험물 중 질산에스터류는 질식소화를 한다.
⑤ 제6류 위험물 중 과산화수소 화재 시에는 다량의 물을 사용하여 희석소화가 가능하다.

해설 │ 제5류 위험물은 물질 자체 내부에 산소를 함유하여 질식소화가 어렵다. 따라서 외부로부터의 산소 유입 차단은 효과가 없다.

78 「위험물안전관리법 시행규칙」에서 정한 다음의 소화설비 중 능력단위가 가장 큰 것은?

	소화설비	용량
①	팽창진주암	160L(삽 1개 포함)
②	수조	80L(소화전용물통 3개 포함)
③	마른 모래	50L(삽 1개 포함)
④	팽창질석	160L(삽 1개 포함)
⑤	소화전용물통	8L

해설

더 알아보기 소화설비의 능력단위(「위험물안전관리법 시행규칙」 별표 17)

소화설비	용량	능력단위
소화전용(轉用)물통	8L	0.3
수조(소화전용물통 3개 포함)	80L	1.5
수조(소화전용물통 6개 포함)	190L	2.5
마른 모래(삽 1개 포함)	50L	0.5
팽창질석 또는 팽창진주암(삽 1개 포함)	160L	1.0

▌정답 | 75 ③ 76 ④ 77 ④ 78 ②

79 가솔린, 등유, 경유 등 유류화재 발생 시 가장 적합한 소화방식은?

① 냉각소화　　　　　　　　　② 질식소화
③ 희석소화　　　　　　　　　④ 부촉매소화
⑤ 유화소화

해설 유류화재에 적합한 소화방식은 질식소화이다.

> **더 알아보기　질식소화**
> ◦ 산소의 제거에 의한 소화로서 가연물이 연소하는 데 필요한 산소량을 조절하여 소화하는 방법이다.
> ◦ 공기 중의 산소농도는 15% 이하, 고체는 6% 이하, 아세틸렌은 4% 이하가 되면 소화가 가능하다. 탄화수소의 기체는 산소 15% 이하에서는 연소하기 어렵다.

80 피난구조설비에 대한 설명으로 옳지 않은 것은?

① 인공소생기란 호흡 부전 상태인 사람에게 인공호흡을 시켜 환자를 보호하거나 구급하는 기구이다.
② 피난구유도등이란 피난구 또는 피난경로로 사용되는 출입구를 표시하여 피난을 유도하는 등을 말한다.
③ 복도통로유도등이란 피난통로가 되는 복도에 설치하는 통로유도등으로서 피난구의 방향을 명시하는 것을 말한다.
④ 구조대란 사용자의 몸무게에 의하여 자동으로 하강하고 내려서면 스스로 상승하여 연속적으로 사용할 수 있는 무동력 피난기구를 말한다.
⑤ 완강기란 사용자의 몸무게에 따라 자동적으로 내려올 수 있는 기구 중 사용자가 교대하여 연속적으로 사용할 수 있는 것을 말한다.

해설
• 구조대란 포지 등을 사용하여 자루형태로 만든 것으로서 화재 시 사용자가 그 내부에 들어가서 내려옴으로써 대피할 수 있는 것을 말한다.
• 승강식 피난기란 사용자의 몸무게에 의하여 자동으로 하강하고 내려서면 스스로 상승하여 연속적으로 사용할 수 있는 무동력 승강식 피난기를 말한다.

81 다음 〈보기〉의 특성에 해당하는 소화약제는?

> **보기**
> • 헬륨(He), 네온(Ne), 아르곤(Ar), 질소(N_2) 중 하나 이상의 원소를 포함하고 있는 소화약제를 말한다.
> • 질소(N_2), 아르곤(Ar), 이산화탄소(CO_2)로 구성되어 있기 때문에 오존파괴지수(ODP)와 지구온난화지수(GWP)가 0이다.
> • 부촉매소화(화학적 소화)효과가 없어서, 밀폐된 공간에서 산소농도를 낮추는 것에 의해 소화한다.
> • 소화성능을 발휘할 수 있는 약제의 농도에서도 사람의 호흡에 문제가 없으므로 사람이 있는 곳에서도 사용이 가능하다.

① 이산화탄소 소화약제   ② 산·알칼리 소화약제
③ 불활성기체 소화약제   ④ 할로겐화합물 소화약제
⑤ 포 소화약제

해설 〈보기〉는 불활성기체 소화약제의 특성에 대한 설명이다.

> **더 알아보기 불활성기체 소화약제**
> ◦ 헬륨(He), 네온(Ne), 아르곤(Ar), 질소(N_2) 중 하나 이상의 원소를 포함하고 있는 소화약제를 말한다.
> ◦ 질소(N_2), 아르곤(Ar), 이산화탄소(CO_2)로 구성되어 있기 때문에 오존파괴지수(ODP)와 지구온난화지수(GWP)가 0이다.
> ◦ 부촉매소화(화학적 소화)효과가 없어서, 밀폐된 공간에서 산소농도를 낮추는 것에 의해 소화한다.
> ◦ 소화성능을 발휘할 수 있는 약제의 농도에서도 사람의 호흡에 문제가 없으므로 사람이 있는 곳에서도 사용이 가능하다.

82 소화기의 온도적응성 중 −20℃ 이상 30℃ 이하에서 사용할 수 있는 소화기로 옳은 것은?

① 할로겐화합물 및 불활성기체 소화기
② 포소화기
③ 수성막포소화기 중 내한용
④ 수성막포소화기 중 초내한용
⑤ 분말소화기

정답 79 ② 80 ④ 81 ③ 82 ④

해설 ① 할로겐화합물 및 불활성기체 소화기 : 55℃ 이하에서 사용함

② 포소화기 : 5℃ 이상 30℃ 이하에서 사용함

③ 수성막포소화기 중 내한용 : −10℃ 이상 30℃ 이하에서 사용함

⑤ 분말소화기 : −20℃ 이상 40℃ 이하에서 사용함

더 알아보기 각 소화약제별 사용 온도
- 강화액소화기 : −20℃ 이상 40℃ 이하에서 사용함
- 분말소화기 : −20℃ 이상 40℃ 이하에서 사용함
- CO_2 · 할론소화기 : 0℃ 이상 40℃ 이하에서 사용함
- 할로겐화합물 및 불활성기체 소화기 : 55℃ 이하에서 사용함
- 포소화기 : 5℃ 이상 30℃ 이하에서 사용함
- 수성막포소화기 : −20℃ 이상 30℃ 이하에서 사용함
  - 일반용 : −5℃ 이상 30℃ 이하
  - 내한용 : −10℃ 이상 30℃ 이하
  - 초내한용 : −20℃ 이상 30℃ 이하

---

83 스프링클러소화설비와 물분무소화설비를 비교했을 때 물분무소화설비의 장점이 아닌 것은?

① 질식효과뿐만 아니라 산소 희박 효과, 복사·차단 효과가 있다.

② 소화수 사용량이 적어서 소화작업 시 물에 의한 피해를 줄일 수 있다.

③ 전기에 대한 절연성이 높아서 고압 통전기기의 화재에도 사용할 수 있다.

④ 매연을 제거하고 방어하는 데에도 효과가 있다.

⑤ 스프링클러소화설비와 비교했을 때 심부화재에 사용하면 매우 효과적이다.

해설 스프링클러소화설비가 물분무소화설비에 비해 심부화재에 더 적합하다.

더 알아보기 심부화재
불꽃을 내지 않고 주로 빛만을 내는 연소현상을 말하며, 가연물 내부에서 서서히 화재가 진행되는 훈소화재의 개념이다.

---

84 할로겐화합물 및 불활성기체 소화약제에 대한 설명으로 바르지 않은 것은?

① HFC - 125는 인체에 무해하다.

② HCFC - 124는 HCFC BLEND A 중 9.5%를 차지한다.

③ FIC - 1311의 성분은 CF_3I가 100%이며, 이 중 I는 아이오딘이다.

④ IG - 541의 성분은 N_2 : 50%, Ar : 40%, CO_2 : 10%이다.

⑤ Br은 할로겐화합물 소화약제 중에 원소를 포함하고 있다.

🎯 해설 | IG-541의 성분은 N_2 : 52%, Ar : 40%, CO_2 : 8%이다.

※ 화재안전기준에 고시된 할로겐화합물 및 불활성기체 소화약제는 총 13종으로 Halocarbon(프레온 계열) 9종과 불활성가스계 물질 4종으로 구성되어 있다.

85 할로겐화합물 및 불활성기체 소화약제에 관한 설명으로 옳지 않은 것은?

① IG-01, IG-55, IG-100, IG-541 중 질소를 포함하지 않은 약제는 IG-01이다.

② IG-55의 최대허용 설계농도는 33%이다.

③ 부촉매소화효과는 불활성기체 소화약제에는 없으나 할로겐화합물 소화약제에는 있다.

④ 할로겐화합물 소화약제는 불소, 염소, 브로민 또는 아이오딘 중 하나 이상의 원소를 포함하고 있는 유기화합물을 기본성분으로 하는 소화약제를 말한다.

⑤ IG-541은 소화성능을 발휘할 수 있는 약제의 농도에서도 사람의 호흡에 문제가 없으므로 사람이 있는 곳에서도 사용할 수 있다는 장점이 있다.

🎯 해설 | IG-55의 최대허용 설계농도는 43%이다.

더 알아보기 불활성기체 소화약제(이너젠; Inergen)의 종류

소화약제	화학식	최대허용 설계농도
IG-100	N_2 : 100%	43%
IG-01	Ar : 100%	43%
IG-55	N_2 : 50%, Ar : 50%	43%
IG-541	N_2 : 52%, Ar : 40%, CO_2 : 8%	43%

86 이산화탄소 소화약제에 관한 내용으로 옳지 않은 것은?

① 소화성능을 발휘할 수 있는 약제의 농도에서도 사람의 호흡에 문제가 없으므로 사람이 있는 곳에서도 사용이 가능하다.

② 자체적으로 산소를 함유하고 있는 물질에는 사용이 제한된다.

③ 마그네슘과 반응하여 이산화탄소를 분해하며, 탄소나 일산화탄소를 발생하기 때문에 사용이 제한된다.

④ 공기보다 무거워서 심부화재에 효과가 있으며, 표면화재에도 우수하다.

⑤ 분사헤드에서 액화탄산가스가 기화하는 경우 줄톰슨효과에 의하여 냉각효과도 생기게 된다.

정답 | 83 ⑤ 84 ④ 85 ② 86 ①

◎ 해설 | 이산화탄소 소화약제는 방출 시 인명피해가 우려되는 밀폐된 지역에서 사용이 제한된다. 소화성능을 발휘할 수 있는 약제의 농도에서도 사람의 호흡에 문제가 없으므로 사람이 있는 곳에서도 사용이 가능한 것은 불활성기체 소화약제이다.

87 다음 중 물 소화약제에 첨가할 수 있는 동결방지제로 틀린 것은?

① 염화나트륨
② 프로필렌글리콜
③ 중탄산나트륨
④ 염화칼슘
⑤ 에틸렌글리콜

◎ 해설 | 중탄산나트륨은 소화약제 중 제1종 분말 소화약제이다.

> **더 알아보기 물 소화약제의 동결방지제**
> ∘ 에틸렌글리콜
> ∘ 프로필렌글리콜
> ∘ 염화칼슘
> ∘ 염화나트륨

88 다음에서 설명하고 있는 스프링클러설비는 무엇인가?

> 가장 일반적인 스프링클러설비로서 1차 측과 2차 측에 가압수가 충수되어 있으며, 유수검지장치로는 Alarm 밸브를 사용한다. 화재가 발생하여 폐쇄형 헤드가 개방되면 2차 측에 물이 방수되는데, 이때 Alarm 밸브가 개방되어 1차 측에 가압수가 2차 측으로 유입하여 방사되는 설비이다.

① 습식 스프링클러설비
② 건식 스프링클러설비
③ 준비작동식 스프링클러설비
④ 일제살수식 스프링클러설비
⑤ 부압식 스프링클러설비

◎ 해설 |
> **더 알아보기 습식 스프링클러**
> ∘ 가장 일반적인 스프링클러설비로서 1차 측에 가압수가 충수되어 있으며, 유수검지장치로는 Alarm 밸브를 사용한다.
> ∘ 화재가 발생하여 폐쇄형 헤드가 개방되면 2차 측에 물이 방수되는데, 이때 Alarm 밸브가 개방되어 1차 측에 가압수가 2차 측으로 유입하여 방사되는 설비이다.

89 다음에서 설명하고 있는 스프링클러설비는 무엇인가?

> 주로 난방이 되지 않는 장소에 설치하는 스프링클러설비로서 유수검지장치 1차 측까지 배관 내에 항상 물이 가압되어 있고, 2차 측에서 스프링클러헤드까지 대기압상태로 폐쇄형 헤드가 설치되어 있다.

① 습식 스프링클러설비
② 건식 스프링클러설비
③ 준비작동식 스프링클러설비
④ 일제살수식 스프링클러설비
⑤ 부압식 스프링클러설비

해설 준비작동식 스프링클러설비란 가압송수장치에서 준비작동식 유수검지장치 1차 측까지 배관 내에 항상 물이 가압되어 있고, 2차 측에서 폐쇄형 스프링클러헤드까지 대기압 또는 저압으로 있다가 화재발생 시 감지기의 작동으로 준비작동식 유수검지장치가 작동하여 폐쇄형 스프링클러헤드까지 소화용수가 송수되어 폐쇄형 스프링클러헤드가 열에 따라 개방되는 방식의 스프링클러설비를 말한다.

90 천장 등의 각 부분부터 하나의 스프링클러헤드까지의 수평거리로 옳지 않은 것은?

① 무대부, 위험물제조소 등 : 1.7m 이하
② 내화구조 : 2.1m 이하
③ 랙크식 창고 : 2.5m 이하
④ 공동주택(아파트) : 3.2m 이하
⑤ 랙크식 창고(수직거리) 중 특수가연물 저장·취급 : 4m 이하

해설 내화구조는 수평거리가 2.3m 이하이어야 한다.

> **더 알아보기** 하나의 스프링클러헤드까지의 수평거리
> ◦ 무대부, 특수가연물의 저장·취급장소, 위험물제조소 등 : 1.7m 이하
> ◦ 비내화구조 소방대상물 : 2.1m 이하
> ◦ 내화구조 : 2.3m 이하
> ◦ 랙크식 창고 : 2.5m 이하
> ◦ 공동주택(아파트) : 3.2m 이하
> ◦ 랙크식 창고(수직거리) 중 특수가연물 저장·취급 : 4m 이하
> ◦ 랙크식 창고(수직거리) 중 특수가연물 저장·취급 그 밖의 것 : 6m 이하

▌정답 87 ③ 88 ① 89 ③ 90 ②

91 자동화재탐지설비에 대한 설명 중 옳지 않은 것은?

① 수신기는 화재 시 발신기 또는 감지기로부터 신호를 직접 또는 중계기를 거쳐 수신하여 건물 관계자에게 표시 및 음향장치로 알려 주는 설비이며, P형은 고유신호로 수신하고, R형은 공통신호로 수신한다.

② 발신기는 화재발생신고를 수신기 또는 중계기에 수동으로 발신하는 것을 말한다.

③ 경계구역이란 소방대상물 중 화재신호를 발신하고 그 신호를 수신 및 유효하게 제어할 수 있는 구역을 말한다.

④ 자동화재탐지설비는 화재발생을 자동으로 감지하여 해당 소방대상물의 관계자에게 통보하는 설비로, 자동화재속보설비와 연동하여 작동할 수 있다.

⑤ 수평적 경계구역은 하나의 경계구역이 2개 이상의 건축물에 미치지 아니하도록 하여야 한다.

해설 | P형은 공통신호로 수신하고, R형은 고유신호로 수신한다.

> **더 알아보기 자동화재탐지설비**
> ◦ P형 수신기
>   − 감지기 또는 P형 발신기에서 보낸 화재신호를 직접 공통신호로서 수신하여 화재를 경보하는 수신기이다.
>   − 감지기 → 발신기(지구경종) → 수신기(주경종) 등이 전선으로 연결된 방식이다.
>   − 중·소규모의 건물에 많이 사용된다.
>   − P형 수신기는 감지기 또는 발신기에서 1:1 접점방식으로 전송된 신호를 수신한다.
> ◦ R형 수신기
>   − 감지기 또는 발신기로부터 발생하는 화재신호를 중계기를 통해서 고유신호로서 수신하여 화재를 경보하는 수신기이다.
>   − 수신기 → 발신기(지구경종) → 중계기 → 수신기(주경종) 등이 전선으로 연결된 방식이다.
>   − 회선수가 많은 대규모 건물이나 다수의 동이 있는 건축물에 적합하다.
>   − R형 수신기는 감지기 또는 발신기에서 다중전송방식으로 신호를 수신한다.

92 자동화재탐지설비의 음향장치에 관한 설치기준으로 옳은 것만을 모두 고르시오.

> ㄱ. 주 음향장치는 수신기의 내부 또는 그 직근에 설치한다.
> ㄴ. 지구음향장치는 특정소방대상물의 층마다 설치하되, 해당 특정소방대상물의 각 부분으로부터 하나의 음향장치까지의 수평거리가 25m 이하로 한다.
> ㄷ. 정격전압의 80% 전압에서 음향을 발할 수 있어야 한다.
> ㄹ. 음량은 부착된 음향장치의 중심으로부터 2m 떨어진 위치에서 90dB 이상이 되는 것으로 한다.
> ㅁ. 11층 이상의 특정소방대상물(공동주택 제외)의 1층에서 발화한 때에는 발화층 및 그 직상층에 한하여 경보를 발할 수 있도록 하여야 한다.

① ㄱ

② ㄱ, ㄴ

③ ㄱ, ㄴ, ㄷ

④ ㄱ, ㄴ, ㄷ, ㄹ

⑤ ㄱ, ㄴ, ㄷ, ㄹ, ㅁ

해설

> **더 알아보기 자동화재탐지설비의 음향장치 설치기준**
> ◦ 주 음향장치는 수신기의 내부 또는 그 직근에 설치할 것
> ◦ 층수가 11층(공동주택의 경우에는 16층) 이상의 특정소방대상물은 다음의 기준에 따라 경보를 발할 수 있도록 할 것
>   — 2층 이상의 층에서 발화한 때에는 발화층 및 그 직상 4개 층에 경보를 발할 것
>   — 1층에서 발화한 때에는 발화층·그 직상 4개 층 및 지하층에 경보를 발할 것
>   — 지하층에서 발화한 때에는 발화층·그 직상층 및 기타의 지하층에 경보를 발할 것
> ◦ 지구음향장치는 특정소방대상물의 층마다 설치하되, 해당 특정소방대상물의 각 부분으로부터 하나의 음향장치까지의 수평거리가 25m 이하가 되도록 하고, 해당 층의 각 부분에 유효하게 경보를 발할 수 있도록 설치할 것. 다만, 「비상방송설비의 화재안전기술기준(NFTC 202)」에 적합한 방송설비를 자동화재탐지설비의 감지기와 연동하여 작동하도록 설치한 경우에는 지구음향장치를 설치하지 아니할 수 있다.
> ◦ 음향장치는 다음의 기준에 따른 구조 및 성능의 것으로 할 것
>   — 정격전압의 80% 전압에서 음향을 발할 수 있는 것으로 할 것. 다만, 건전지를 주전원으로 사용하는 음향장치는 그렇지 아니하다.
>   — 음량은 부착된 음향장치의 중심으로부터 1m 떨어진 위치에서 90dB 이상이 되는 것으로 할 것
>   — 감지기 및 발신기의 작동과 연동하여 작동할 수 있는 것으로 할 것

93 음향장치가 설치된 특정소방대상물의 경보대상에 대한 기준으로 옳지 않은 것은?

① 층수가 11층(공동주택의 경우에는 16층) 이상인 특정소방대상물에서 발화층이 2층 이상의 층인 경우 발화층 및 그 직상 4개 층에 경보한다.

② 층수가 11층(공동주택의 경우에는 16층) 이상인 특정소방대상물에서 발화층이 1층인 경우 발화층·그 직상 4개 층 및 지하층에 경보한다.

③ 층수가 11층(공동주택의 경우에는 16층) 이상인 특정소방대상물에서 발화층이 지하층인 경우 발화층·그 직상층 및 기타의 지하층에 경보한다.

④ 층수가 11층(공동주택의 경우에는 16층) 미만인 특정소방대상물에서 발화층이 1층인 경우 발화층·그 직상 4개 층 및 지하층에 경보한다.

⑤ 층수가 11층(공동주택의 경우에는 16층) 미만인 특정소방대상물에서 발화한 경우 전층에 일제 경보한다.

정답 91 ① 92 ③ 93 ④

해설

더 알아보기 음향장치가 설치된 특정소방대상물의 경보대상

발화층	층수가 11층(공동주택의 경우에는 16층) 이상	그 외
2층 이상의 층	발화층 및 그 직상 4개 층에 경보	
1층	발화층·그 직상 4개 층 및 지하층에 경보	전층 일제 경보
지하층	발화층·그 직상층 및 기타의 지하층에 경보	

94 수동작동 및 자동화재탐지설비 수신기의 화재신호와 연동으로 작동하여 화재발생을 경보하고 소방관서에 자동적으로 통신망을 통한 해당 화재발생, 해당 소방대상물의 위치 등을 음성으로 통보하여 주는 것은?

① 통합감시시설
② 비상경보설비
③ 비상방송설비
④ 자동화재속보설비의 속보기
⑤ 단독형 감지기

해설 자동화재속보설비의 속보기란 수동작동 및 자동화재탐지설비 수신기의 화재신호와 연동으로 작동하여 화재발생을 경보하고 소방관서에 자동적으로 통신망을 통한 해당 화재발생, 해당 소방대상물의 위치 등을 음성으로 통보하여 주는 것을 말한다.

95 다음 중 자동화재속보설비의 설치기준이 아닌 것은?

① 조작스위치는 바닥으로부터 0.8m 이상 1.5m 이하의 높이에 설치한다.
② 속보기는 소방관서에 통신망으로 통보하도록 하며, 데이터 또는 코드전송방식을 부가적으로 설치할 수 있다.
③ 자동화재탐지설비와 연동으로 작동하여 자동적으로 화재신호를 소방관서에 전달되는 것으로 한다.
④ 관계인이 24시간 상시근무를 하고 있는 경우에는 모든 특정소방대상물에 자동화재속보설비를 설치하지 아니한다.
⑤ 문화재에 설치하는 자동화재속보설비는 자동화재탐지설비와 연동 기준에도 불구하고 속보기에 감지기를 직접 연결하는 방식(자동화재탐지설비 한 개의 경계구역에 한한다)으로 할 수 있다.

해설 자동화재속보설비를 설치해야 하는 특정소방대상물은 다음의 어느 하나에 해당하는 것으로 한다. 다만, 방재실 등 화재 수신기가 설치된 장소에 24시간 화재를 감시할 수 있는 사람이 근무하고 있는 경우에는 자동화재속보설비를 설치하지 않을 수 있다(「소방시설 설치 및 관리에 관한 법률 시행령」 별표 4 제2호 사목). 따라서 관계인이 아닌 24시간 화재를 감시할 수 있는 사람이어야 하고 모든 특정소방대상물이 아닌 방재실 등이 있는 소방대상물만 설치 제외 대상이다.

> **더 알아보기** 자동화재속보설비의 설치기준(「자동화재속보설비의 화재안전성능기준(NFPC 204)」 제4조)
> - 자동화재탐지설비와 연동으로 작동하여 자동적으로 화재신호를 소방관서에 전달되는 것으로 할 것
> - 속보기는 소방관서에 통신망으로 통보하도록 하며, 데이터 또는 코드전송방식을 부가적으로 설치할 수 있다.
> - 문화재에 설치하는 자동화재속보설비는 자동화재탐지설비와 연동 기준에도 불구하고 속보기에 감지기를 직접 연결하는 방식(자동화재탐지설비 한 개의 경계구역에 한한다)으로 할 수 있다.
> - 속보기는 소방청장이 정하여 고시한 「자동화재속보설비의 속보기의 성능인증 및 제품검사의 기술기준」에 적합한 것으로 설치할 것

> **더 알아보기** 자동화재속보설비의 설치기준(「자동화재속보설비의 화재안전기술기준(NFTC 204)」)
> - 자동화재탐지설비와 연동으로 작동하여 자동적으로 화재신호를 소방관서에 전달되는 것으로 할 것. 이 경우 부가적으로 특정소방대상물의 관계인에게 화재신호를 전달되도록 할 수 있다.
> - 조작스위치는 바닥으로부터 0.8m 이상 1.5m 이하의 높이에 설치할 것
> - 속보기는 소방관서에 통신망으로 통보하도록 하며, 데이터 또는 코드전송방식을 부가적으로 설치할 수 있다. 다만, 데이터 및 코드전송방식의 기준은 소방청장이 정하여 고시한 「자동화재속보설비의 속보기의 성능인증 및 제품검사의 기술기준」 제5조 제12호에 따른다.
> - 문화재에 설치하는 자동화재속보설비는 자동화재탐지설비와 연동 기준에도 불구하고 속보기에 감지기를 직접 연결하는 방식(자동화재탐지설비 1개의 경계구역에 한한다)으로 할 수 있다.
> - 속보기는 소방청장이 정하여 고시한 「자동화재속보설비의 속보기의 성능인증 및 제품검사의 기술기준」에 적합한 것으로 설치할 것

96 피난구유도등은 바닥으로부터 높이 1.5m 이상의 위치에 설치하여야 하는데, 설치기준으로 옳지 않은 것은?

① 안전구획된 거실로 통하는 출입구에 설치한다.
② 피난이 가능한 출입구·계단실 또는 그 부속실의 출입구에 이르는 복도 또는 통로로 통하는 출입구에 설치한다.
③ 직통계단·직통계단의 계단실 및 그 부속실의 출입구에 설치한다.
④ 옥내로부터 직접 지하로 통하는 출입구 및 그 부속실의 출입구에 설치한다.
⑤ 피난유도등은 피난구 또는 피난 경로로 사용되는 출입구의 위치를 표시하는 녹색바탕에 백색 표시(문자)로 설치한다.

해설

> **더 알아보기 피난구유도등 설치기준(「유도등 및 유도표지의 화재안전성능기준(NFPC 303)」 제5조)**
> ① 피난구유도등은 다음 각 호의 장소에 설치하여야 한다.
>   1. 옥내로부터 직접 지상으로 통하는 출입구 및 그 부속실의 출입구
>   2. 직통계단·직통계단의 계단실 및 그 부속실의 출입구
>   3. 제1호와 제2호에 따른 출입구에 이르는 복도 또는 통로로 통하는 출입구
>   4. 안전구획된 거실로 통하는 출입구
> ② 피난구유도등은 피난구의 바닥으로부터 높이 1.5미터 이상으로서 출입구에 인접하도록 설치하여야 한다.
> ③ 피난층으로 향하는 피난구의 위치를 안내할 수 있도록 제1항의 출입구 인근 천장에 제1항에 따라 설치된 피난구유도등의 면과 수직이 되도록 피난구유도등을 추가로 설치해야 한다.

97 화재 시의 제연방식 중 다음 〈보기〉에서 설명하고 있는 제연방식으로 바른 것은?

> **보기**
>
> 기계급기, 자연배기로서 불의 확대로 복도로의 역류에 주의하며, 피난계단 등 아파트, 특별피난계난 등에 주로 사용한다.

① 제1종 제연방식   ② 제2종 제연방식
③ 제3종 제연방식   ④ 제4종 제연방식
⑤ 밀폐제연방식

해설 〈보기〉는 제2종 제연방식에 대한 설명이다.

> **더 알아보기 기계식 제연방식**
> ◦ 제1종 제연방식 : 기계급기, 기계배기로서 급배기 균형에 주의하여 대형건물, 복합건축물 등에 주로 사용한다.
> ◦ 제2종 제연방식 : 기계급기, 자연배기로서 불의 확대로 복도로의 역류에 주의하며, 피난계단 등 아파트, 특별피난계난 등에 주로 사용한다.
> ◦ 제3종 제연방식 : 자연급기, 기계배기로서 작은 공장 등에서 주로 사용되는 제연방식으로 흔한 방식이다.
> ※ 기계급기 : 송풍기를 말한다.
>   기계배기 : 배연기, 배풍기, 제연기를 말한다.
>   배연기 : 연기를 배출하는 방식의 기계로서 배풍기, 제연기라고도 한다.

98 건축물 화재 시의 제연방식 중 다음 〈보기〉에서 설명하고 있는 제연방식으로 바른 것은?

> **보기**
>
> 화재 초기에 이어서 화재실의 내압을 낮추고, 연기를 다른 구획으로 누출시키지 않는 점에서 우수하며 연기의 확산을 방지하여 흡인효과를 증대시키기 위해 방연 수직벽이나 접어올림 천장 등을 병용하는 일반적인 제연방식이다.

① 제1종 제연방식   ② 제2종 제연방식
③ 제3종 제연방식   ④ 스모크타워 제연방식
⑤ 밀폐제연방식

해설 〈보기〉는 제3종 제연방식에 대한 설명이다.

> **더 알아보기 제3종 제연방식**
> 자연급기, 기계배기로서 작은 공장 등에서 주로 사용되는 제연방식으로 흔한 방식이다. 이 방식은 흡입 송풍기 없이 배연기만을 천장이나 벽면 위쪽에 설치하여 화재로 인하여 발생한 연기를 흡입하여 옥외로 배출하는 방식이다. 연기의 확산을 방지하여 흡인효과를 증대시키기 위해 방연 수직벽이나 접어올림 천장 등을 병용한다. 많이 사용하는 제연방연방식으로 화재 초기에 이어서 화재실의 내압을 낮추고, 연기를 다른 구획으로 누출시키지 않는다는 점에서 우수한 방식이다.

99 「특별피난계단의 계단실 및 부속실에서 제연설비의 화재안전기준(NFPC 501A)」에 관한 설명으로 옳지 않은 것은?

① 제연구역이란 제연하고자 하는 계단실 또는 부속실을 말한다.
② 제연설비는 특별피난계단이나 그 부속실에 설치하는데 급기댐퍼로 공기를 넣고 배기댐퍼로 연기를 배출하는 설비를 포함하여 제연이라고 한다.
③ 특별피난계단의 계단실이나 그 부속실은 공기를 가압하거나 방연하는 방식의 제연설비를 하는데 내부가 일정 압력 이상이 되면 플랩댐퍼가 작동하지 않아야 한다.
④ 유입공기의 배출에서 제연설비에 따른 배출은 거실제연설비가 설치되어 있고 해당 옥내로부터 옥외로 배출해야 하는 유입공기의 양을 거실제연설비의 배출량에 합하여 배출하는 경우 유입공기의 배출은 해당 거실제연설비에 따른 배출로 갈음할 수 있다.
⑤ 예상제연구역의 공기유입 풍속은 5m/sec 이하, 배출기의 흡입 측 풍도(유입풍도)의 풍속은 15m/sec 이하, 유입풍도 안의 풍속은 20m/sec 이하여야 한다.

▌정답   **97** ②   **98** ③   **99** ③

◎ 해설 특별피난계단의 계단실이나 그 부속실은 공기를 가압하거나 방연하는 방식의 제연설비를 하는데 내부가 일정 압력 이상이 되면 플랩댐퍼가 작동하여야 한다.

> **더 알아보기** **「특별피난계단의 계단실 및 부속실 제연설비의 화재안전성능기준(NFPC 501A)」**
> ◦ 제연구역 : 제연하고자 하는 계단실 또는 부속실을 말한다.
> ◦ 플랩댐퍼 : 제연구역의 압력이 설정압력범위를 초과하는 경우 제연구역의 압력을 배출하여 설정 압력 범위를 유지하게 하는 과압방지장치를 말한다.
> ◦ 제연설비에 따른 유입공기의 배출 : 거실제연설비가 설치되어 있고 당해 옥내로부터 옥외로 배출해야 하는 유입공기의 양을 거실제연설비의 배출량에 합하여 배출하는 경우 유입공기의 배출은 당해 거실제연설비에 따른 배출로 갈음할 수 있다.

100 화재발생 시 연기가 침입하는 것을 방지하고 산소와 함께 외부의 신선한 공기를 불어 넣음으로써 인명대피와 동시에 소방대원의 소화활동을 원활하게 돕는 제연설비에 대한 설명으로 옳지 않은 것은?

① 하나의 제연구역 면적은 600m² 이내로 할 것
② 통로상 제연구역은 보행중심선의 길이가 60m를 초과하지 않을 것
③ 하나의 제연구역은 직경 60m 원내에 들어갈 수 있을 것
④ 하나의 제연구역은 2개 이상 층에 미치지 않도록 할 것
⑤ 제연설비의 자동 작동과정은 '화재감지기 작동 → 수신기 → 급·배기댐퍼 작동 → 팬 작동 → 제연' 순이다.

◎ 해설 하나의 제연구역 면적은 1,000m² 이내로 해야 한다.

> **더 알아보기** **제연설비**
> ◦ 거실과 통로(복도 포함)는 각각 제연구획하여야 한다. 제연구역의 구획은 보·제연경계벽 및 벽(가 동벽·방화셔터·방화문 포함)으로 한다.
> ◦ 제연경계의 폭이(천장, 반자로부터 그 수직 하단까지의 거리) 0.6m 이상이고 수직거리가 2m 이내이어야 한다(단, 불가피한 경우 2m 초과).
> ◦ 배연구는 실의 상부에 설치하고 급기구는 바닥 부분 하부에 설치하여야 한다.
> ◦ 유입풍도 안의 풍속은 20m/sec 이하이어야 한다.
> ◦ 배출기흡입 측 풍도 안의 풍속은 15m/sec 이하로 하고, 배출 측 풍속은 20m/sec 이하로 한다.
> ◦ 예상제연구역의 각 부분으로부터 하나의 배출구까지 수평거리는 10m 이내가 되도록 해야 한다.
> ◦ 예상제연구역에 대한 공기유입량은 규정에 따른 배출량 이상이 되도록 하여야 한다.
> ◦ 제연설비에서 가동식의 벽·제연경계벽·댐퍼 및 배출기의 작동은 화재감지기와 연동되어야 하며, 예상제연구역 및 제어반에서 수동으로 기동이 가능하도록 하여야 한다.
> ◦ 제연설비의 자동 작동과정은 '화재감지기 작동 → 수신기 → 급·배기댐퍼 작동 → 팬 작동 → 제연' 순이다.

101 광전식 연기감지기에 해당되는 것을 모두 고르시오.

> ㄱ. 광전식 분리형 감지기   ㄴ. 광전식 공기흡입형 감지기
> ㄷ. 광전식 스포트형 감지기   ㄹ. 이온화식 스포트형 감지기

① ㄱ, ㄴ   ② ㄷ, ㄹ
③ ㄱ, ㄴ, ㄷ   ④ ㄴ, ㄷ, ㄹ
⑤ ㄱ, ㄴ, ㄷ, ㄹ

해설 | ㄹ. 이온화식 스포트형 감지기는 이온화식 감지기에 해당된다.

> **더 알아보기   연기감지기의 의의 및 종류**
> 1) 연기감지기의 의의
>   ◦ 연기감지기는 20m 미만의 계단, 복도, 방송국 등 높은 천장에 설치한다.
>   ◦ 이온화식(스포트형)과 광전식(스포트형·분리형·공기흡입형)이 있다.
> 2) 연기감지기의 종류
>   ◦ 이온화식(이온전류)
>   - 이온화식 스포트형 감지기 : 연기에 의한 이온전류 변화에 의해 작동하는 것으로 이는 일국
>   소의 열효과에 의해 작동한다.
>   ◦ 광전식
>   - 광전식 스포트형 감지기 : 주위의 공기가 일정 농도의 연기를 포함하게 되는 경우에 작동한
>   다. 이 감지기는 일국소의 연기에 의하여 광전소자에 접하는 광량의 변화로 작동한다.
>   - 광전식 분리형 감지기 : 발광부와 수광부로 구성된 구조로, 발광부와 수광부 사이의 공간에
>   일정 농도의 연기를 포함하게 되는 경우에 작동한다.
>   - 광전식 공기흡입형 감지기 : 감지기 내부에 장착된 공기흡입장치이다. 감지하고자 하는 위
>   치의 공기를 흡입하고 흡입된 공기에 일정 농도의 연기가 포함된 경우에 작동한다.

102 다음 중 연기감지기에 해당되지 않는 것은?

① 보상식 스포트형 감지기   ② 광전식 분리형 감지기
③ 광전식 스포트형 감지기   ④ 광전식 공기흡입형 감지기
⑤ 이온화식 스포트형 감지기

해설 | 보상식 스포트형 감지기는 열감지기에 해당된다.

> **더 알아보기   연기감지기의 종류**
> 연기감지기는 이온화식과 광전식 감지기로 구분되며, 광전식 감지기에는 광전식 스포트형(산란광
> 식) 감지기, 광전식 분리형(감광식) 감지기, 광전식 공기흡입형 감지기 방식이 있다.

정답 | 100 ①   101 ③   102 ①

103 다음 중 연기감지기 설치장소 및 기준으로 옳지 않은 것은?

① 공동주택·오피스텔·숙박시설·노유자시설·수련시설에서 취침·숙박 용도로 사용되는 거실에 설치해야 한다.

② 의료시설, 근린생활시설 중 입원실이 있는 의원·조산원에서 사용되는 거실에 설치해야 한다.

③ 연기감지기는 복도 및 통로에 있어서는 보행거리 30m마다, 계단 및 경사로에 있어서는 수직거리 15m마다 1개 이상으로 해야 한다(3종 제외).

④ 엘리베이터 승강로(권상기실이 있는 경우에는 권상기실)·린넨슈트·파이프 피트 및 덕트 기타 이와 유사한 장소에 설치하여야 한다.

⑤ 광전식 분리형와 광전식 공기흡입형 중 감지선형방식은 부착높이 20m 이상에 설치할 수 있다.

해설 광전식 분리형와 광전식 공기흡입형 중 아날로그방식은 부착높이 20m 이상에 설치할 수 있다.

> **더 알아보기 연기감지기 설치높이**
> - 4m 미만 : 이온화식 또는 광전식(스포트형, 분리형, 공기흡입형), 연기복합형, 열·연기복합형
> - 4m 이상 8m 미만 : 이온화식 1종 또는 2종, 광전식(스포트형, 분리형, 공기흡입형) 1종 또는 2종, 연기복합형, 열·연기복합형
> - 8m 이상 15m 미만 : 이온화식 1종 또는 2종, 광전식(스포트형, 분리형, 공기흡입형) 1종 또는 2종, 연기복합형
> - 15m 이상 20m 미만 : 이온화식 1종, 광전식(스포트형, 분리형, 공기흡입형) 1종, 연기복합형
> - 20m 이상 : 광전식(분리형, 공기흡입형) 중 아날로그방식

104 감지기 형식의 구분에 관한 설명으로 옳지 않은 것은?

① 방수 유무에 따라 방수형과 비방수형으로 구분한다.

② 내식성 유무에 따라 내산형, 내알칼리형과 보통형으로 구분한다.

③ 화재신호의 발신방법에 따라 무선식과 유선식으로 구분한다.

④ 방폭구조 여부에 따라 방폭형, 비방폭형으로 구분한다.

⑤ 불꽃감지기는 설치장소에 따라 옥내형, 옥외형, 도로형으로 구분한다.

해설 화재신호의 발신방법에 따라 단신호식, 다신호식 또는 아날로그식으로 구분한다.

> **더 알아보기 감지기 형식의 구분**
> ◦ 방수 유무에 따른 구분 : 방수형, 비방수형
> ◦ 방폭구조 여부에 따른 구분 : 방폭형, 비방폭형
> ◦ 재용성 유무에 따른 구분 : 재용형, 비재용형
> ◦ 연기의 축적에 따른 구분 : 축적형, 비축적형
> ◦ 내식성 유무에 따른 구분 : 내산형, 내알칼리형, 보통형
> ◦ 화재신호의 전달방법에 따른 구분 : 무선식, 유선식
> ◦ 화재신호의 발신방법에 따른 구분 : 단신호식, 다신호식 또는 아날로그식
> ◦ 불꽃감지기 설치장소에 따른 구분 : 옥내형, 옥외형, 도로형

105 자동화재탐지설비의 감지기 종류에 대한 설명이다. (   ) 안에 들어갈 내용으로 옳은 것은?

> 주위온도가 일정 상승률 이상이 되는 경우에 작동하는 것으로서 일국소의 열효과에 의하여 작동하는 것을 (ㄱ) 감지기라 하고, 일국소의 주위온도가 일정한 온도 이상이 되는 경우에 작동하는 것으로서 외관이 전선으로 되어 있지 아니한 것을 (ㄴ) 감지기라 한다. 이들 두 감지기의 성능을 겸한 것으로서 두 성능 중 어느 하나가 작동되면 화재신호를 발하는 것을 (ㄷ) 감지기라고 한다.

	ㄱ	ㄴ	ㄷ
①	정온식 스포트형	차동식 스포트형	보상식 스포트형
②	정온식 분포형	차동식 분포형	열복합식
③	차동식 스포트형	정온식 스포트형	보상식 스포트형
④	차동식 분포형	정온식 분포형	열복합식
⑤	차동식 감지선형	정온식 감지선형	열연복합식

해설 ㄱ. 차동식 스포트형, ㄴ. 정온식 스포트형, ㄷ. 보상식 스포트형이다.

> **더 알아보기 열감지기 종류**
> ◦ 차동식 감지기 : 실내온도의 상승, 즉 상승속도가 일정한 값을 넘었을 때 작동하는 것으로 난방, 취사 및 기상의 변화와 같이 보통의 온도변화, 즉 정상적으로 상승하는 온도에 동작한다.
> ◦ 정온식 감지기 : 주위온도가 일정 온도 이상으로 상승하였을 때 작동하는 것으로 스포트형과 감지선형이 있다.
> ◦ 보상식 감지기 : 차동식의 단점을 보완하고, 차동·정온식의 장점을 따서 차동성을 가지면서 고온에서도 반드시 작동하도록 한 것이다.

106 옥내소화전설비용 수조의 설치기준으로 옳지 않은 것은?

① 동결방지조치를 하거나 동결의 우려가 없는 장소에 설치할 것
② 수조의 상단이 바닥보다 높은 때에는 수조의 외측에 고정식 사다리를 설치할 것
③ 수조가 실외에 설치된 때에는 그 주변에 조명설비를 설치할 것
④ 수조의 밑 부분에는 청소용 배수밸브 또는 배수관을 설치할 것
⑤ 수조의 외측에 수위계를 설치할 것

🎯 해설 | 수조가 실외에 설치된 때가 아니라 실내에 설치된 때에는 그 실내에 조명설비를 설치하여야 한다.

> **더 알아보기** 「옥내소화전설비의 화재안전성능기준(NFPC 102)」 제4조 제6항
> ⑥ 옥내소화전설비용 수조는 다음 각 호의 기준에 따라 설치해야 한다.
> 1. 점검에 편리한 곳에 설치할 것
> 2. 동결방지조치를 하거나 동결의 우려가 없는 장소에 설치할 것
> 3. 수조에는 수위계, 고정식 사다리, 청소용 배수밸브(또는 배수관), 표지 및 실내 조명 등 수조의 유지관리에 필요한 설비를 설치할 것

> **더 알아보기** 「옥내소화전설비의 화재안전기술기준(NFTC 102)」 2.1.6
> 옥내소화전설비용 수조는 다음 각 호의 기준에 따라 설치해야 한다.
> 1. 점검에 편리한 곳에 설치할 것
> 2. 동결방지조치를 하거나 동결의 우려가 없는 장소에 설치할 것
> 3. 수조의 외측에 수위계를 설치할 것. 다만, 구조상 불가피한 경우에는 수조의 맨홀 등을 통하여 수조 안의 물의 양을 쉽게 확인할 수 있도록 해야 한다.
> 4. 수조의 상단이 바닥보다 높은 때에는 수조의 외측에 고정식 사다리를 설치할 것
> 5. 수조가 실내에 설치된 때에는 그 실내에 조명설비를 설치할 것
> 6. 수조의 밑 부분에는 청소용 배수밸브 또는 배수관을 설치할 것
> 7. 수조 외측의 보기 쉬운 곳에 "옥내소화전소화설비용 수조"라고 표시한 표지를 할 것. 이 경우 그 수조를 다른 설비와 겸용하는 때에는 그 겸용되는 설비의 이름을 표시한 표지를 함께 해야 한다.
> 8. 소화설비용 펌프의 흡수배관 또는 소화설비의 수직배관과 수조의 접속부분에는 "옥내소화전소화설비용 배관"이라고 표시한 표지를 할 것. 다만, 수조와 가까운 장소에 소화설비용 펌프가 설치되고 해당 펌프에 2.2.1.15에 따른 표지를 설치한 때에는 그렇지 않다.

107 한 유체 내의 흐름에서는 어떤 단면에서도 위치, 속도, 압력과 각 수두의 합은 일정하다는 법칙은 무엇인가?

① 베르누이의 법칙   ② 샤를의 법칙
③ 이상기체상태 방정식   ④ 보일의 법칙
⑤ 아보가드로 법칙

> 🔍 **해설** 베르누이의 법칙 : 유체에 작용하는 압력은 유체가 빨리 흐르면 작아지고, 유체가 느리게 흐르면 커진다는 법칙으로, 유체 내의 흐름에서는 어떤 단면에서도 위치, 속도, 압력과 각 수두의 합은 일정하다는 것이다.

108 펌프 이상현상 중 공동현상에 대한 내용으로 옳지 않은 것은?

① 공동현상이란 펌프의 흡입압력이 액체의 증기압보다 낮을 때 발생되며 이때 물이 증발되고 물 속에 용해되어 있던 공기가 물과 분리되어 기포가 발생되는 현상을 말한다.
② 펌프의 흡입 측 수두가 클 경우 소화펌프의 흡입높이가 클 때 공동현상이 발생할 수 있다.
③ 펌프의 흡입 측 수두를 작게 하거나 펌프의 설치 위치를 수원보다 낮게 하면 공동현상을 방지할 수 있다.
④ 펌프의 흡입거리가 길거나 펌프의 흡입관경이 너무 작을 경우 공동현상이 발생할 수 있다.
⑤ 펌프의 흡입압력이 유체의 증기압보다 높을 경우 공동현상이 발생할 수 있다.

> 🔍 **해설** 펌프의 흡입압력이 유체의 증기압보다 낮을 경우 공동현상이 발생할 수 있다. 이는 흡입력이 없을 때이다.

109 다음 중 공동현상의 방지대책으로 옳지 않은 것은?

① 펌프의 흡입 측 수두를 작게 하며 마찰손실을 줄인다.
② 흡입관의 길이를 짧게 하거나 배관의 굴곡부를 줄인다.
③ 펌프의 높이를 수원보다 낮게 위치시킨다.
④ 펌프의 흡입관의 구경을 작게 한다.
⑤ 펌프를 2대 이상 설치한다.

> 🔍 **해설** 공동현상은 진공 속에 들어온 물이 증발하여 수증기가 되는 현상이다. 이에 대한 방지대책으로 펌프의 흡입관은 구경을 크게 한다.
>
> ┌───
> │ **더 알아보기** **공동현상의 방지대책**
> │ • 펌프의 흡입 측 수두를 작게 한다. : 펌프의 높이를 낮게 한다.
> │ • 펌프의 임펠러 속도를 작게 한다. : 마찰을 줄어들게 한다.
> │ • 마찰손실을 작게 한다. : 펌프의 마찰을 작게 한다.
> │ • 펌프의 설치 위치를 수원보다 낮게 한다. : 펌프의 위치가 낮을수록 공동화현상을 방지한다.
> └───

▶정답 | 106 ③ 107 ① 108 ⑤ 109 ④

> ○ 배관 내 수온을 낮춰준다.
> ○ 흡입관의 배관을 간단히 한다. : 배관이 휘고 복잡하면 더 부딪혀 마찰로 인한 기포가 발생한다.
> ○ 펌프의 흡입관경을 크게 한다.
> ○ 펌프를 2대 이상 설치한다.

110 펌프 이상현상 중 수격작용에 대한 내용으로 옳지 않은 것은?

① 펌프에서 유체가 이동 시 정전 등으로 갑자기 펌프가 정지한 경우 혹은 밸브를 갑자기 잠글 경우 유속이 급변하여 압력변화를 가져와 배관 내의 벽면을 치는 현상이라 할 수 있다.

② 정전 등으로 갑자기 펌프가 정지할 경우 수격작용이 발생할 수 있다.

③ 관로에 서지 탱크(surge tank)를 설치하거나 플라이휠(flywheel)을 부착하여 펌프의 급격한 속도 변화를 억제하면 수격현상을 방지할 수 있다.

④ 급히 밸브를 잠글 경우 또는 펌프의 정상 운전 시 유체의 압력 변동이 있는 경우 수격작용이 발생할 수 있다.

⑤ 배관지름을 작게 하면 동일한 유량일 때 유속이 증가하므로 수격현상 방지에 도움이 된다.

해설 │ 배관지름을 크게 하면 동일한 유량일 때 유속이 감소하므로 수격현상 방지에 도움이 된다.

111 자동기동방식의 펌프가 수원의 수위보다 높은 곳에 설치된 옥내소화전설비의 구성요소를 있는 대로 모두 고른 것은?

ㄱ. 기동용 수압개폐장치	ㄴ. 릴리프밸브
ㄷ. 동력제어반	ㄹ. 솔레노이드밸브
ㅁ. 물올림장치	

① ㄱ, ㄴ, ㅁ   ② ㄷ, ㄹ, ㅁ
③ ㄱ, ㄴ, ㄷ, ㄹ   ④ ㄱ, ㄴ, ㄷ, ㅁ
⑤ ㄱ, ㄴ, ㄷ, ㄹ, ㅁ

해설 │ ㄹ. 솔레노이드밸브는 준비작동식 스프링클러, 이산화탄소 소화설비, 할로겐화합물 소화설비의 구성요소이다.

112 「소방시설 설치 및 관리에 관한 법률 시행령」과 「공동주택의 화재안전성능기준(NFPC 608)」에 대한 설명으로 옳지 않은 것은?

① 소화기는 바닥면적 100제곱미터마다 1단위 이상의 능력단위를 기준으로 설치할 것
② 옥내소화전설비는 층수가 4층 이상인 것 중 바닥면적이 600m² 이상인 층이 있는 것에 설치할 것
③ 자동화재속보설비는 노유자 시설로서 바닥면적이 500m² 이상인 층이 있는 것에 설치할 것
④ 자동화재탐지설비는 층수가 5층 이상인 건축물의 경우 모든 층에 설치할 것
⑤ 아파트 등의 경우 각 세대마다 피난기구를 설치할 것

🎯해설 │ 자동화재탐지설비는 층수가 6층 이상인 건축물의 경우에는 모든 층에 설치한다.

113 피난구조설비 중 피난기구에 대한 설명으로 옳지 않은 것은?

① 완강기란 사용자의 몸무게에 따라 자동적으로 내려올 수 있는 기구 중 사용자가 교대하여 연속적으로 사용할 수 있는 것을 말한다.
② 구조대란 포지 등을 사용하여 자루형태로 만든 것으로서 화재 시 사용자가 그 내부에 들어가서 내려옴으로써 대피할 수 있는 것을 말한다.
③ 승강식 피난기란 사용자의 몸무게에 의하여 자동으로 하강하고 내려서면 스스로 상승하여 연속적으로 사용할 수 있는 무동력 승강식 기기를 말한다.
④ 미끄럼대란 사용자가 미끄럼식으로 신속하게 지상 또는 피난층으로 이동할 수 있는 피난기구를 말한다.
⑤ 피난교란 화재 층과 직상 층을 연결하는 계단 형태의 피난기구를 말한다.

🎯해설 │ **더 알아보기** 정의(「피난기구의 화재안전성능기준(NFPC 301)」제4조 제10호·제11호)
◦ "피난교"란 인근 건축물 또는 피난층과 연결된 다리 형태의 피난기구를 말한다.
◦ "피난용 트랩"이란 화재 층과 직상 층을 연결하는 계단 형태의 피난기구를 말한다.

▌정답 110 ⑤ 111 ④ 112 ④ 113 ⑤

정태화
소방학개론
단원별 500제

　www.pmg.co.kr

소방조직

01 다음 〈보기〉에서 우리나라 소방의 시대별 발전과정에 관한 내용으로 옳은 것만 고른 것은?

> **보기**
>
> ㄱ. 고려시대 : 금화도감을 설치하였다.
> ㄴ. 조선시대 : 일본에서 들여온 수총기를 궁정소방대에 처음으로 구비하였다.
> ㄷ. 일제강점기 : 우리나라 최초로 소방서를 설치하였다.
> ㄹ. 미군정시대 : 소방을 경찰에서 분리하여 최초로 독립된 자치적 소방제도를 시행하였다.
> ㅁ. 중앙소방학교 설립(1978) 당시 : 국가소방과 자치소방의 이원적 체제였다.
> ㅂ. 대구지하철 화재 발생(2003) 당시 : 국가소방체제였다.

① ㄱ, ㄴ, ㄷ   ② ㄱ, ㄷ, ㄹ
③ ㄴ, ㄷ, ㅁ   ④ ㄴ, ㄹ, ㅂ
⑤ ㄷ, ㄹ, ㅁ

◎ **해설** ㄱ. 조선시대 세종 8년에 금화도감을 설치하였다.
ㄴ. 조선시대 경종 3년에 중국으로부터 수총기를 도입하였다.
ㅂ. 1992년 이후부터 현재까지 우리나라의 소방체제는 광역자치소방체제이다.

02 다음 중 우리나라에서 처음으로 독립된 자치소방체제가 성립되었던 시기는?

① 1945년 ~ 1948년   ② 1948년 ~ 1970년
③ 1971년 ~ 1992년   ④ 1992년 ~ 2003년
⑤ 2003년 ~ 2020년

◎ **해설** 우리나라에서 처음으로 경찰조직에서 소방이 분리 독립하게 된 시기는 미군정시대(1945년 ~ 1948년)이다.

03 우리나라 소방행정체제의 변천과정에 관한 내용으로 옳은 것은?

① 중앙소방위원회 설치(1946년) 당시에는 자치소방체제였다.
② 정부 수립(1948년) 당시에는 국가소방과 자치소방의 이원적 체제였다.
③ 중앙소방학교 설립(1978년) 당시에는 국가소방체제였다.
④ 소방방재청 설립(2004년) 당시에는 국가소방과 자치소방의 이원적 체제였다.
⑤ 소방공무원의 국가직 신분전환(2020년) 당시에는 국가소방체제였다.

> **해설** ② 정부 수립(1948년) 당시에는 국가소방체제였다.
> ③ 중앙소방학교 설립(1978년) 당시에는 국가소방과 자치소방의 이원적 체제였다.
> ④ 소방방재청 설립(2004년) 당시부터 현재(2024년)까지 소방체제는 광역자치소방체제이다.
> ⑤ 1992년 이후부터 현재까지 우리나라의 소방체제는 광역자치소방체제이다.

04 우리나라 소방행정체제의 변천과정에 관한 내용으로 옳지 않은 것은?

① 대한민국 정부 수립(1948년) 당시에는 군사소방체제였다.
② 소방법 제정(1958년) 당시에는 국가소방체제였다.
③ 내무부 민방위본부 창설(1975년) 당시에는 국가소방과 자치소방의 이원적 체제였다.
④ 대구지하철 화재 발생(2003년) 당시에는 광역자치소방체제였다.
⑤ 소방공무원 신분의 국가직 전환(2020년) 당시에는 국가소방과 자치소방의 광역자치소방체제였다.

> **해설** 군사소방체제 : 소방은 임무의 특성상 모든 체제에서 준군사적 체제의 특징을 가지고 있으나 이는 행정체제의 변천과정으로 특정 시대에 한정되지 않는다.

05 1426년(세종 8년) 한성부 내에서 두 번의 대형화재가 발생한 것을 계기로 우리나라에 최초로 설치된 소방조직은 무엇인가?

① 금화군　　　　　　　　　　　　② 멸화군
③ 금화도감　　　　　　　　　　　④ 수성금화도감
⑤ 화통도감

▌정답　01 ⑤　02 ①　03 ①　04 ①　05 ③

해설 금화도감은 1426년(세종 8년) 한성부 내에서 두 번의 대형화재가 발생하여 많은 가옥, 재산 및 백성의 생명을 잃은 것을 계기로 설치되었다. 금화도감은 오늘날의 상비소방제도의 기능을 갖춘 것으로 병조에 설치되었다.

> **더 알아보기** 금화도감
>
> 금화도감은 세종 8년(1426년)에 방화업무를 관장하기 위하여 설치되었으나, 이후에 화재가 발생하지 않았다. 4개월 후에 금화도감과 성문이 병합되어 수성금화도감이 되었다.

06 조선 초기에 최초의 소방관 또는 소방수를 의미하는 용어로 옳은 것은?

① 금화도감   ② 금화군

③ 멸화군   ④ 상비소방수

⑤ 수성금화사

해설 세종 13년(1431년) 시행된 금화군 제도는 궁중·관아·민가의 화재 방어를 위해 운영된 군사조직으로, 금화군은 최초의 소방관·소방수를 의미한다.

07 현재의 '소방'이라는 용어를 '소재(消災)'라고 불렀던 시대는 언제인가?

① 삼국시대   ② 통일신라시대

③ 고려시대   ④ 조선시대

⑤ 일제강점기

해설 고려시대에는 별도의 소방조직은 없었으나 금화제도가 시행되었으며, 소방을 소재(消災)라 칭하기도 했으며, 화통도감을 두어 화약을 따로 관리하였다.

08 조상들이 불을 사용하기 시작하면서 생활에 많은 변화가 발생하게 된 시기는 언제인가?

① 구석기시대   ② 신석기시대

③ 철기시대   ④ 청동기시대

⑤ 중석기시대

해설 우리 조상들은 약 70만년 전 ~ 1만년 전인 구석기시대부터 불을 사용했다.

09 우리나라의 소방조직에 관한 설명으로 옳지 않은 것은?

① 우리나라 최초의 소방조직은 수성금화도감이다.
② 우리나라에 최초로 설립된 소방서는 경성소방서이다.
③ 우리나라 최초의 소방청은 미군정시대에 설치되었다.
④ 우리나라의 「소방법」은 1958년에 제정되었다.
⑤ 우리나라의 「재난관리법」은 1995년에 제정되었다.

해설 │ 우리나라 최초의 소방조직은 수성금화도감이 아니라 금화도감이다.

10 소방법의 제정과 개정으로 인한 소방업무의 변천과정으로 옳지 않은 것은?

① 1958년 「소방법」 제정으로 화재, 풍수해·설해의 예방·경계·진압이 소방의 업무로 정의되었다.
② 1967년 「소방법」 개정으로 소방업무에서 풍수해·설해가 제외되고, 화재의 예방·경계·진압으로 업무를 전문화하였다.
③ 1983년 「소방법」 개정으로 구급대의 운영규정 신설하여 소방업무에 구급업무를 추가하였다.
④ 1995년 「재난 및 안전관리 기본법」 제정으로 소방관서장에게 재난현장의 통제관 임무를 부여하였다.
⑤ 2003년 「소방법」이 4대 법률로 분법하여 「소방기본법」, 「소방시설공사업법」, 「화재예방, 소방시설 설치·유지 및 안전관리에 관한 법률」, 「위험물안전관리법」이 되었다.

해설 │ 1995년 「재난관리법」이 제정되면서 소방관서장에게 재난현장의 통제관 임무 부여(「재난관리법」 제24조, 제25조) → 2004년 「재난관리법」을 폐지하고 「재난 및 안전관리 기본법」 제정

11 **세종 8년 설치된 금화도감에 대한 설명으로 옳지 않은 것은?**

① 통금시간이 시작되면 불을 끄러 가는 사람에게 구화패를 발급하였다.
② 화재가 발생하면 처음에는 소라껍질로 만든 나팔을 불었다.
③ 화재를 진화할 때에 군인은 병조에서 감독하였다.
④ 우리나라 최초의 소방관서라고 할 수 있다.
⑤ 금화도감에서 시행한 진압대책으로는 신패발급, 진압대원 규정, 화재전파 등이 있다.

🎯 **해설** │ 화재가 발생하면 처음에는 의금부에서 종을 쳐서 화재를 알렸다.

12 **우리나라 소방조직에 관한 설명으로 옳지 않은 것은?**

① 우리나라 최초의 소방관·소방수는 어사대이다.
② 우리나라 최초로 설립된 소방서는 경성소방서이다.
③ 우리나라 최초의 소방청은 미군정시대에 설치되었다.
④ 우리나라 「소방법」은 1958년에 제정되었다.
⑤ 우리나라는 1972년 서울특별시와 부산광역시에 소방본부를 설치하였다.

🎯 **해설** │ 우리나라 최초의 소방관·소방수는 금화군이다.

13 **미군정시대부터 우리나라 소방역사에 대한 설명으로 옳지 않은 것은?**

① 미군정기에 최초의 독립된 자치소방행정체제를 실시하였다.
② 1958년에 「소방법」이 제정되었다.
③ 1972년에 전국 모든 시·도에 소방본부를 설치하였다.
④ 1977년에 국가·지방소방공무원에 대한 단일신분법이 제정되었다.
⑤ 2017년에 소방청이 설립되었다.

🎯 **해설** │ • 1972년 서울과 부산에 최초의 소방본부를 설치하였다.
│ • 1992년 전국 모든 시·도에 소방본부를 설치하였다.

14 다음 중 우리나라의 소방역사에 대한 설명으로 옳지 않은 것은?

① 1426년 – 병조에 금화도감이 만들어지면서 수성금화도감으로 개편하였다.
② 1945년 – 경찰조직에서 소방을 분리 독립하여 자치소방체제가 되었다.
③ 1975년 – 내무부 민방위본부에 소방국이 설치되었다.
④ 1992년 – 소방이 광역소방행정체계로 전환되면서 처음으로 소방본부가 설치되었다.
⑤ 2004년 – 소방공무원, 민방위업무 등을 담당하는 소방방재청이 설립되었다.

🎯**해설** • 1972년 – 소방이 광역소방행정체계로 전환되면서 처음으로 소방본부 설치
• 1992년 – 소방이 광역소방행정체계로 전환되면서 전국 모든 시·도에 소방본부 설치

15 다음 중 소방행정의 업무적 특성이 아닌 것은?

① 현장성
② 계층성
③ 독립성
④ 신속성
⑤ 전문성

🎯**해설** 소방행정의 업무적 특성에는 현장성, 대기성, 신속성, 정확성, 전문성, 일체성(계층성, 통일성),
가외성, 위험성, 결과성, 강제성 등이 있다. 독립성은 해당되지 않는다.

16 소방조직에 대한 설명으로 옳지 않은 것은?

① 소방조직은 화재를 비롯한 각종 재난과 사고로부터 국민의 생명·신체 및 재산을 보호함
으로써 공공의 안녕 및 질서 유지와 복리증진에 이바지함을 목적으로 하는 공익조직이다.
② 소방자동차의 긴급통행 및 소방공무원의 출입 검사의 실시는 소방행정작용 중 수인하명
에 해당된다.
③ 국고보조금의 산정 기준은 수입물품은 정부고시가격으로, 국내조달품은 조달청에서 조
사한 가격을 기준으로 산정한다.
④ 시·도의 소방업무를 수행하는 소방기관의 설치에 필요한 사항은 대통령령으로 정한다.
⑤ 소방공무원은 공무원 분류상 경력직 중 특정직 공무원에 해당한다.

▮**정답** 11 ② 12 ① 13 ③ 14 ④ 15 ③ 16 ③

2025 정태화 소방학개론 단원별 500제

해설

> **더 알아보기 국고보조산정을 위한 기준가격(「소방기본법 시행규칙」 제5조 제2항)**
> ② 국가보조산정을 위한 기준가격은 다음 각 호와 같다.
>   1. 국내조달품 : 정부고시가격
>   2. 수입물품 : 조달청에서 조사한 해외시장의 시가
>   3. 정부고시가격 또는 조달청에서 조사한 해외시장의 시가가 없는 물품 : 2 이상의 공신력 있는 물가조사기관에서 조사한 가격의 평균가격

17 「소방기본법 시행령」상 국고보조 대상사업의 범위에 해당하지 않는 것은?

① 소방자동차 구입
② 소방헬리콥터 및 소방정 구입
③ 소방전용통신설비 및 전산설비 설치
④ 방화복 등 소방활동에 필요한 소방장비 구입
⑤ 소방관서용 청사의 대수선

해설

> **더 알아보기 국고보조 대상사업의 범위와 기준보조율(「소방기본법 시행령」 제2조 제1항)**
> ① 법 제9조 제2항에 따른 국고보조 대상사업의 범위는 다음 각 호와 같다.
>   1. 다음 각 목의 소방활동장비와 설비의 구입 및 설치
>   가. 소방자동차
>   나. 소방헬리콥터 및 소방정
>   다. 소방전용통신설비 및 전산설비
>   라. 그 밖에 방화복 등 소방활동에 필요한 소방장비
>   2. 소방관서용 청사의 건축*(「건축법」 제2조 제1항 제8호에 따른 건축을 말한다)
>   * "건축"이란 건축물을 신축·증축·개축·재축(再築)하거나 건축물을 이전하는 것을 말한다.

18 소방조직의 기본원리 중에서 특정 사안에 대한 결정에 있어 개인의 의견이 참여될 뿐이고 결정은 소속기관의 기관장이 내린다는 원리는 무엇인가?

① 계선의 원리   ② 업무조정의 원리
③ 계층제의 원리   ④ 명령통일의 원리
⑤ 통솔범위의 원리

해설 │ 계선의 원리 : 특정 사안에 대한 결정에 있어 개인의 의견이 참여는 되지만 결정은 소속기관의 기관장이 내린다는 원리

19 다음 소방에 관한 규정 중 옳지 않은 것은?

① 시·도의 소방업무를 수행하는 소방기관의 설치에 필요한 사항은 대통령령으로 정한다.
② 소방업무를 수행하는 소방본부장 또는 소방서장은 그 소재지를 관할하는 시·도지사의 지휘와 감독을 받는다.
③ 소방청장, 소방본부장 및 소방서장은 119종합상황실을 설치·운영하여야 하며, 이때 필요한 사항은 행정안전부령으로 정한다.
④ 소방기관이 소방업무를 수행하는 데에 필요한 인력과 장비 등에 관한 기준은 행정안전부령으로 정한다.
⑤ 소방본부장 또는 소방서장은 화재발생 우려가 크거나 화재가 발생할 경우 피해가 클 것으로 예상되는 지역을 화재예방강화지구로 지정할 수 있다.

해설 시·도지사는 화재발생 우려가 크거나 화재가 발생할 경우 피해가 클 것으로 예상되는 지역을 화재예방강화지구로 지정하여 관리할 수 있다(「화재의 예방 및 안전관리에 관한 법률」 제18조 제1항, 제2조 제1항 제4호 참조).

20 「화재의 예방 및 안전관리에 관한 법률」상 시·도지사가 화재예방강화지구로 지정하여 관리할 수 있는 지역으로 옳은 것만을 〈보기〉에서 모두 고른 것은?

보기
ㄱ. 시장지역
ㄴ. 공장·창고가 밀집한 지역
ㄷ. 노후·불량건축물이 밀집한 지역
ㄹ. 위험물의 저장 및 처리 시설이 밀집한 지역

① ㄱ, ㄴ   ② ㄱ, ㄷ
③ ㄴ, ㄹ   ④ ㄱ, ㄴ, ㄹ
⑤ ㄱ, ㄴ, ㄷ, ㄹ

해설 **더 알아보기 화재예방강화지구의 지정 등**(「화재의 예방 및 안전관리에 관한 법률」 제18조 제1항)
① 시·도지사는 다음 각 호의 어느 하나에 해당하는 지역을 화재예방강화지구로 지정하여 관리할 수 있다.
1. 시장지역
2. 공장·창고가 밀집한 지역
3. 목조건물이 밀집한 지역

■정답 17 ⑤ 18 ① 19 ⑤ 20 ⑤

> 4. 노후·불량건축물이 밀집한 지역
> 5. 위험물의 저장 및 처리 시설이 밀집한 지역
> 6. 석유화학제품을 생산하는 공장이 있는 지역
> 7. 「산업입지 및 개발에 관한 법률」 제2조 제8호에 따른 산업단지
> 8. 소방시설·소방용수시설 또는 소방출동로가 없는 지역
> 9. 「물류시설의 개발 및 운영에 관한 법률」 제2조 제6호에 따른 물류단지
> 10. 그 밖에 제1호부터 제9호까지에 준하는 지역으로서 소방관서장이 화재예방강화지구로 지정할 필요가 있다고 인정하는 지역

21 「소방기본법」 및 「화재의 예방 및 안전관리에 관한 법률」과 하위 법령에 관련된 내용으로 옳은 것은?

① 소방관서장은 소유자가 없는 옮긴 물건 등을 14일 동안 보관한 후 종료일로부터 7일 이내에 매각 혹은 폐기할 수 있다.

② 소방관서장은 소방활동을 할 때에 긴급한 경우에는 이웃한 소방본부장 또는 소방서장에게 소방업무의 응원을 협정할 수 있다.

③ 소방관서장의 피난 명령을 위반한 경우 100만원 이하의 벌금을 부과한다.

④ 소방본부장 또는 소방서장, 소방대장은 공공의 안녕질서 유지 또는 복리증진을 위하여 필요한 경우 소방활동 외에 소방지원활동을 하게 할 수 있다.

⑤ 소방관서장은 화재예방강화지구 안의 관계인에 대하여 소방에 필요한 훈련 및 교육을 연 1회 이상 실시할 수 있다.

⊙ 해설

① 소방관서장은 옮긴 물건 등을 보관하는 경우에는 그날부터 14일 동안 해당 소방관서의 인터넷 홈페이지에 그 사실을 공고해야 하며, 옮긴 물건 등의 보관기간은 공고기간의 종료일 다음 날부터 7일까지로 한다(「화재의 예방 및 안전관리에 관한 법률 시행령」 제17조 제1항·제2항).

② 소방본부장이나 소방서장은 소방활동을 할 때에 긴급한 경우에는 이웃한 소방본부장 또는 소방서장에게 소방업무의 응원(應援)을 요청할 수 있다(「소방기본법」 제11조 제1항).

③ 소방본부장, 소방서장 또는 소방대장의 피난 명령을 위반한 경우 100만원 이하의 벌금을 부과한다(「소방기본법」 제54조 제3호).

④ 소방청장, 소방본부장 또는 소방서장은 공공의 안녕질서 유지 또는 복리증진을 위하여 필요한 경우 소방활동 외에 소방지원활동을 하게 할 수 있다(「소방기본법」 제16조의2 제1항).

22 「화재의 예방 및 안전관리에 관한 법률 시행령」상 화재의 확대가 빠른 특수가연물의 품명 및 수량으로 옳은 것은?

① 넝마 : 500킬로그램 이상
② 사류 : 1,000킬로그램 이상
③ 면화류 : 100킬로그램 이상
④ 가연성 고체류 : 2,000킬로그램 이상
⑤ 석탄·목탄류 : 3,000킬로그램 이상

⊙ 해설

더 알아보기 특수가연물의 지정수량(「화재의 예방 및 안전관리에 관한 법률 시행령」 별표 2)

품명		수량
가연성 액체류		$2m^3$ 이상
목재가공품 및 나무부스러기		$10m^3$ 이상
면화류		200kg 이상
나무껍질 및 대팻밥		400kg 이상
넝마 및 종이부스러기		1,000kg 이상
사류(絲類)		
볏짚류		
가연성 고체류		3,000kg 이상
고무류·플라스틱류	발포시킨 것	$20m^3$ 이상
	그 밖의 것	3,000kg 이상
석탄·목탄류		10,000kg 이상

〈암기 Tip〉
가액 : 2, 목 : 1, 면 : 2, 나 : 4, 넝사볏 : 천, 가고 : 3, 고플액 : 2, 고플고 : 3, 석 : 만

23 다음 설명 중 옳지 않은 것은?

① 소방행정의 업무적 특성에는 긴급성, 계층성, 규제성, 전문성, 신속·대응성, 위험성, 현장성, 결과성, 가외성 등이 있다.
② 소방조직의 기본원리는 분업의 원리, 명령통일의 원리, 업무조정의 원리, 계층제의 원리, 통솔범위의 원리, 계선의 원리 등을 말한다.
③ 민간소방조직에는 의용소방대, 자체소방대, 자위소방대가 대표적이며 위험물안전관리자, 소방안전관리자도 업무와 관련하여 이에 포함된다.
④ 의용소방대원이란 화재진압, 구조·구급 등의 소방업무를 체계적으로 수행하기 위하여 시·도 및 시·읍·면에 두며, 비상근으로 재난현장으로 배치해서 활동하는 대원을 말한다.
⑤ 「소방공무원 임용령」에서 정하는 소방기관이라 함은 소방청, 특별시·광역시·특별자치시·도·특별자치도와 중앙소방학교·중앙119구조본부·국립소방연구원·지방소방학교·서울종합방재센터·소방서·119특수대응단 및 소방체험관을 말한다.

▋정답 21 ⑤ 22 ② 23 ④

해설 의용소방대원이란 화재진압, 구조·구급 등의 소방업무를 체계적으로 보조하기 위하여 시·도 및 시·읍·면에 두며, 비상근으로 재난현장으로 배치해서 활동하는 대원을 말한다.

24 소방행정에 대한 설명으로 옳지 않은 것은?

① 소방조직은 화재를 비롯한 각종 재난과 사고로부터 국민의 생명·신체 및 재산을 보호함으로써 공공의 안녕 및 질서 유지와 복리증진에 이바지함을 목적으로 하는 공익조직이다.
② 도시의 인구집중화 현상, 건물의 고층화와 대형화, 지하생활공간의 확대, 가스·위험물 시설 및 사용량의 증가, 불특정다수가 운집하는 백화점이나 영화관의 증가 등 생활환경의 변화로 인해 소방의 역할은 날로 증가하고 있다.
③ 우리나라의 소방은 2020년 소방공무원의 신분을 국가직으로 전환함과 동시에 국가소방 체제로 전환되었다.
④ 소방행정은 위급한 재난에 대응하는 위기관리(emergency management)의 성격을 지니므로 일반행정과는 다소 다른 특징도 갖는다.
⑤ 소방청의 설립목적은 재난 관련 업무체제의 일원화를 통한 재난관리 전담기능 강화, 재난 예방 강화, 자치단체의 재난관리 기능과 민관 협조체제 강화, 구조·구급 및 현장수습 등 현장대응 체제 강화에 있다.

해설 우리나라는 2020년 소방공무원의 신분을 국가직으로 전환하였다. 그러나 소방업무는 지방자치 법에 자치사무로 규정되어 있으므로 광역자치소방체제이다.

25 다음 중 소방조직에 관한 설명으로 잘못된 것은?

① 소방공무원은 연령정년과 단계에 따른 계급정년이 있다.
② 소방공무원은 별정직 공무원이다.
③ 소방공무원의 계급구분은 11단계이다.
④ 소방공무원은 소방공무원법과 그 임용령의 적용을 받는다.
⑤ 소방체제는 현재 광역자치체계로 운영되고 있다.

해설 소방공무원은 경력직 공무원 중 특정직 공무원에 해당된다.

26 대한민국 정부 수립 이후 중앙소방조직의 변천 과정을 시간적 순서대로 옳게 나열한 것은?

① 소방방재청 − 내무부 소방국 − 내무부 치안국 소방과 − 국민안전처 중앙소방본부 − 소방청

② 소방방재청 − 내무부 치안국 소방과 − 내무부 소방국 − 국민안전처 중앙소방본부 − 소방청

③ 내무부 소방국 − 내무부 치안국 소방과 − 국민안전처 중앙소방본부 − 소방방재청 − 소방청

④ 내무부 경찰국 소방과 − 내무부 소방국 − 소방청 − 국민안전처 중앙소방본부 − 소방방재청

⑤ 내무부 치안국 소방과 − 내무부 소방국 − 소방방재청 − 국민안전처 중앙소방본부 − 소방청

⊙ 해설 내무부 치안국 소방과(1948) − 내무부 소방국(1975) − 소방방재청(2004) − 국민안전처 중앙소방본부(2014) − 소방청(2017)

27 다음 중 「소방공무원 임용령」에서 정의하는 소방기관에 해당하지 않는 것은?

① 소방청, 소방본부, 소방서, 서울소방방재센터
② 소방청, 중앙소방학교, 지방소방학교
③ 시·도와 중앙소방학교, 소방서
④ 중앙119구조본부, 지방소방학교, 소방서
⑤ 국립소방연구원, 119특수대응단, 소방체험관

⊙ 해설

> **더 알아보기   정의(「소방공무원 임용령」 제2조 제3호)**
> 3. "소방기관"이라 함은 소방청, 특별시·광역시·특별자치시·도·특별자치도(이하 "시·도"라 한다)와 중앙소방학교·중앙119구조본부·국립소방연구원·지방소방학교·서울종합방재센터·소방서·119특수대응단 및 소방체험관을 말한다.

▶정답 | 24 ③ 25 ② 26 ⑤ 27 ① |

28 다음 〈보기〉 중 「소방공무원 임용령」에서 정하는 소방기관에 해당하는 것을 모두 고르면?

보기
ㄱ. 소방청   ㄴ. 소방본부   ㄷ. 소방서   ㄹ. 119특수대응단   ㅁ. 소방체험관   ㅂ. 중앙119구조본부

① ㄱ, ㄴ, ㄷ, ㄹ
② ㄱ, ㄴ, ㄷ, ㅁ
③ ㄱ, ㄷ, ㄹ, ㅁ, ㅂ
④ ㄱ, ㄴ, ㄹ, ㅁ, ㅂ
⑤ ㄱ, ㄴ, ㄷ, ㄹ, ㅁ, ㅂ

🔎 **해설**

> **더 알아보기**   정의(「소방공무원 임용령」 제2조 제3호)
>
> 3. "소방기관"이라 함은 소방청, 특별시·광역시·특별자치시·도·특별자치도(이하 "시·도"라 한다)와 중앙소방학교·중앙119구조본부·국립소방연구원·지방소방학교·서울종합방재센터·소방서·119특수대응단 및 소방체험관을 말한다.

29 다음 중 의용소방대에 대한 설명으로 옳지 않은 것은?

① 의용소방대는 그 지역에 거주 또는 상주하는 주민 가운데 희망하는 사람으로 구성하되, 의용소방대의 설치 등에 필요한 사항은 행정안전부령으로 정한다.
② 의용소방대의 운영과 활동 등에 필요한 경비는 해당 시·도지사가 부담한다.
③ 시·도지사 또는 소방서장은 소방업무를 보조하기 위하여 시·도, 시·읍 또는 면에 의용소방대를 둔다.
④ 의용소방대원은 비상근으로 하며, 소방본부장 또는 소방서장은 소방업무를 하게 하기 위하여 필요한 때에는 의용소방대원을 소집할 수 있다.
⑤ 대장 및 부대장은 의용소방대원 중 관할 소방서장의 추천에 따라 시·도지사가 임명한다.

🔎 **해설**

> **더 알아보기**   의용소방대원의 근무 등(「의용소방대 설치 및 운영에 관한 법률」 제9조)
>
> ① 의용소방대원은 비상근(非常勤)으로 한다.
> ② 소방본부장 또는 소방서장은 소방업무를 보조하게 하기 위하여 필요한 때에는 의용소방대원을 소집할 수 있다.

30 의용소방대에 대한 설명으로 옳지 않은 것은?

① 1958년 「소방법」 제정 시 의용소방대 설치 규정이 마련되었다.

② 의용소방대는 특별시·광역시·특별자치시·도·특별자치도, 시·읍 또는 면에 둔다.

③ 의용소방대의 대장 및 부대장은 관할 소방서장이 임명한다.

④ 의용소방대원의 정년은 65세로 한다.

⑤ 의용소방대원은 소방본부장 또는 소방서장의 소집명령에 따라 화재, 구조·구급 등 재난 현장에 출동하여 소방본부장 또는 소방서장의 지휘와 감독을 받아 소방업무를 보조한다.

해설 의용소방대의 대장 및 부대장은 관할 소방서장이 아니라 시·도지사가 임명한다.

> **더 알아보기** 의용소방대의 조직(「의용소방대 설치 및 운영에 관한 법률」 제6조)
> ① 의용소방대에는 대장·부대장·부장·반장 또는 대원을 둔다.
> ② 대장 및 부대장은 의용소방대원 중 관할 소방서장의 추천에 따라 시·도지사가 임명한다.
> ③ 그 밖에 의용소방대의 조직 등에 필요한 사항은 행정안전부령으로 정한다.

31 「의용소방대 설치 및 운영에 관한 법률 시행규칙」상 의용소방대에 두는 의용소방대원의 정원으로 옳지 않은 것은?

① 시·도 : 60명 이내

② 시·읍 : 60명 이내

③ 면 : 50명 이내

④ 소방서장이 필요에 따라 관할 구역을 따로 정한 지역에 설치하는 의용소방대 : 50명 이내

⑤ 전문의용소방대 : 40명 이내

해설 전문의용소방대의 정원은 50명 이내이다.

> **더 알아보기** 정원 등(「의용소방대 설치 및 운영에 관한 법률 시행규칙」 제11조 제1항)
> ① 의용소방대에 두는 의용소방대원의 정원은 다음 각 호와 같다.
> 1. 시·도 : 60명 이내
> 2. 시·읍 : 60명 이내
> 3. 면 : 50명 이내
> 4. 시·도지사 또는 소방서장이 필요에 따라 관할 구역을 따로 정한 지역에 설치하는 의용소방 대 : 50명 이내
> 5. 전문의용소방대 : 50명 이내

정답 28 ③ 29 ④ 30 ③ 31 ⑤

32 우리나라 소방조직에 대한 구분으로 옳지 않은 것은?

① 중앙소방행정조직 - 중앙119구조본부
② 지방소방행정조직 - 서울특별시소방학교
③ 민간소방조직 - 자체소방대
④ 지방소방행정조직 - 소방서
⑤ 중앙소방행정조직 - 의용소방대

⊙ 해설 │ 민간소방행정조직 - 의용소방대

33 「소방공무원법」 및 「소방공무원 임용령」에 대한 설명으로 바르지 않은 것은?

① 소방공무원 중 소방령 이상 소방준감 이하의 소방공무원 대한 전보, 휴직, 직위해제, 강등, 정직 및 복직은 소방청장이 한다.
② 임용령에서 정하는 소방기관이라 함은 소방청, 특별시·광역시·특별자치시·도·특별자치도(시·도)와 소방본부, 중앙소방학교·중앙119구조본부·국립소방연구원·지방소방학교·서울종합방재센터·소방서·119특수대응단 및 소방체험관을 말한다.
③ 소방공무원 중 시·도 소속 소방령 이상 소방준감 이하의 소방공무원 대한 전보, 휴직, 직위해제, 강등, 정직 및 복직은 시·도지사가 한다.
④ 소방공무원 중 소방경 이하의 임용은 소방청장이 하며, 시·도 소속 소방경 이하의 임용은 시·도지사가 한다.
⑤ 「소방공무원법」에서 정하는 임용이란 신규채용·승진·전보·파견·강임·휴직·직위해제·정직·강등·복직·면직·해임 및 파면을 말한다.

⊙ 해설 │ 소방본부는 임용령에서 정하는 소방기관에 해당하지 않는다.

더 알아보기 정의(「소방공무원 임용령」 제2조 제3호)

3. "소방기관"이라 함은 소방청, 특별시·광역시·특별자치시·도·특별자치도(이하 "시·도"라 한다)와 중앙소방학교·중앙119구조본부·국립소방연구원·지방소방학교·서울종합방재센터·소방서·119특수대응단 및 소방체험관을 말한다.

---

34 다음 소방공무원에 대한 설명 중 옳지 않은 것은?

① 소방공무원 중 소방령 이상 소방준감 이하의 소방공무원에 대한 정직·복직·직위해제·
  전보·휴직·강등은 대통령이 행사한다.

② 소방공무원의 계급순은 소방총감, 소방정감, 소방감, 소방준감, 소방정, 소방령, 소방경,
  소방위, 소방장, 소방교, 소방사이다.

③ 소방공무원 중 소방령 이상 소방공무원은 대통령이 임용하며, 소방경 이하의 소방공무원
  은 소방청장이 임용한다.

④ 경찰공무원을 그 계급에 상응하는 소방공무원으로 임용하는 경우 경력경쟁채용시험으로
  소방공무원을 채용할 수 있다.

⑤ 소방정인 지방소방학교장에 대한 휴직, 직위해제, 정직 및 복직에 관한 권한은 시·도지
  사가 행사한다.

✏️해설

> **더 알아보기 임용권자(「소방공무원법」 제6조 제1항·제2항)**
> ① 소방령 이상의 소방공무원은 소방청장의 제청으로 국무총리를 거쳐 대통령이 임용한다. 다만,
>   소방총감은 대통령이 임명하고, 소방령 이상 소방준감 이하의 소방공무원에 대한 전보, 휴직,
>   직위해제, 강등, 정직 및 복직은 소방청장이 한다.
> ② 소방경 이하의 소방공무원은 소방청장이 임용한다.

35 「소방공무원법」 및 그 하위 법령에 따른 소방공무원 임용에 관한 내용 중 옳지 않은 것은?

① 소방공무원 중 소방경 이하는 소방청장이 임용한다.

② 소방공무원 중 소방령 이상은 대통령이 임용한다.

③ 소방공무원 중 시·도 소속 소방공무원은 시·도지사가 임용한다.

④ 소방령 이상 소방준감 이하의 소방공무원에 대한 정직·복직·직위해제·전보·휴직·
  강등은 소방청장이 행한다.

⑤ 중앙소방학교 소속 소방공무원 중 소방경 이하의 소방공무원에 대한 임용권은 중앙소방
  학교장이 행사한다.

✏️해설 소방공무원 중 시·도 소속 소방경 이하의 소방공무원은 시·도지사가 임용한다.

▮정답 32 ⑤ 33 ② 34 ① 35 ③

> **더 알아보기 임용권의 위임(「소방공무원 임용령」 제3조 제5항)**
> ⑤ 소방청장은 법 제6조 제4항에 따라 다음 각 호의 권한을 시·도지사에게 위임한다.
>   1. 시·도 소속 소방령 이상 소방준감 이하의 소방공무원(소방본부장 및 지방소방학교장은 제외한다)에 대한 전보, 휴직, 직위해제, 강등, 정직 및 복직에 관한 권한
>   2. 소방정인 지방소방학교장에 대한 휴직, 직위해제, 정직 및 복직에 관한 권한
>   3. 시·도 소속 소방경 이하의 소방공무원에 대한 임용권

36 소방공무원에 대한 설명으로 옳은 것은?

① 소방공무원은 특수경력직 공무원이다.
② 소방경 이하의 소방공무원은 소방청장이 임용한다.
③ 「소방공무법」에서 정하는 임용에는 신규채용, 파견, 정직, 퇴직 등이 있다.
④ 소방공무원 중징계에는 파면, 해임, 감봉, 정직 등이 있다.
⑤ 시·도 소속 소방공무원의 임용권자는 소방본부장이다.

해설
① 소방공무원은 경력직 중 특정직 공무원이다.
③ 「소방공무원법」에 따른 임용이란 신규채용·승진·전보·파견·강임·휴직·직위해제·정직·강등·복직·면직·해임 및 파면을 말한다. 즉, 임용에 퇴직은 해당하지 않는다.
④ 소방공무원 중징계에는 파면, 해임, 강등, 정직이 있다.
⑤ 시·도 소속 소방공무원 중 소방경 이하의 임용권자는 시·도지사이다.

37 다음 중 소방공무원의 승진시험 제도에 관한 설명으로 적절하지 않은 것은?

① 승진임용은 심사승진임용, 시험승진임용 및 특별승진임용으로 구분한다.
② 소방사의 승진소요최저근무연수는 2년이다.
③ 휴직자는 승진임용할 수 없다.
④ 징계처분·직위해제·시보임용기간 중에 있는 사람은 승진임용을 할 수 없다.
⑤ 근속승진은 소방경까지 가능하다.

해설 소방사의 승진소요최저근무연수는 1년이다.

> **더 알아보기 승진소요최저근무연수(소방공무원 승진임용 규정 제5조 제1항)**
> ① 소방공무원이 승진하려면 다음 각 호의 구분에 따른 기간 이상 해당 계급에 재직하여야 한다.
>   1. 소방정 : 3년
>   2. 소방령 : 2년 / 3. 소방경 : 2년
>   4. 소방위 : 1년 / 5. 소방장 : 1년
>   6. 소방교 : 1년 / 7. 소방사 : 1년

38 다음 중 중징계에 해당하지 않는 것은?

① 파면   ② 해임
③ 정직   ④ 감봉
⑤ 강등

🎯 해설

> **더 알아보기 징계의 종류(「소방공무원 징계령」 제1조의2)**
> ° 중징계 : 파면, 해임, 강등, 정직
> ° 경징계 : 감봉, 견책

39 소방공무원을 신규채용하는 경우의 시보임용에 대한 설명으로 옳지 않은 것은?

① 휴직기간·직위해제기간 및 징계에 의한 정직 또는 감봉처분을 받은 기간은 시보임용 기간에 산입하지 아니한다.
② 시보임용 기간 중에 있는 소방공무원이 근무성적 또는 교육훈련성적이 불량한 때에는 면직시키거나 면직을 제청할 수 있다.
③ 소방공무원으로 임용되기 전에 그 임용과 관련하여 소방공무원 교육훈련기관에서 교육훈련을 받은 기간은 시보임용 기간에 포함한다.
④ 소방공무원을 신규채용하는 경우에는 소방장 이하는 6개월, 소방위 이상은 1년의 기간을 시보로 임용하고, 그 기간이 만료된 다음 날에 정규 소방공무원으로 임용한다.
⑤ 정규의 소방공무원이었던 자가 퇴직 당시의 계급 또는 그 하위의 계급으로 임용되는 경우에는 시보임용 기간을 단축한다.

🎯 해설

정규의 소방공무원이었던 자가 퇴직 당시의 계급 또는 그 하위의 계급으로 임용되는 경우에는 시보임용을 면제한다.

> **더 알아보기 시보임용의 면제 및 기간단축(「소방공무원 임용령」 제23조)**
> ① 제24조에 따라 시보임용예정자가 받은 교육훈련기간은 이를 시보로 임용되어 근무한 것으로 보아 시보임용 기간을 단축할 수 있다.
> ② 다음 각 호의 1에 해당하는 경우에는 시보임용을 면제한다.
>   1. 소방공무원으로서 소방공무원 승진임용 규정에서 정하는 상위계급에의 승진에 필요한 자격요건을 갖춘 자가 승진예정계급에 해당하는 계급의 공개경쟁채용시험에 합격하여 임용되는 경우
>   2. 정규의 소방공무원이었던 자가 퇴직 당시의 계급 또는 그 하위의 계급으로 임용되는 경우

40 **다음 중 구조활동의 우선순위를 순서대로 바르게 배열한 것은?**

> ㄱ. 구조대상자의 구명에 필요한 조치를 한다.
> ㄴ. 구조대상자의 상태 악화 방지에 필요한 조치를 한다.
> ㄷ. 안전구역으로 신체 구출 활동을 침착히 개시한다.
> ㄹ. 위험현장에서 격리하여 재산을 보전한다.

① ㄱ - ㄷ - ㄴ - ㄹ   ② ㄱ - ㄷ - ㄹ - ㄴ
③ ㄱ - ㄴ - ㄷ - ㄹ   ④ ㄴ - ㄱ - ㄷ - ㄹ
⑤ ㄴ - ㄱ - ㄹ - ㄷ

◎ 해설 ・구조활동의 우선순위
　　　　구명 → 신체 구출 → 고통 경감 → 재산 보호
　　　　・인명구조의 순서
　　　　피난 유도 → 인명 검색 → 인명 구출 → 환자 응급처치 → 환자 의료기관으로 이송

41 **구조대원이 환자를 대할 때의 효과적인 의사전달에 대한 설명으로 옳지 않은 것은?**

① 환자운반 시 특정 신체 부분을 무리하여 만지거나 단독행동을 하여서는 안 된다.
② 중요한 이야기를 할 때에는 반드시 구조대상자와 눈을 맞춰야 한다.
③ 대화 시 전문용어를 사용하되 구조대원 개인의 의학적 예단은 절대 금지한다.
④ 환자의 이름을 부르도록 하며 진실을 말하는 것이 원칙이지만, 환자에게 충격을 줄 수 있는 말은 피한다.
⑤ 구조활동 시 구조대원 및 구조대상자의 안전을 확보하여야 한다.

◎ 해설 대화 시에는 가능한 한 전문용어를 사용하지 않아야 한다. 전문용어는 일상용어가 아니므로 다소 거리감이 느껴질 수 있다.

42 「긴급구조대응활동 및 현장지휘에 관한 규칙」상 중증도 분류별 표시방법으로 옳은 것은?

① 사망 : 적색, 십자가 표시
② 긴급 : 녹색, 토끼 그림
③ 응급 : 적색, 거북이 그림
④ 비응급 : 녹색, 구급차 그림에 × 표시
⑤ 대기 : 황색, 구급차 그림에 × 표시

> **해설** ① 사망 : 흑색, 십자가 표시
> ② 긴급 : 적색, 토끼 그림
> ③ 응급 : 황색, 거북이 그림
> ⑤ 대기 : 규정 없음

43 구급차의 표시로 적당하지 않은 것은?

① 일반구급차는 붉은색 또는 녹색으로 "환자이송", "환자후송" 또는 "응급출동"이라는 표시를 할 수 있다.
② 구급차의 좌·우면 중 1면 이상에 구급차를 운용하는 기관의 명칭 및 전화번호를 표시하여야 한다.
③ 구급차는 바탕색이 흰색이어야 하며, 전·후·좌·우면 중 2면 이상에 각각의 녹십자 표시를 하는 것을 원칙으로 한다.
④ 구급차 전·후·좌·우면의 중앙 부위에는 너비 5센티미터 이상 10센티미터 이하의 띠를 가로로 표시하여야 한다.
⑤ 특수구급차는 전·후·좌·우면 중 2면 이상에 붉은색으로 "응급출동"이라는 표시를 하여야 한다.

> **해설** 일반구급차는 붉은색 또는 녹색으로 "환자이송" 또는 "환자후송"이라는 표시를 할 수 있다. 다만, "응급출동"이라는 표시를 하여서는 아니 된다.
>
> ---
>
> **더 알아보기 구급차의 표시(「구급차의 기준 및 응급환자이송업의 시설 등 기준에 관한 규칙」 제3조)**
> ① 구급차는 바탕색이 흰색이어야 하며, 전·후·좌·우면 중 2면 이상에 각각 별표 1의 녹십자 표시를 하여야 한다. 다만, 「119구조·구급에 관한 법률」에 따른 119구조대 및 119구급대의 구급차에 대해서는 소방관계법령에서 따로 정할 수 있다.
> ② 구급차 전·후·좌·우면의 중앙 부위에는 너비 5센티미터 이상 10센티미터 이하의 띠를 가로로 표시하여야 한다. 이 경우 띠의 색깔은 「응급의료에 관한 법률 시행규칙」 제38조 제1항에 따른 특수구급차(이하 "특수구급차"라 한다)는 붉은색으로, 같은 항에 따른 일반구급차(이하 "일반구급차"라 한다)는 녹색으로 한다.

정답 **40** ① **41** ③ **42** ④ **43** ①

> ③ 특수구급차는 전·후·좌·우면 중 2면 이상에 붉은색으로 "응급출동"이라는 표시를 하여야 한다.
> ④ 일반구급차는 붉은색 또는 녹색으로 "환자이송" 또는 "환자후송"이라는 표시를 할 수 있다. 다만, "응급출동"이라는 표시를 하여서는 아니 된다.
> ⑤ 구급차의 좌·우면 중 1면 이상에 구급차를 운용하는 기관의 명칭 및 전화번호를 표시하여야 한다.

44 다음 중 병원 전(前) 응급환자 중증도 분류에 대한 내용으로 옳지 않은 것은?

① 병원 전 응급환자 중증도 분류체계(Pre-KTAS)는 환자의 초기평가(심정지 및 무호흡, 의식장애 여부 등) 후 주증상 별 카테고리를 선택하여 사고기전, 통증 부위, 동반증상, 활력징후 등 1·2차 고려사항을 객관적으로 판단하여 환자의 중증도를 분류하는 시스템이다.

② 경증환자보다 중증환자의 안전·이송·분류에 효과가 있다.

③ 병원 전(前) 응급환자 중증도 분류상 응급은 불안정한 활력징후 등의 증상이다.

④ 병원 전(前) 응급환자 중증도 분류상 준응급은 수시간 내 처치가 필요한 경우이다.

⑤ 병원 전(前) 응급환자 중증도 분류상 잠재응급은 응급환자 이송이 아닌 경우이다.

해설

더 알아보기 병원 전(前) 응급환자 중증도 분류

119구급대 분류	
응급	불안정한 활력징후 등
준응급	수시간 내 처치가 필요한 경우
잠재응급	(준)응급 해당 ×, 응급실 진료 필요
대상 외	응급환자 이송이 아닌 경우
사망	명백한 사망징후 또는 의심 경우

45 응급환자의 평가 중 2차 평가의 단계로 옳은 것은?

① 의식상태 평가
② 활력징후 평가
③ 기도유지 평가
④ 순환 평가
⑤ 이송의 우선순위 결정

⊙ 해설 활력징후 평가는 2차 평가에 해당하고, 나머지는 1차 평가에 해당한다.

> **더 알아보기   응급환자의 평가**
> ○1차 평가 : 현장에서 환자의 치명적인 상태를 발견하고 즉시 응급처치 및 이송 우선순위 결정 등을 실시하기 위한 목적
> – 환자의 전반적인 상태 확인
> – 의식, 기도, 호흡, 순환 등의 평가
> – 이송의 우선순위 결정
> – 치명적인 상태일 경우 즉각적인 응급처치 실시(기도유지, 산소공급, 지혈 등)
> – 응급의료기관 이송 여부 결정
> ○2차 평가
> – 활력징후
> – 신체검진 및 주요병력 확인
> – 세부 신체검진

46 「119구조·구급에 관한 법률 시행령」상 특수구조대에 해당하는 것을 〈보기〉에서 모두 고른 것은?

보기

ㄱ. 화학구조대   ㄴ. 수난구조대
ㄷ. 산악구조대   ㄹ. 고속국도구조대
ㅁ. 지하철구조대   ㅂ. 테러대응구조대

① ㄱ   ② ㄱ, ㄴ
③ ㄱ, ㄴ, ㄷ, ㄹ   ④ ㄱ, ㄴ, ㄷ, ㄹ, ㅁ
⑤ ㄱ, ㄴ, ㄷ, ㄹ, ㅁ, ㅂ

⊙ 해설 ㅂ. 테러대응구조대는 119구조대이긴 하나, 특수구조대에 해당하지 않는다.

> **더 알아보기   119구조대와 특수구조대의 종류(「119구조·구급에 관한 법률 시행령」 제5조 제1항 참조)**
> ○119구조대
> – 일반구조대
> – 특수구조대
> – 직할구조대
> – 테러대응구조대
> ○특수구조대 : 소방대상물, 지역 특성, 재난 발생 유형 및 빈도 등을 고려하여 지역을 관할하는 소방서에 다음의 구분에 따라 설치한다(다만, 고속국도구조대는 직할구조대에 설치할 수 있다).
> – 화학구조대 : 화학공장이 밀집한 지역

▶정답   44 ⑤   45 ②   46 ④

> – 수난구조대 : 내수면지역
> – 산악구조대 : 자연공원 등 산악지역
> – 고속국도구조대 : 고속국도
> – 지하철구조대 : 도시철도의 역사(驛舍) 및 역 시설

47 구급대원의 자격 기준으로 틀린 것은?

① 간호조무사
② 1급 응급구조사
③ 2급 응급구조사
④ 소방청장이 실시하는 구급업무에 관한 교육을 받은 사람
⑤ 「의료법」 제2조 제1항에 따른 의료인

🎯 **해설** | 간호조무사는 구급대원의 자격 조건이 아니다.

> **더 알아보기 구급대원의 자격기준(「119구조·구급에 관한 법률 시행령」 제11조)**
> ◦ 「의료법」 제2조 제1항에 따른 의료인
> ◦ 1급 응급구조사 자격을 취득한 사람
> ◦ 2급 응급구조사 자격을 취득한 사람
> ◦ 소방청장이 실시하는 구급업무에 관한 교육을 받은 사람(구급차 운전과 구급에 관한 보조업무만
>   할 수 있다)

48 「119구조·구급에 관한 법률 시행령」상 구조 또는 구급 요청을 거절할 수 있는 경우에 해당하지 않는 것은?

① 동물의 단순 처리·포획·구조 요청을 받은 경우
② 단순 골절상을 입은 자
③ 단순 열상(裂傷) 또는 찰과상(擦過傷)으로 지속적인 출혈이 없는 외상환자
④ 단순 문 개방의 요청을 받은 경우
⑤ 술에 취했으나 외상이 없고 강한 자극에 의식을 회복한 사람

🎯 **해설** |

> **더 알아보기 구조·구급 요청의 거절(「119구조·구급에 관한 법률 시행령」 제20조)**
> ① 구조대원은 법 제13조 제3항에 따라 다음 각 호의 어느 하나에 해당하는 경우에는 구조출동 요
>   청을 거절할 수 있다. 다만, 다른 수단으로 조치하는 것이 불가능한 경우에는 그러하지 아니하다.

1. 단순 문 개방의 요청을 받은 경우
2. 시설물에 대한 단순 안전조치 및 장애물 단순 제거의 요청을 받은 경우
3. 동물의 단순 처리·포획·구조 요청을 받은 경우
4. 그 밖에 주민생활 불편해소 차원의 단순 민원 등 구조활동의 필요성이 없다고 인정되는 경우
② 구급대원은 법 제13조 제3항에 따라 구급대상자가 다음 각 호의 어느 하나에 해당하는 비응급 환자인 경우에는 구급출동 요청을 거절할 수 있다. 이 경우 구급대원은 구급대상자의 병력·증 상 및 주변 상황을 종합적으로 평가하여 구급대상자의 응급 여부를 판단하여야 한다.
1. 단순 치통환자
2. 단순 감기환자. 다만, 섭씨 38도 이상의 고열 또는 호흡곤란이 있는 경우는 제외한다.
3. 혈압 등 생체징후가 안정된 타박상 환자
4. 술에 취한 사람. 다만, 강한 자극에도 의식이 회복되지 아니하거나 외상이 있는 경우는 제외 한다.
5. 만성질환자로서 검진 또는 입원 목적의 이송 요청자
6. 단순 열상(裂傷) 또는 찰과상(擦過傷)으로 지속적인 출혈이 없는 외상환자
7. 병원 간 이송 또는 자택으로의 이송 요청자. 다만, 의사가 동승한 응급환자의 병원 간 이송은 제외한다.
③ 구조·구급대원은 법 제2조 제1호에 따른 요구조자(이하 "요구조자"라 한다) 또는 응급환자가 구조·구급대원에게 폭력을 행사하는 등 구조·구급활동을 방해하는 경우에는 구조·구급활동 을 거절할 수 있다.
④ 구조·구급대원은 제1항부터 제3항까지의 규정에 따라 구조 또는 구급 요청을 거절한 경우 구 조 또는 구급을 요청한 사람이나 목격자에게 그 내용을 알리고, 행정안전부령으로 정하는 바에 따라 그 내용을 기록·관리하여야 한다.

49 다음 중 구급대원이 구급 요청을 거절할 수 있는 사유에 해당하지 않는 것은?

① 섭씨 38도 이상의 고열 또는 호흡곤란이 있는 감기환자
② 술에 취한 사람으로서 강한 자극에 반응하는 자
③ 만성질환자로서 검진 또는 입원 목적의 이송 요청자
④ 의사의 동승 없이 병원 간 이송 또는 자택으로의 이송 요청자
⑤ 단순 열상 또는 찰과상으로 지속적인 출혈이 없는 외상환자

해설 단순 감기환자의 경우는 거절사유에 해당되나, 38도 이상의 고열 또는 호흡곤란이 동반된 경우 에는 구급출동 요청을 거절할 수 없다.

50 다음 중 구조·구급에 관한 설명으로 옳지 않은 것은?

① 특수구조대에는 화학구조대, 수난구조대, 고속국도구조대, 항공구조대가 있다.

② 일반구조대는 소방서마다 1개 대(隊) 이상 설치하되, 소방서가 없는 시·군·구의 경우에는 해당 시·군·구 지역의 중심지에 있는 119안전센터에 설치할 수 있다.

③ 고속국도구급대는 교통사고 발생 빈도 등을 고려하여 소방청, 시·도 소방본부 또는 고속국도를 관할하는 소방서에 설치한다.

④ 소방청과 소방본부에 119항공대를 설치할 수 있다.

⑤ 소방청장과 소방본부장은 위급상황에서 「소방기본법」 제4조에 따른 소방활동의 보조 및 효율적 업무 수행을 위하여 119구조견대를 편성하여 운영한다.

🎯 **해설** 특수구조대에는 화학구조대, 수난구조대, 산악구조대, 고속국도구조대, 지하철구조대기 있다.

> **더 알아보기 119구조대의 편성과 운영(「119구조·구급에 관한 법률 시행령」 제5조 제1항 제2호)**
> 2. 특수구조대 : 화학구조대, 수난구조대, 산악구조대, 고속국도구조대, 지하철구조대

51 「119구조·구급에 관한 법률」 및 시행령에 따른 국제구조대에 대한 내용으로 옳지 않은 것은?

① 소방청장은 국외에서 대형재난 등이 발생한 경우 재외국민의 보호 또는 재난발생국의 국민에 대한 인도주의적 구조 활동을 위하여 국제구조대를 편성하여 운영할 수 있다.

② 소방청장은 외교부장관과 협의를 거쳐 국제구조대를 재난발생국에 파견할 수 있다.

③ 소방청장이 국제구조대·국제구급대를 편성·운영하는 경우 국제구조대는 인명 탐색 및 구조 등의 임무를, 국제구급대는 응급처치, 응급이송 등의 임무를 수행할 수 있도록 구성해야 한다.

④ 외교부장관은 국제구조대를 재난발생국에 파견하기 위하여 필요한 경우 관계 중앙행정기관의 장 또는 시·도지사에게 직원의 파견 및 장비의 지원을 요청할 수 있다.

⑤ 소방청장은 국제구조대·국제구급대의 효율적 운영을 위하여 필요한 경우 국제구조대·국제구급대를 소방청에 설치하는 직할구조대에 설치할 수 있다.

🎯 **해설**

> **더 알아보기 국제구조대의 편성과 운영(「119구조·구급에 관한 법률」 제9조 제5항)**
> ⑤ 소방청장은 국제구조대를 재난발생국에 파견하기 위하여 필요한 경우 관계 중앙행정기관의 장 또는 시·도지사에게 직원의 파견 및 장비의 지원을 요청할 수 있다. 이 경우 관계 중앙행정기관의 장 또는 시·도지사는 특별한 사유가 없으면 요청에 따라야 한다.

52 「119구조 · 구급에 관한 법률 시행령」상 국제구조대의 임무로서 가장 옳은 것은?

① 응급의료, 시설관리, 통역, 안전평가, 탐색, 구조
② 시설관리, 안전평가, 탐색, 구조, 공보연락, 통역
③ 응급의료, 시설관리, 통역, 탐색, 구조, 공보연락
④ 공보연락, 안전평가, 시설관리, 응급처치, 인명 탐색 및 구조
⑤ 안전평가, 상담, 응급처치, 응급이송, 시설관리, 통역

🎯 해설

> **더 알아보기 국제구조대 · 국제구급대의 편성 및 운영(「119구조 · 구급에 관한 법률 시행령」 제7조 제1항 제1호)**
> ① 소방청장은 법 제9조 제1항 및 제10조의4 제1항에 따라 국제구조대 · 국제구급대를 편성 · 운영하는 경우 다음 각 호의 구분에 따른 임무를 수행할 수 있도록 구성해야 한다.
> 　1. 국제구조대 : 인명 탐색 및 구조, 안전평가, 상담, 응급처치, 응급이송, 시설관리, 공보연락 등의 임무

53 「119구조 · 구급에 관한 법률 시행령」상 국제구급대의 임무로서 옳지 않은 것은?

① 인명 탐색 및 구조　　　　　② 안전평가
③ 응급처치, 응급이송　　　　　④ 시설관리
⑤ 상담, 공보연락

🎯 해설

> **더 알아보기 국제구조대 · 국제구급대의 편성 및 운영(「119구조 · 구급에 관한 법률 시행령」 제7조 제1항 제2호)**
> ① 소방청장은 법 제9조 제1항 및 제10조의4 제1항에 따라 국제구조대 · 국제구급대를 편성 · 운영하는 경우 다음 각 호의 구분에 따른 임무를 수행할 수 있도록 구성해야 한다.
> 　2. 국제구급대 : 안전평가, 상담, 응급처치, 응급이송, 시설관리, 공보연락 등의 임무

▶정답　| 50 ① 　51 ④ 　52 ④ 　53 ① |

54 우리나라 소방 역사에 대한 설명 중 옳은 것만 모두 고른 것은?

> ㄱ. 고려시대에는 소방(消防)을 소재(消災)라 하였으며, 화약을 다루는 화통도감을 두었다.
> ㄴ. 조선시대에는 최초의 소방관서인 금화도감(세종 8년)을 설치하였다.
> ㄷ. 1915년에 우리나라 최초의 소방본부인 경성소방서를 설치하였다.
> ㄹ. 1945년에 중앙소방위원회 및 중앙소방청을 설치하였다.
> ㅁ. 1958년에 「소방기본법」을 제정하였다.

① ㄱ, ㄴ
② ㄱ, ㄴ, ㄷ
③ ㄴ, ㄷ, ㄹ
④ ㄱ, ㄴ, ㄷ, ㄹ
⑤ ㄴ, ㄷ, ㄹ, ㅁ

✪해설 ㄷ. 1925년에 우리나라 최초 소방본부인 경성소방서를 설치하였다.
ㄹ. 1946년에 중앙소방위원회, 1947년에 중앙소방청을 설치하였다.
ㅁ. 1958년에 「소방법」을 제정하였다.

55 다음 중 소방조직에 관한 설명으로 옳지 않은 것은?

① 소방공무원 중 소방령 이상 소방감 이하의 직급은 계급정년과 연령정년이 있다.
② 소방공무원은 경력직 중 특정직 공무원이다.
③ 소방공무원의 계급은 11계급이다.
④ 소방은 현재 광역자치체계로 운영되고 있다.
⑤ 「소방공무원 임용령」에서 정하는 소방기관에는 소방청, 소방본부, 소방서 및 119특수대
응단, 소방체험관이 포함되어 있다.

✪해설 「소방공무원 임용령」에서 소방기관이라 함은 소방청, 특별시·광역시·특별자치시·도·특별
자치도(이하 "시·도"라 한다)와 중앙소방학교·중앙119구조본부·국립소방연구원·지방소방학
교·서울종합방재센터·소방서·119특수대응단 및 소방체험관을 말한다. 즉, 소방본부는 해당
하지 않는다.

56 「소방공무원법」상 근속승진과 계급정년의 내용으로 옳은 것은?

근속승진

① 소방사를 소방교로 : 해당 계급에서 4년 이상 근속자
② 소방장을 소방위로 : 해당 계급에서 7년 6개월 이상 근속자
③ 소방위를 소방경으로 : 해당 계급에서 8년 이상 근속자
④ 소방교를 소방장으로 : 해당 계급에서 6년 이상 근속자
⑤ 소방경을 소방령으로 : 해당 계급에서 10년 이상 근속자

계급정년

소방령 : 14년
소방준감 : 6년
소방경 : 18년
소방감 : 5년
소방정 : 10년

해설

더 알아보기 근속승진과 계급정년

◦ 근속승진(「소방공무원법」제15조 제1항)
　해당 계급에서 다음의 기간 동안 재직한 사람은 소방교, 소방장, 소방위, 소방경으로 근속승진임용을 할 수 있다. 다만, 인사교류 경력이 있거나 주요 업무의 추진 실적이 우수한 공무원 등 소방행정 발전에 기여한 공이 크다고 인정되는 경우에는 대통령령으로 정하는 바에 따라 그 기간을 단축할 수 있다.
　- 소방사를 소방교로 근속승진임용하려는 경우 : 해당 계급에서 4년 이상 근속자
　- 소방교를 소방장으로 근속승진임용하려는 경우 : 해당 계급에서 5년 이상 근속자
　- 소방장을 소방위로 근속승진임용하려는 경우 : 해당 계급에서 6년 6개월 이상 근속자
　- 소방위를 소방경으로 근속승진임용하려는 경우 : 해당 계급에서 8년 이상 근속자
◦ 계급정년(「소방공무원법」제25조 제1항 제2호)
　- 소방감 : 4년
　- 소방준감 : 6년
　- 소방정 : 11년
　- 소방령 : 14년

57 소방대상물, 지역 특성, 재난 발생 유형 및 빈도 등을 고려하여 설치하는 특수구조대의 종류에 해당하지 않는 것은?

① 화학구조대
② 수난구조대
③ 고속도로구조대
④ 산악구조대
⑤ 지하철구조대

해설 고속도로구조대가 아니라 고속국도구조대가 특수구조대에 해당한다.

더 알아보기 특수구조대의 종류

◦ 화학구조대　　　◦ 수난구조대　　　◦ 산악구조대
◦ 고속국도구조대　　◦ 지하철구조대

▶**정답** | 54 ① | 55 ⑤ | 56 ① | 57 ③ |

58 다음 중 구조·구급 요청 거절사유로 옳지 않은 것은?

① 단순 열상 또는 찰과상으로 지속적인 출혈이 없는 외상환자
② 만성질환자로서 검진 또는 입원 목적의 이송 요청자
③ 단순 문 개방 요청
④ 술에 취한 사람으로서 강한 자극에도 의식이 회복되지 아니하는 자
⑤ 시설물에 대한 단순 안전조치 및 장애물 단순 제거의 요청

☉ 해설 술에 취한 사람의 경우는 거절사유에 해당하나, 술에 취한 사람으로서 강한 자극에도 의식이 회복되지 아니하거나 외상이 있는 경우는 구급출동 요청을 거절할 수 없다.

59 방염물품의 방염성능 측정기준으로 옳지 않은 것은?

① 잔염시간　　　　　　　　　② 탄화면적
③ 탄화깊이　　　　　　　　　④ 잔신시간
⑤ 접염횟수

☉ 해설 탄화깊이가 아닌 탄화길이가 방염성능의 측정기준에 해당한다.

> **더 알아보기　방염성능의 측정기준**
> ∘ 잔염시간 : 착화 후에 버너를 제거한 때부터 불꽃을 올리며 연소하는 상태가 그칠 때까지의 경과시간
> ∘ 잔신시간 : 착화 후에 버너를 제거한 때부터 불꽃을 올리지 아니하고 연소하는 상태가 그칠 때까지의 경과시간(잔염이 생기는 동안의 시간 제외)
> ∘ 탄화면적 : 잔염시간 또는 잔신시간 내에 탄화하는 면적
> ∘ 탄화길이 : 잔염시간 또는 잔신시간 내에 탄화하는 길이
> ∘ 접염횟수 : 완전히 용융될 때까지 필요한 불꽃을 접하는 횟수

60 「소방기본법」상 화재로 오인할 만한 우려가 있는 불을 피우거나 연막(煙幕) 소독을 하려는 자가 시·도의 조례로 정하는 바에 따라 관할 소방본부장 또는 소방서장에게 신고하여야 할 지역으로 옳은 것만을 〈보기〉에서 모두 고른 것은?

> **보기**
> ㄱ. 시장지역
> ㄴ. 공장·창고가 밀집한 지역
> ㄷ. 노후·불량건축물이 밀집한 지역
> ㄹ. 위험물의 저장 및 처리시설이 밀집한 지역
> ㅁ. 「물류시설의 개발 및 운영에 관한 법률」 제2조 제6호에 따른 물류단지

① ㄱ, ㄴ   ② ㄱ, ㄷ

③ ㄴ, ㄷ, ㄹ   ④ ㄱ, ㄴ, ㄹ

⑤ ㄱ, ㄴ, ㄷ, ㄹ, ㅁ

⊙ 해설

> **더 알아보기 화재 등의 통지(「소방기본법」 제19조 제2항)**
>
> ② 다음 각 호의 어느 하나에 해당하는 지역 또는 장소에서 화재로 오인할 만한 우려가 있는 불을 피우거나 연막(煙幕) 소독을 하려는 자는 시·도의 조례로 정하는 바에 따라 관할 소방본부장 또는 소방서장에게 신고하여야 한다.
> 1. 시장지역
> 2. 공장·창고가 밀집한 지역
> 3. 목조건물이 밀집한 지역
> 4. 위험물의 저장 및 처리시설이 밀집한 지역
> 5. 석유화학제품을 생산하는 공장이 있는 지역
> 6. 그 밖에 시·도의 조례로 정하는 지역 또는 장소

61 「소방시설 설치 및 관리에 관한 법률 시행규칙」에 따른 차량용 소화기의 설치 또는 비치 기준으로 옳지 않은 것은? (능력단위는 법 제37조 제5항 기준)

① 승용자동차 : 능력단위 1 이상의 소화기 1개 이상을 사용하기 쉬운 곳에 설치 또는 비치한다.

② 경형승합자동차 : 능력단위 1 이상의 소화기 1개 이상을 사용하기 쉬운 곳에 설치 또는 비치한다.

③ 승차정원 15인 이하 승합자동차 : 능력단위 2 이상인 소화기 1개 이상 또는 능력단위 1 이상인 소화기 2개 이상을 설치한다. 이 경우 승차정원 11인 이상 승합자동차는 운전석 또는 운전석과 옆으로 나란한 좌석 주위에 1개 이상을 설치한다.

④ 중형 이하의 특수자동차 : 능력단위 1 이상인 소화기 1개 이상을 사용하기 쉬운 곳에 설치한다.

⑤ 「위험물안전관리법 시행령」에 따른 지정수량 이상의 위험물을 운송하는 특수자동차 : 자동차용소화기 중 소화분말 3.3킬로그램 이상을 1개 이상 설치한다.

⊙ 해설 「위험물안전관리법 시행령」에 따른 지정수량 이상의 위험물을 운송하는 특수자동차의 경우 자동차용소화기 중 소화분말 3.3킬로그램 이상을 2개 이상 설치한다.

더 알아보기 차량용 소화기의 설치 또는 비치 기준(「소방시설 설치 및 관리에 관한 법률 시행규칙」별표 2)

자동차에는 법 제37조 제5항에 따라 형식승인을 받은 차량용 소화기를 다음 각 호의 기준에 따라 설치 또는 비치해야 한다.

1. 승용자동차 : 법 제37조 제5항에 따른 능력단위(이하 "능력단위"라 한다) 1 이상의 소화기 1개 이상을 사용하기 쉬운 곳에 설치 또는 비치한다.
2. 승합자동차
   가. 경형승합자동차 : 능력단위 1 이상의 소화기 1개 이상을 사용하기 쉬운 곳에 설치 또는 비치한다.
   나. 승차정원 15인 이하 : 능력단위 2 이상인 소화기 1개 이상 또는 능력단위 1 이상인 소화기 2개 이상을 설치한다. 이 경우 승차정원 11인 이상 승합자동차는 운전석 또는 운전석과 옆으로 나란한 좌석 주위에 1개 이상을 설치한다.
   다. 승차정원 16인 이상 35인 이하 : 능력단위 2 이상인 소화기 2개 이상을 설치한다. 이 경우 승차정원 23인을 초과하는 승합자동차로서 너비 2.3미터를 초과하는 경우에는 운전자 좌석 부근에 가로 600밀리미터, 세로 200밀리미터 이상의 공간을 확보하고 1개 이상의 소화기를 설치한다.
   라. 승차정원 36인 이상 : 능력단위 3 이상인 소화기 1개 이상 및 능력단위 2 이상인 소화기 1개 이상을 설치한다. 다만, 2층 대형승합자동차의 경우에는 위층 차실에 능력단위 3 이상인 소화기 1개 이상을 추가 설치한다.
3. 화물자동차(피견인자동차는 제외한다) 및 특수자동차
   가. 중형 이하 : 능력단위 1 이상인 소화기 1개 이상을 사용하기 쉬운 곳에 설치한다.
   나. 대형 이상 : 능력단위 2 이상인 소화기 1개 이상 또는 능력단위 1 이상인 소화기 2개 이상을 사용하기 쉬운 곳에 설치한다.
4. 「위험물안전관리법 시행령」제3조에 따른 지정수량 이상의 위험물 또는 「고압가스 안전관리법 시행령」제2조에 따라 고압가스를 운송하는 특수자동차(피견인자동차를 연결한 경우에는 이를 연결한 견인자동차를 포함한다) : 「위험물안전관리법 시행규칙」제41조 및 별표 17 제3호 나목 중 이동탱크저장소 자동차용소화기의 설치기준란에 해당하는 능력단위와 수량 이상을 설치한다.

더 알아보기 소화설비, 경보설비 및 피난설비의 기준(「위험물안전관리법 시행규칙」별표 17 제3호 나목)

소화설비	설치기준	
자동차용 소화기	무상의 강화액 8L 이상	2개 이상
	이산화탄소 3.2킬로그램 이상	
	브로모클로로다이플루오로메탄(CF_2ClBr) 2L 이상	
	브로모트라이플루오로메탄(CF_3Br) 2L 이상	
	다이브로모테트라플루오로메탄($C_2F_4Br_2$) 1L 이상	
	소화분말 3.3킬로그램 이상	

62 소방시설의 분류와 해당 소방시설의 종류가 옳게 연결된 것은?

① 소화설비 – 옥내소화전설비, 포소화설비, 간이스프링클러설비
② 경보설비 – 자동화재속보설비, 자동화재탐지설비, 제연설비
③ 피난구조설비 – 공기호흡기, 인공소생기, 비상콘센트설비
④ 소화용수설비 – 상수도소화용수설비, 소화수조, 연결살수설비
⑤ 소화활동설비 – 시각경보기, 연결송수관설비, 무선통신보조설비

> **해설** ② 경보설비 – 자동화재속보설비, 자동화재탐지설비 / 제연설비 – 소화활동설비
> ③ 피난구조설비 – 공기호흡기, 인공소생기 / 비상콘센트설비 – 소화활동설비
> ④ 소화용수설비 – 상수도소화용수설비, 소화수조 / 연결살수설비 – 소화활동설비
> ⑤ 소화활동설비 – 연결송수관설비, 무선통신보조설비 / 시각경보기 – 경보설비

63 다음 중 소화활동설비의 종류가 아닌 것은?

① 제연설비   ② 상수도소화용수설비
③ 비상콘센트설비   ④ 연소방지설비
⑤ 연결살수설비

> **해설** 상수도소화용수설비는 소화활동설비가 아니라, 소화용수설비에 해당한다.
> ①·③·④·⑤ 소화활동설비에 해당한다.

64 소방시설에 대한 설명으로 옳지 않은 것은?

① 소화설비란 물 또는 그 밖의 소화약제를 사용하여 소화하는 기계·기구 또는 설비로서 소화기구, 자동소화장치, 옥내·외소화전설비, 스프링클러설비 등이 있다.
② 경보설비란 화재발생 사실을 통보하는 기계·기구 또는 설비로서 단독경보형 감지기, 비상경보설비, 자동화재탐지설비 등이 있다.
③ 피난구조설비란 화재가 발생할 경우 피난하기 위하여 사용하는 기구 또는 설비로서 피난기구, 인명구조기구, 유도등, 비상조명등 및 휴대용비상조명등이 있다.
④ 소화용수설비란 화재진압에 필요한 물을 공급하거나 저장하는 설비로서 상수도소화용수설비, 소화수조, 저수조 등이 있다.
⑤ 소화활동설비란 화재를 진압하거나 인명구조활동을 위하여 사용하는 설비로서 비상방송설비, 자동화재속보설비, 피난사다리, 완강기 등이 있다.

정답 62 ① 63 ② 64 ⑤

> **⊙ 해설** | 소화활동설비란 화재를 진압하거나 인명구조활동을 위하여 사용하는 설비로서 ㉠ 제연설비, ㉡ 연결송수관설비, ㉢ 연결살수설비, ㉣ 비상콘센트설비, ㉤ 무선통신보조설비, ㉥ 연소방지설비 가 있다.

65 「소방시설 설치 및 관리에 관한 법률 시행령」과 「공동주택의 화재안전성능기준(NFPC 608)」에 대한 설명으로 옳지 않은 것은?

① 소화기는 바닥면적 100제곱미터마다 1단위 이상의 능력단위를 기준으로 설치할 것

② 스프링클러설비의 경우 폐쇄형 스프링클러헤드를 사용하는 아파트 등은 기준개수 10개 (스프링클러헤드의 설치개수가 가장 많은 세대에 설치된 스프링클러헤드의 개수가 기준 개수보다 작은 경우에는 그 설치개수)에 1.6세제곱미터를 곱한 양 이상의 수원이 확보되 도록 할 것. 다만, 아파트 등의 각 동이 주차장으로 서로 연결된 구조인 경우 해당 주차 장 부분의 기준개수는 30개로 할 것

③ 자동화재탐지설비는 아날로그방식의 감지기, 광전식 공기흡입형 감지기 또는 이와 동등 이상의 기능·성능이 인정되는 것으로 설치할 것

④ 단독경보형 감지기는 공동주택 중 연면적 1천m² 미만의 아파트 등에 설치할 것

⑤ 간이스프링클러설비는 공동주택 중 연립주택 및 다세대주택(단, 주택전용 간이스프링클 러설비 설치)에 설치할 것

> **⊙ 해설** | 단독경보형 감지기는 공동주택 중 연립주택 및 다세대주택에 연동형으로 설치한다. 참고로, 자동 화재탐지설비는 공동주택 중 아파트 등·기숙사 및 숙박시설의 경우에는 모든 층에 설치한다.
>
> | **더알아보기** 단독경보형 감지기 설치기준(「소방시설 설치 및 관리에 관한 법률 시행령」 별표 4 제2호 가목)
> - 교육연구시설 내에 있는 기숙사 또는 합숙소로서 연면적 2천m² 미만
> - 수련시설 내에 있는 기숙사 또는 합숙소로서 연면적의 2천m² 미만
> - 수용인원 100명 미만의 숙박시설이 있는 수련시설
> - 연면적 400m² 미만의 유치원
> - 공동주택 중 연립주택 및 다세대주택(연동형으로 설치)

66 「소방시설 설치 및 관리에 관한 법률 시행령」상 무창층(無窓層)이란 지상층 중 개구부 면적의 합계가 해당 층 바닥면적의 30분의 1 이하가 되는 층을 말한다. 이때 개구부가 갖추어야 할 요건으로 옳지 않은 것은?

① 크기는 지름 50센티미터 이상의 원이 통과할 수 있을 것
② 해당 층의 바닥면으로부터 개구부 밑부분까지의 높이가 1.2미터 이내일 것
③ 도로 또는 차량이 진입할 수 있는 빈터를 향할 것
④ 화재 시 건축물로부터 쉽게 피난할 수 있도록 창살이나 그 밖의 장애물이 설치되지 않을 것
⑤ 내부 또는 외부에서 쉽게 부수거나 열 수 없을 것

해설 | 내부 또는 외부에서 쉽게 부수거나 열 수 있을 것

67 다음 중 20m 이상의 높이에 부착이 가능한 감지기로 옳은 것은?

① 연기복합형　　　　　　　　② 불꽃감지기
③ 광전식 분리형 1종　　　　　④ 차동식 분포형
⑤ 보상식 스포트형

해설 | 부착높이 20m 이상인 감지기
　　　• 불꽃감지기　　　　　　　• 광전식(분리형, 공기흡입형) 중 아날로그방식

68 화재안전조사의 방법·절차에 대한 설명으로 옳지 않은 것은?

① 화재안전조사는 관계인의 승낙 없이 소방대상물의 공개시간 또는 근무시간 이외에는 할 수 없는 것이 원칙이다.
② 소방관서장은 화재안전조사를 마친 때에는 그 조사결과를 관계인에게 서면으로 통지하는 것이 원칙이다.
③ 소방관서장은 화재안전조사를 실시하려는 경우 사전에 조사대상, 조사기간 및 조사사유 등 조사계획을 소방관서 인터넷 홈페이지나 법 제16조 제3항에 따른 전산시스템을 통해 7일 이상 공개해야 한다.
④ 연기신청을 받은 소방관서장은 연기신청 승인 여부를 결정하고 그 결과를 조사 시작 전까지 관계인에게 알려주어야 한다.
⑤ 「재난 및 안전관리 기본법」 제3조 제2호에 해당하는 재난이 발생한 경우 화재안전조사의 연기 사유에 해당한다.

▶**정답**　65 ④　66 ⑤　67 ②　68 ⑤

해설 「재난 및 안전관리 기본법」제3조 제1호에 해당하는 재난이 발생한 경우 화재안전조사의 연기 사유에 해당한다.

> **더 알아보기** 화재안전조사의 연기(「화재의 예방 및 안전관리에 관한 법률 시행령」제9조 제1항)
> - 「재난 및 안전관리 기본법」제3조 제1호에 해당하는 재난이 발생한 경우
> - 관계인의 질병, 사고, 장기출장의 경우
> - 권한 있는 기관에 자체점검기록부, 교육·훈련일지 등 화재안전조사에 필요한 장부·서류 등이 압수되거나 영치(領置)되어 있는 경우
> - 소방대상물의 증축·용도변경 또는 대수선 등의 공사로 화재안전조사를 실시하기 어려운 경우

69 「소방시설 설치 및 관리에 관한 법률 시행령」에서 정하는 건설현장의 임시소방시설로 옳지 않은 것은?

① 간이소화장치 ② 비상조명등
③ 비상방송장치 ④ 방화포
⑤ 간이피난유도선

해설 비상방송장치가 아니라 비상경보장치가 임시소방시설에 해당한다.

> **더 알아보기** 임시소방시설의 종류(「소방시설 설치 및 관리에 관한 법률 시행령」별표 8 제1호)
> - 소화기
> - 간이소화장치
> - 비상경보장치
> - 가스누설경보기
> - 간이피난유도선
> - 비상조명등
> - 방화포

70 「소방시설공사업법」상 국가, 지방자치단체 또는 대통령령으로 정하는 공공기관이 발주한 소방시설공사 등의 업체 선정에 심사위원으로 참여한 사람이 그 직무와 관련하여 부정한 청탁을 받고 재물 또는 재산상의 이익을 취득한 경우에 부과되는 벌칙으로 옳은 것은?

① 5년 이하의 징역 또는 5천만원 이하의 벌금
② 3년 이하의 징역 또는 3천만원 이하의 벌금
③ 1년 이하의 징역 또는 1천만원 이하의 벌금
④ 1천만원 이하의 벌금
⑤ 300만원 이하의 벌금

해설

> **더 알아보기 벌칙(「소방시설공사업법」 제35조 제2호 참조)**
> 부정한 청탁에 의한 재물 등의 취득 및 제공 금지 규정(제21조의5)을 위반하여 부정한 청탁을 받고 재물 또는 재산상의 이익을 취득하거나 부정한 청탁을 하면서 재물 또는 재산상의 이익을 제공한 자는 3년 이하의 징역 또는 3천만원 이하의 벌금에 처한다.

71 「소방시설 설치 및 관리에 관한 법률」 및 시행령에 따른 내용연수 설정대상 소방용품에 관한 설명이다. (   ) 안에 들어갈 내용으로 옳은 것은?

> 특정소방대상물의 관계인은 내용연수가 경과한 소방용품을 교체해야 한다. 이 경우 내용연수를 설정해야 하는 소방용품은 (ㄱ)를 사용하는 소화기로 하며, 내용연수는 (ㄴ)년으로 한다.

	ㄱ	ㄴ
①	분말형태의 소화약제	10
②	강화액 소화약제	10
③	분말형태의 소화약제	7
④	강화액 소화약제	7
⑤	분말형태의 소화약제	11

해설

> **더 알아보기 소방용품의 내용연수 등(「소방시설 설치 및 관리에 관한 법률」 제17조 제1항)**
> ① 특정소방대상물의 관계인은 내용연수가 경과한 소방용품을 교체하여야 한다. 이 경우 내용연수를 설정하여야 하는 소방용품의 종류 및 그 내용연수 연한에 필요한 사항은 대통령령으로 정한다.

> **더 알아보기 내용연수 설정대상 소방용품(「소방시설 설치 및 관리에 관한 법률 시행령」 제19조)**
> ① 법 제17조 제1항 후단에 따라 내용연수를 설정해야 하는 소방용품은 분말형태의 소화약제를 사용하는 소화기로 한다.
> ② 제1항에 따른 소방용품의 내용연수는 10년으로 한다.

72 다음 〈보기〉에 대한 설명으로 옳지 않은 것은?

> **보기**
>
> ㄱ. 산화프로필렌 30,000L, 메탄올 4,000,000L, 벤젠 80,000L를 제조의 목적으로 취급하는 A 제조소
>
> ㄴ. 산화프로필렌 30,000L, 메탄올 4,000,000L, 벤젠 20,000L를 저장의 목적으로 저장하는 B 옥외탱크저장소

① A 제조소에서 취급하는 위험물은 지정수량의 11,000배이며, B 옥외탱크저장소에서 저장하는 위험물은 지정수량의 10,700배이다.

② A 제조소는 예방규정을 두어야 한다.

③ B 옥외탱크저장소는 정기점검 대상이다.

④ B 옥외탱크저장소는 자체소방대를 두지 않아도 된다.

⑤ A 제조소는 화학소방자동차 2대와 자체소방대원 10명으로 자체소방대를 두어야 한다.

🎯 해설
- 지정수량 및 배수 계산(「위험물안전관리법 시행령」 별표 1 참조)
  - 산화프로필렌(특수인화물)의 지정수량 : 50L 따라서 지정수량의 600배
  - 메탄올(알코올류)의 지정수량 : 400L 따라서 지정수량의 10,000배
  - 벤젠(제1석유류 중 비수용성)의 지정수량 : 200L 따라서 A 제조소는 지정수량의 400배, B 옥외탱크저장소는 지정수량의 100배
- 관계인이 예방규정을 정하여야 하는 제조소 등(「위험물안전관리법 시행령」 제15조)
  - 지정수량의 10배 이상의 위험물을 취급하는 제조소
  - 지정수량의 200배 이상의 위험물을 저장하는 옥외탱크저장소
- 정기점검의 대상인 제조소 등(「위험물안전관리법 시행령」 제16조)
  예방규정을 두어야 하는 제조소 등에 해당하는 제조소 등
- 자체소방대를 설치하여야 하는 사업소(「위험물안전관리법 시행령」 제18조)
  - 제4류 위험물을 취급하는 제조소 또는 일반취급소의 경우 : 제조소 또는 일반취급소에서 취급하는 제4류 위험물의 최대수량의 합이 지정수량의 3천배 이상
  - 제4류 위험물을 저장하는 옥외탱크저장소의 경우 : 옥외탱크저장소에 저장하는 제4류 위험물의 최대수량이 지정수량의 50만배 이상
  따라서 「위험물안전관리법 시행령」 별표 8에 의거 A 제조소는 제4류 위험물의 최대수량의 합이 지정수량의 3천배 이상 12만배 미만이므로 화학소방자동차 1대와 자체소방대원 5명으로 자체소방대를 두어야 하며, B 옥외탱크저장소는 제4류 위험물의 최대수량의 합이 지정수량의 50만배 미만이므로 자체소방대를 두지 않아도 된다.

73 위험물 운반용기 외부에 표시하는 주의사항을 잘못 나타낸 것은?

① 다이크로뮴산염류·아이오딘산염류 : "화기·충격주의" 및 "가연물접촉주의"
② 철분·금속분·마그네슘 : "화기주의" 및 "물기엄금"
③ 황린 : "화기엄금" 및 "공기접촉엄금"
④ 이황화탄소·산화프로필렌 : "화기엄금"
⑤ 유기과산화물·질산에스터류 : "화기엄금" 및 "공기접촉엄금"

해설 | 제5류 위험물에 있어서는 "화기엄금" 및 "충격주의"
* 유기과산화물·질산에스터류는 제5류 위험물이다.

74 소방활동에서 선착대의 임무와 행동의 기준으로 가장 거리가 먼 것은?

① 인명 검색·구조활동 우선
② 소방용수시설 점거
③ 연소위험이 가장 큰 방면부터 포위 배치
④ 비화경계 및 급수중계
⑤ 신속한 상황보고 및 정보제공

해설 | 건축물의 비화경계 및 급수중계는 후착대의 임무이다.

75 2급 응급구조사의 업무범위에 해당하지 않는 것은?

① 외부출혈의 지혈 및 창상의 응급처치
② 쇼크방지용 하의 등을 이용한 혈압의 유지
③ 심폐소생술의 시행을 위한 기도유지
④ 자동심장충격기를 이용한 규칙적 심박동의 유도
⑤ 부목·척추고정기·공기 등을 이용한 사지 및 척추 등의 고정

⊙ 해설 심폐소생술의 시행을 위한 기도유지(기도기의 삽입, 기도삽관, 후드마스크 삽관 등을 포함)는 1급 응급구조사의 업무범위에 해당하고, 기도기(airway)를 이용한 기도유지와 기본 심폐소생술은 2급 응급구조사의 업무범위에 해당한다.

더 알아보기 2급 응급구조사의 업무범위(「응급의료에 관한 법률 시행규칙」 별표 14 제2호)
- 구강 내 이물질의 제거
- 기도기(airway)를 이용한 기도유지
- 기본 심폐소생술
- 산소투여
- 부목·척추고정기·공기 등을 이용한 사지 및 척추 등의 고정
- 외부출혈의 지혈 및 창상의 응급처치
- 심박·체온 및 혈압 등의 측정
- 쇼크방지용 하의 등을 이용한 혈압의 유지
- 자동심장충격기를 이용한 규칙적 심박동의 유도
- 흉통 시 나이트로글리세린의 혀아래(설하) 투여 및 천식발작 시 기관지확장제 흡입(환자가 해당 약물을 휴대하고 있는 경우에 한함)

---

76 다음 중 1급 응급구조사만의 업무범위에 속하는 것은?

① 정맥로의 확보 및 인공호흡기를 이용한 호흡의 유지
② 자동심장충격기를 이용한 규칙적 심박동의 유도
③ 외부출혈의 지혈 및 창상의 응급처치
④ 기도기를 이용한 기도유지 및 구강 내 이물질의 제거
⑤ 쇼크방지용 하의 등을 이용한 혈압의 유지

⊙ 해설 ②·③·④·⑤ 2급 응급구조사의 업무범위에 해당한다.

더 알아보기 1급 응급구조사의 업무범위(「응급의료에 관한 법률 시행규칙」 별표 14 제1호)
- 심폐소생술의 시행을 위한 기도유지[기도기(airway)의 삽입, 기도삽관(intubation), 후두마스크 삽관 등 포함]
- 정맥로의 확보
- 인공호흡기를 이용한 호흡의 유지
- 약물투여 : 저혈당성 혼수 시 포도당의 주입, 흉통 시 나이트로글리세린의 혀아래(설하) 투여, 쇼크 시 일정량의 수액투여, 천식발작 시 기관지확장제 흡입
- 2급 응급구조사의 업무

▶정답 **76 ①**

PART

05

재난관리

01 재난(재해)에 관한 설명으로 옳지 않은 것은?

① 아네스(Br. J. Anesth)는 재난을 크게 자연재난과 인적(인위)재난으로 구분하였다.

② 존스(David K. Jones)는 재난을 크게 자연재난, 준 자연재난, 인적(인위)재난으로 구분하였다.

③ 「재난 및 안전관리 기본법」 제3조 제1호에 따르면 재난은 자연재난, 사회재난, 해외재난으로 구분된다.

④ 하인리히(H. W. Heinrich)의 도미노 이론은 재해발생과정을 '유전적 요인 및 사회적 환경 → 개인적 결함 → 불안전 행동 및 불안전 상태 → 사고 → 재해(상해)'라는 5개 요인의 연쇄작용으로 설명하였다.

⑤ 재난의 종류에 따라 대응방식의 차이와 대응계획 및 책임기관이 각각 다르게 배정되는 방식은 분산관리 방식이다.

> 🎯 **해설** 「재난 및 안전관리 기본법」 제3조 제1호에 따르면 재난은 자연재난과 사회재난으로 구분된다. 해외재난은 「재난 및 안전관리 기본법」 제3조 제2호에 규정되어 있다.

02 재난(재해)에 관한 설명으로 옳지 않은 것은?

① 아네스(Br. J. Anesth)는 인위재난을 사고성 재난과 계획적 재난으로 구분하였다.

② 존스(David K. Jones)는 재난 중에서 준 자연재난에는 스모그현상, 온난화현상 등이 포함된다고 하였다.

③ 「재난 및 안전관리 기본법」에 따른 재난은 자연재난, 사회재난, 해외재난으로 구분된다.

④ 하인리히(H. W. Heinrich)의 도미노 이론은 재해발생과정을 '유전적 요인 및 개인적 결함 → 사회적 환경 → 불안전 행동 및 불안전 상태 → 사고 → 재해(상해)'라는 5개 요인의 연쇄작용으로 설명하였다.

⑤ 재해분석의 한 방법으로 미국 공군에서 개발하여 미국 국가교통안전위원회(NTSB)가 채용하고 있는 방법이 있는데, 이 방법에 의할 때 재해의 기본원인인 4개의 M은 인간, 기계, 작업, 관리를 말한다.

해설 하인리히(H. W. Heinrich)의 도미노 이론은 재해발생과정을 '유전적 요인 및 사회적 환경 → 개인적 결함 → 불안전 행동 및 불안전 상태 → 사고 → 재해(상해)'라는 5개 요인의 연쇄작용으로 설명하였다.

03 하인리히(Heinrich)의 재해예방 4원칙에 해당하지 않는 것은?

① 예방가능의 원칙
② 손실우연의 원칙
③ 원인결과의 원칙
④ 대책선정의 원칙
⑤ 원인연계의 원칙

해설 원인결과의 원칙은 하인리히(Heinrich)의 재해예방 4원칙에 해당하지 않는다.

> **더 알아보기 하인리히(Heinrich)의 재해예방 4원칙**
> ◦ 예방가능의 원칙
> ◦ 손실우연의 원칙
> ◦ 대책선정의 원칙
> ◦ 원인연계의 원칙(원인계기의 원칙)

04 재난의 분류에 대한 설명으로 옳지 않은 것은?

① 존스(David K. C. Jones)는 재난을 자연재난, 준 자연재난, 인위재난으로 분류하였다.
② 존스(David K. C. Jones)는 눈사태를 자연재난 중 기상학적 재난으로 분류하였다.
③ 아네스(Br. J. Anesth)는 재난을 자연재난과 인위재난으로 분류하였다.
④ 아네스(Br. J. Anesth)는 전쟁, 교통사고 등을 인위재난으로 분류하였다.
⑤ 하인리히(Heinrich)의 도미노 이론에서 제3단계는 불안전 행동 및 불안전 상태이다.

해설 존스(Jones)의 재난분류상 눈사태는 준 자연재난에 해당한다.

정답 01 ③ 02 ④ 03 ③ 04 ②

05 재해발생은 언제나 사고요인의 연쇄반응 결과로 발생된다는 연쇄성 이론을 제시하면서, 사고발생은 항상 불안전한 행동과 상태에 기인하며, 재해를 수반하는 사고의 대부분은 방지할 수 있다고 주장한 학자는 누구인가?

① 프랭크 버드(Frank Bird) ② 하인리히(Heinrhich)
③ 아네스(Aneth) ④ 존스(Jones)
⑤ 터너(Barry A. Turner)

⊙ 해설 | 하인리히의 도미노 이론(최초의 도미노 이론)에 대한 설명이다.

06 다음은 재해발생과정에 관한 이론이다. 각 이론에서 재해발생을 방지하기 위해 제거해야 하는 단계를 바르게 나열한 것은?

> ㄱ. 하인리히(H. W. Heinrich)의 도미노 이론 : 사회적 환경 및 유전적 요소 → 개인적 결함 → 불안전한 행동 및 상태 → 사고 → 재해
> ㄴ. 버드(F. Bird)의 수정 도미노 이론 : 제어의 부족 → 기본원인 → 직접원인 → 사고 → 재해

	ㄱ	ㄴ
①	개인적 결함	직접원인
②	개인적 결함	기본원인
③	불안전한 행동 및 상태	직접원인
④	불안전한 행동 및 상태	기본원인
⑤	개인적 결함	제어의 부족

⊙ 해설 | ㄱ. 하인리히 법칙(Heinrich's Law) - 도미노 이론(연쇄반응이론)
사고의 원인 중 불안전한 상태와 불안전한 행동을 가장 중요한 것으로 보고 안전관리는 이에 집중할 것을 권고하였다(3단계를 제어하거나 제거하면 사고는 일어나지 않는다).
ㄴ. 프랭크 버드(Frank E. Bird.)의 법칙(Bird's Domino Law) - 도미노 이론(연쇄성 이론)
직접원인은 사고 발생 시 어느 정도 그 원인을 쉽게 알 수 있는 것으로, 하인리히의 불안전 상태나 불안전 행동 등이 이에 해당된다. 버드의 이론에서는 사고의 발생원인 중 불안전한 상태나 불안전한 행동을 사고의 직접원인으로 보지만, 이러한 원인이 나타나게 한 기본원인에 보다 초점을 두고 있다.

07 재해의 기본원인이 되는 4개의 M이론 중 그 분류가 다른 것은?

① 작업정보의 부적절
② 작업자세·작업동작의 결함
③ 작업방법의 부적절
④ 작업환경 조건의 불량
⑤ 표준화의 부족

> **해설** 표준화의 부족은 작업시설에 해당하고, 나머지는 작업에 해당한다.
>
> | 작업
(Media) | 작업정보의 부적절, 작업자세·작업동작의 결함, 작업방법의 부적절,
작업공간의 불량, 작업환경 조건의 불량 |
> | --- | --- |
> | 작업시설
(Machine) | 기계·설비의 설계상의 결함, 위험방호의 불량, 본질 안전화의 부족
(인간공학적 배려의 부족), 표준화의 부족, 점검 정비의 부족 |

08 재해분석의 한 방법으로 재해의 기본원인이 되는 4개의 M이론이 있다. 다음 원인 중 관리 (Management)와 관련성이 없는 것은?

① 관리조직의 결함
② 규정·매뉴얼의 불비
③ 안전관리 계획의 불량
④ 작업환경 조건의 불량
⑤ 건강관리의 불량

> **해설** 작업환경 조건의 불량은 작업(Media)과 관련이 있다.
>
> | 관리
(Management) | • 관리조직의 결함
• 안전관리 계획의 불량
• 부하에 대한 지도·감독 부족
• 건강관리의 불량 등 | • 규정·매뉴얼의 불비, 불철저
• 교육·훈련 부족
• 적성배치의 불충분 |
> | --- | --- | --- |
> | 작업
(Media) | • 작업정보의 부적절
• 작업방법의 부적절
• 작업환경 조건의 불량 | • 작업자세, 작업동작의 결함
• 작업공간의 불량 |

09 재난관리 방식 중 분산관리에 대한 일반적인 설명으로 옳지 않은 것은?

① 재난의 종류에 따라 대응방식의 차이와 대응계획 및 책임기관이 각각 다르게 배정된다.
② 재난 시 유관기관 간의 중복적 대응이 있을 수 있다.
③ 재난의 발생 유형에 따라 소관부처별로 업무가 나뉜다.
④ 재난 시 유사한 자원동원 체계와 자원유형이 필요하다.
⑤ 전통적 재난관리제도이다.

⊙ 해설 | 통합관리 방식에 대한 설명이다.

10 「재난 및 안전관리 기본법」의 제정 목적으로 옳은 것만을 모두 고르시오.

> ㄱ. 재난으로부터 국토를 보존
> ㄴ. 재난의 예방 · 경계 · 진압
> ㄷ. 국민의 생명 · 신체 및 재산을 보호
> ㄹ. 재난의 예방 · 대비 · 대응 · 복구와 안전문화활동

① ㄱ, ㄴ   ② ㄱ, ㄷ
③ ㄱ, ㄷ, ㄹ   ④ ㄱ, ㄴ, ㄷ
⑤ ㄱ, ㄴ, ㄷ, ㄹ

⊙ 해설

> **더 알아보기** 목적(「재난 및 안전관리 기본법」 제1조)
> 재난 및 안전관리 기본법은 각종 재난으로부터 국토를 보존하고 국민의 생명 · 신체 및 재산을 보호하기 위하여 국가와 지방자치단체의 재난 및 안전관리체제를 확립하고, 재난의 예방 · 대비 · 대응 · 복구와 안전문화활동, 그 밖에 재난 및 안전관리에 필요한 사항을 규정함을 목적으로 한다.

11 「재난 및 안전관리 기본법」에서 사용하는 용어의 정의로 옳지 않은 것은?

① '재난'이란 국민의 생명 · 신체 · 재산과 국가에 피해를 주거나 줄 수 있는 것으로 자연재난과 사회재난으로 나누며 태풍, 화재, 환경오염사고 등으로 인한 피해를 말한다.
② '재난관리'란 재난이나 그 밖의 각종 사고로부터 사람의 생명 · 신체 및 재산의 안전을 확보하기 위하여 하는 모든 활동을 말한다.
③ '재난관리책임기관'이란 재난관리업무를 하는 중앙행정기관 및 지방자치단체와 지방행정기관 · 공공기관 · 공공단체 및 재난관리의 대상이 되는 중요시설의 관리기관 등으로서 대통령령으로 정하는 기관을 말한다.
④ '긴급구조'란 재난이 발생할 우려가 현저하거나 재난이 발생하였을 때에 국민의 생명 · 신체 및 재산을 보호하기 위하여 긴급구조기관과 긴급구조지원기관이 하는 인명구조, 응급처치, 그 밖에 필요한 모든 긴급한 조치를 말한다.
⑤ '재난안전데이터'란 정보처리능력을 갖춘 장치를 통하여 생성 또는 처리가 가능한 형태로 존재하는 재난 및 안전관리에 관한 정형 또는 비정형의 모든 자료를 말한다.

해설 · "재난관리"란 재난의 예방·대비·대응 및 복구를 위하여 하는 모든 활동을 말한다.
· "안전관리"란 재난이나 그 밖의 각종 사고로부터 사람의 생명·신체 및 재산의 안전을 확보하기 위하여 하는 모든 활동을 말한다.

12 다음 중 사회재난이 아닌 것은?

① 화재
② 붕괴
③ 황사
④ 가축전염병의 확산
⑤ 환경오염사고

해설 황사는 자연재난에 해당한다.

> **더 알아보기 재난의 정의(「재난 및 안전관리 기본법」제3조 제1호)**
> 1. "재난"이란 국민의 생명·신체·재산과 국가에 피해를 주거나 줄 수 있는 것으로서 다음 각 목의 것을 말한다.
>   가. 자연재난 : 태풍, 홍수, 호우(豪雨), 강풍, 풍랑, 해일(海溢), 대설, 한파, 낙뢰, 가뭄, 폭염, 지진, 황사(黃砂), 조류(藻類) 대발생, 조수(潮水), 화산활동, 「우주개발 진흥법」에 따른 자연우주물체의 추락·충돌, 그 밖에 이에 준하는 자연현상으로 인하여 발생하는 재해
>   나. 사회재난 : 화재·붕괴·폭발·교통사고(항공사고 및 해상사고를 포함한다)·화생방사고·환경오염사고·다중운집인파사고 등으로 인하여 발생하는 대통령령으로 정하는 규모 이상의 피해와 국가핵심기반의 마비, 「감염병의 예방 및 관리에 관한 법률」에 따른 감염병 또는 「가축전염병예방법」에 따른 가축전염병의 확산, 「미세먼지 저감 및 관리에 관한 특별법」에 따른 미세먼지, 「우주개발 진흥법」에 따른 인공우주물체의 추락·충돌 등으로 인한 피해

13 「재난 및 안전관리 기본법」에서 정의하는 재난 중 자연재난에 해당하는 것은?

① 「감염병의 예방 및 관리에 관한 법률」에 따른 감염병의 확산
② 「가축전염병예방법」에 따른 가축전염병의 확산
③ 「미세먼지 저감 및 관리에 관한 특별법」에 따른 미세먼지
④ 「우주개발 진흥법」에 따른 자연우주물체의 추락·충돌로 인하여 발생하는 재해
⑤ 「우주개발 진흥법」에 따른 인공우주물체의 추락·충돌 등으로 인한 피해

정답 | 10 ③ 11 ② 12 ③ 13 ④

PART · 05

🎯 해설

> **더 알아보기 재난의 정의(「재난 및 안전관리 기본법」 제3조 제1호)**
>
> 1. "재난"이란 국민의 생명·신체·재산과 국가에 피해를 주거나 줄 수 있는 것으로서 다음 각 목의
>   것을 말한다.
>   가. 자연재난 : 태풍, 홍수, 호우(豪雨), 강풍, 풍랑, 해일(海溢), 대설, 한파, 낙뢰, 가뭄, 폭염,
>   지진, 황사(黃砂), 조류(藻類) 대발생, 조수(潮水), 화산활동, 「우주개발 진흥법」에 따른 자연
>   우주물체의 추락·충돌, 그 밖에 이에 준하는 자연현상으로 인하여 발생하는 재해
>   나. 사회재난 : 화재·붕괴·폭발·교통사고(항공사고 및 해상사고를 포함한다)·화생방사고·
>   환경오염사고·다중운집인파사고 등으로 인하여 발생하는 대통령령으로 정하는 규모 이상
>   의 피해와 국가핵심기반의 마비, 「감염병의 예방 및 관리에 관한 법률」에 따른 감염병 또는
>   「가축전염병예방법」에 따른 가축전염병의 확산, 「미세먼지 저감 및 관리에 관한 특별법」에
>   따른 미세먼지, 「우주개발 진흥법」에 따른 인공우주물체의 추락·충돌 등으로 인한 피해

14 「재난 및 안전관리 기본법」상 자연재난에 해당하지 않는 것은?

① 조류 대발생으로 인하여 발생하는 재해

② 황사로 인하여 발생하는 재해

③ 「미세먼지 저감 및 관리에 관한 특별법」에 따른 미세먼지로 인한 피해

④ 「우주개발 진흥법」에 따른 자연우주물체의 추락·충돌로 인하여 발생하는 재해

⑤ 폭염으로 인하여 발생하는 재해

🎯 해설 「미세먼지 저감 및 관리에 관한 특별법」에 따른 미세먼지로 인한 피해는 사회재난에 해당한다.

> **더 알아보기 재난의 정의(「재난 및 안전관리 기본법」 제3조 제1호)**
>
> 1. "재난"이란 국민의 생명·신체·재산과 국가에 피해를 주거나 줄 수 있는 것으로서 다음 각 목의
>   것을 말한다.
>   가. 자연재난 : 태풍, 홍수, 호우(豪雨), 강풍, 풍랑, 해일(海溢), 대설, 한파, 낙뢰, 가뭄, 폭염,
>   지진, 황사(黃砂), 조류(藻類) 대발생, 조수(潮水), 화산활동, 「우주개발 진흥법」에 따른 자연
>   우주물체의 추락·충돌, 그 밖에 이에 준하는 자연현상으로 인하여 발생하는 재해
>   나. 사회재난 : 화재·붕괴·폭발·교통사고(항공사고 및 해상사고를 포함한다)·화생방사고·
>   환경오염사고·다중운집인파사고 등으로 인하여 발생하는 대통령령으로 정하는 규모 이상
>   의 피해와 국가핵심기반의 마비, 「감염병의 예방 및 관리에 관한 법률」에 따른 감염병 또는
>   「가축전염병예방법」에 따른 가축전염병의 확산, 「미세먼지 저감 및 관리에 관한 특별법」에
>   따른 미세먼지, 「우주개발 진흥법」에 따른 인공우주물체의 추락·충돌 등으로 인한 피해

15 「재난 및 안전관리 기본법」상 용어의 정의로 옳지 않은 것은?

① 긴급구조기관이란 소방청·소방본부 및 소방서를 말한다. 다만, 해양에서 발생한 재난의 경우에는 해양경찰청·지방해양경찰청 및 해양경찰서를 말한다.

② 화재·붕괴·폭발·교통사고(항공사고 및 해상사고를 포함한다)·화생방사고·환경오염사고·다중운집인파사고 등으로 인하여 발생하는 대통령령으로 정하는 규모 이상의 피해와 국가핵심기반의 마비, 「감염병의 예방 및 관리에 관한 법률」에 따른 감염병 또는 「가축전염병예방법」에 따른 가축전염병의 확산, 「미세먼지 저감 및 관리에 관한 특별법」에 따른 미세먼지 등으로 인한 피해는 사회재난에 속한다.

③ 해외재난은 대한민국의 영역 밖에서 대한민국 국민의 생명·신체 및 재산에 피해를 주거나 줄 수 있는 재난으로서 정부차원에서 대처할 필요가 있는 재난을 말한다.

④ 재난관리주관기관은 중앙행정기관, 지방자치단체, 지방행정기관·공공기관·공공단체 등을 말한다.

⑤ 안전관리란 재난이나 그 밖의 각종 사고로부터 사람의 생명·신체 및 재산의 안전을 확보하기 위하여 하는 모든 활동을 말한다.

해설

> **더 알아보기 정의(「재난 및 안전관리 기본법」 제3조)**
>
> 5. "재난관리책임기관"이란 재난관리업무를 하는 다음 각 목의 기관을 말한다.
>   가. 중앙행정기관 및 지방자치단체(「제주특별자치도 설치 및 국제자유도시 조성을 위한 특별법」 제10조 제2항에 따른 행정시를 포함한다)
>   나. 지방행정기관·공공기관·공공단체(공공기관 및 공공단체의 지부 등 지방조직을 포함한다) 및 재난관리의 대상이 되는 중요시설의 관리기관 등으로서 대통령령으로 정하는 기관
> 5의2. "재난관리주관기관"이란 재난이나 그 밖의 각종 사고에 대하여 그 유형별로 예방·대비·대응 및 복구 등의 업무를 주관하여 수행하도록 대통령령으로 정하는 관계 중앙행정기관을 말한다.

▣정답 14 ③ 15 ④

16 「재난 및 안전관리 기본법」에서 사용하는 재난관리 용어의 정의로 옳지 않은 것은?

① "해외재난"이란 대한민국의 영역 밖에서 대한민국 국민의 생명·신체 및 재산에 피해를 주거나 줄 수 있는 재난으로서 정부차원에서 대처할 필요가 있는 재난을 말한다.

② "안전기준"이란 각종 시설 및 물질 등의 제작, 유지관리 과정에서 안전을 확보할 수 있도록 적용하여야 할 기술적 기준을 체계화한 것을 말하며, 안전기준의 분야, 범위 등에 관하여는 대통령령으로 정한다.

③ "재난관리주관기관"이란 재난이나 그 밖의 각종 사고에 대하여 그 유형별로 예방·대비·대응 및 복구 등의 업무를 주관하여 수행하도록 대통령령(시행령 제3조의2)으로 정하는 관계 중앙행정기관을 말한다.

④ "국가재난관리기준"이란 에너지, 정보통신, 교통수송, 보건의료 등 국가경제, 국민의 안전·건강 및 정부의 핵심기능에 중대한 영향을 미칠 수 있는 시설, 정보기술시스템 및 자산 등을 말한다.

⑤ "재난안전통신망"이란 재난관리책임기관·긴급구조기관 및 긴급구조지원기관이 재난 및 안전관리업무에 이용하거나 재난현장에서의 통합지휘에 활용하기 위하여 구축·운영하는 통신망을 말한다.

> **◎ 해설** ·"국가재난관리기준"이란 모든 유형의 재난에 공통적으로 활용할 수 있도록 재난관리의 전 과정을 통일적으로 단순화·체계화한 것으로서 행정안전부장관이 고시한 것을 말한다.
> ·"국가핵심기반"이란 에너지, 정보통신, 교통수송, 보건의료 등 국가경제, 국민의 안전·건강 및 정부의 핵심기능에 중대한 영향을 미칠 수 있는 시설, 정보기술시스템 및 자산 등을 말한다.

17 「재난 및 안전관리 기본법 시행령」상 재난 및 사고 유형에 따른 재난관리주관기관 중 사회적 재난의 주관기관으로 옳지 않은 것은?

① 「가축전염병 예방법」 제2조 제2호에 따른 가축전염병의 확산으로 인한 피해 - 보건복지부

② 「항공안전법」 제2조 제6호부터 제8호까지의 규정에 따른 항공기사고, 경량항공기사고 및 초경량비행장치사고로 인해 발생하는 대규모 피해 - 국토교통부

③ 일반인이 자유로이 모이거나 통행하는 도로, 광장 및 공원의 다중운집인파사고로 인해 발생하는 대규모 피해 - 행정안전부 및 경찰청

④ 「난민법」 제41조에 따른 난민신청자의 주거시설 및 같은 법 제45조에 따른 난민지원시설의 화재 등으로 인해 발생하는 대규모 피해 - 법무부

⑤ 「영유아보육법」 제2조 제3호에 따른 어린이집의 화재 등으로 인해 발생하는 대규모 피해 - 교육부

ⓞ 해설 | 「가축전염병 예방법」 제2조 제2호에 따른 가축전염병의 확산으로 인한 피해 - 농림축산식품부

18 다음 중 긴급구조활동을 할 수 있는 긴급구조기관이 아닌 것은?

① 소방청
② 소방본부
③ 해양경찰청
④ 경찰청
⑤ 지방해양경찰청

ⓞ 해설 | 경찰청은 긴급구조기관에 해당하지 않는다.

> **더 알아보기 긴급구조기관의 정의(「재난 및 안전관리 기본법」 제3조 제7호)**
> 7. "긴급구조기관"이란 소방청·소방본부 및 소방서를 말한다. 다만, 해양에서 발생한 재난의 경우에는 해양경찰청·지방해양경찰청 및 해양경찰서를 말한다.

19 다음 중 긴급구조에 대한 설명으로 옳지 않은 것은?

① 긴급구조란 재난이 발생할 우려가 현저하거나 재난이 발생하였을 때에 국민의 생명·신체 및 재산을 보호하기 위하여 긴급구조기관과 긴급구조지원기관이 하는 인명구조, 응급처치, 그 밖에 필요한 모든 긴급한 조치를 말한다.
② 중앙긴급구조통제단의 단장은 소방청장, 시·도 긴급구조통제단의 단장은 소방본부장이 되고 시·군·구 긴급구조통제단의 단장은 소방서장이 된다.
③ 긴급구조기관이란 행정안전부, 소방본부, 소방서를 말한다.
④ 긴급구조기관의 장은 긴급구조활동을 신속하고 효과적으로 할 수 있도록 긴급구조지휘대 등 긴급구조체제를 구축하고, 상시 소속 긴급구조요원 및 장비의 출동태세를 유지하여야 한다.
⑤ 긴급구조에 관한 사항의 총괄·조정, 긴급구조기관 및 긴급구조지원기관이 하는 긴급구조활동의 역할 분담과 지휘·통제를 위하여 소방청에 중앙긴급구조통제단을 둔다.

ⓞ 해설 |
> **더 알아보기 긴급구조기관의 정의(「재난 및 안전관리 기본법」 제3조 제7호)**
> 7. "긴급구조기관"이란 소방청·소방본부 및 소방서를 말한다. 다만, 해양에서 발생한 재난의 경우에는 해양경찰청·지방해양경찰청 및 해양경찰서를 말한다.

▋정답 | 16 ④ 17 ① 18 ④ 19 ③ |

20 「재난 및 안전관리 기본법」상 재난관리를 위하여 필요한 재난관리정보에 해당하는 것만을 모두 고른 것은?

ㄱ. 재난상황정보	ㄴ. 동원가능 자원정보
ㄷ. 시설물정보	ㄹ. 지리정보

① ㄱ
② ㄱ, ㄷ
③ ㄱ, ㄴ, ㄹ
④ ㄱ, ㄴ, ㄷ
⑤ ㄱ, ㄴ, ㄷ, ㄹ

🎯 해설

더 알아보기 재난관리정보의 정의(「재난 및 안전관리 기본법」 제3조 제10호)
10. "재난관리정보"란 재난관리를 위하여 필요한 재난상황정보, 동원가능 자원정보, 시설물정보, 지리정보를 말한다.

21 「재난 및 안전관리 기본법」상 안전관리기구 및 재난의 대응조직과 관련하여 (가) ~ (다)에 들어갈 내용을 바르게 연결한 것은?

재난관리를 위한 안전관리기구 중 중앙안전관리위원회의 위원장은 (가)이/가 되고, 재난의 대응조직 중 중앙긴급구조통제단의 단장은 (나)이, 시·군·구 긴급구조통제단의 단장은 (다)이 된다.

	(가)	(나)	(다)
①	행정안전부장관	소방서장	소방본부장
②	국무총리	소방청장	소방서장
③	국무총리	소방서장	소방본부장
④	행정안전부장관	소방본부장	소방서장
⑤	행정안전부장관	소방청장	소방본부장

🎯 해설

(가) 중앙안전관리위원회 위원장 : 국무총리
(나) 중앙긴급구조통제단의 단장 : 소방청장
(다) 시·군·구 긴급구조통제단의 단장 : 소방서장

22 재난이 발생했을 때 재난을 관리하는 순서를 단계별로 나열한 것으로 바른 것은?

① 예방 및 완화 - 대비 - 대응 - 복구 ② 예방 및 완화 - 대응 - 대비 - 복구
③ 대비 - 예방 및 완화 - 적응 - 복구 ④ 대비 - 적응 - 예방 및 완화 - 복구
⑤ 예방 및 완화 - 대응 - 복구 - 대비

> **해설** 재난관리론에서 재난관리단계는 ㉠ 예방(완화) - ㉡ 대비(준비) - ㉢ 대응 - ㉣ 복구단계의 4단계로 구분하고 있다.

23 「재난 및 안전관리 기본법」에 의할 때 행정안전부장관 또는 재난관리책임기관의 장은 긴급안전점검 결과 재난 발생의 위험이 높다고 인정되는 시설 또는 지역에 대하여는 대통령령으로 정하는 바에 따라 그 소유자·관리자 또는 점유자에게 재난예방을 위한 안전조치를 할 것을 명할 수 있다. 재난예방을 위한 안전조치로 옳은 것으로만 짝지어진 것은?

> ㄱ. 즉시 퇴피명령
> ㄴ. 보수 또는 보강 등 정비
> ㄷ. 재난을 발생시킬 위험요인의 제거
> ㄹ. 정밀안전진단
> ㅁ. 동원명령

① ㄱ, ㄴ ② ㄱ, ㄴ, ㄷ
③ ㄴ, ㄷ, ㄹ ④ ㄷ, ㄹ, ㅁ
⑤ ㄱ, ㄴ, ㄷ, ㄹ, ㅁ

> **해설** **더 알아보기 재난예방을 위한 안전조치(「재난 및 안전관리 기본법」 제31조 제1항)**
> ① 행정안전부장관 또는 재난관리책임기관(행정기관만을 말한다. 이하 이 조에서 같다)의 장은 제30조에 따른 긴급안전점검 결과 재난 발생의 위험이 높다고 인정되는 시설 또는 지역에 대하여는 대통령령으로 정하는 바에 따라 그 소유자·관리자 또는 점유자에게 다음 각 호의 안전조치를 할 것을 명할 수 있다.
> 1. 정밀안전진단(시설만 해당한다). 이 경우 다른 법령에 시설의 정밀안전진단에 관한 기준이 있는 경우에는 그 기준에 따르고, 다른 법령의 적용을 받지 아니하는 시설에 대하여는 행정안전부령으로 정하는 기준에 따른다.
> 2. 보수(補修) 또는 보강 등 정비
> 3. 재난을 발생시킬 위험요인의 제거

24 다음 중 재난사태 관리단계에 대한 내용으로 옳지 않은 것은?

① 예방단계 : 재난을 사전에 예방하고 재난발생가능성을 감소시키며, 발생가능한 재난의 피해를 최소화시키기 위한 활동을 한다.

② 완화단계 : 각종 재난관리계획의 실행, 재해대책본부의 활동개시, 긴급대피계획의 실천, 긴급의약품 조달, 생필품 공급, 피난처 제공 등의 활동을 한다.

③ 대비(준비)단계 : 재난의 피해를 최소화시키기 위한 제반활동에도 불구하고 재난발생확률이 높아진 경우, 재해발생 후에 효과적으로 대응할 수 있도록 비상방송시스템 구축 등 운영적인 장치들을 준비하는 단계이다.

④ 대응단계 : 일단 재해가 발생한 경우 신속한 대응활동을 통하여 재해로 인한 인명 및 재산 피해를 최소화하고, 재해의 확산을 방지하며, 순조롭게 복구가 이루어질 수 있도록 활동하는 단계이다.

⑤ 복구단계 : 재해 상황이 어느 정도 안정된 후 취하는 활동단계로, 재해로 인한 피해지역의 토지를 재해 이전의 상태로 복구시켜 이용이 가능하도록 회복시키는 활동을 포함한다.

⊙ 해설 각종 재난관리계획의 실행, 재해대책본부의 활동개시, 긴급대피계획의 실천, 긴급의약품 조달, 생필품 공급, 피난처 제공 등의 활동은 대응단계이다.

25 재난관리단계별 내용에서 대응단계에 해당하지 않는 것은?

① 긴급의약품 조달 및 생필품 공급
② 비상방송경보시스템 구축
③ 재해대책본부의 활동개시
④ 응급의료시스템 가동
⑤ 피해주민 수용 및 보호, 후송, 탐색 및 구조 등의 활동

⊙ 해설 비상방송경보시스템 구축은 대비단계에 해당된다.

26 「재난 및 안전관리 기본법」상 재난관리단계와 활동내용이 다른 것은?

① 위험구역의 설정
② 재난현장 긴급통신수단의 마련
③ 재난 예보·경보체계 구축·운영
④ 재난사태 선포
⑤ 위기경보의 발령

🎯 **해설** • 대비단계 – ② 재난현장 긴급통신수단의 마련(법 제34조의2)
• 대응단계 – ① 위험구역의 설정(법 제41조), ③ 재난 예보·경보체계 구축·운영 등(법 제38조
의2), ④ 재난사태 선포(법 제36조), ⑤ 위기경보의 발령 등(법 제38조)

27 「재난 및 안전관리 기본법」에 의할 때 재난사태 선포에 관한 내용으로 옳은 것은?

① 소방본부장이 중앙위원회의 심의를 거쳐 직접 선포
② 행정안전부장관이 중앙위원회의 심의를 거쳐 직접 선포
③ 중앙대책본부장이 대통령에게 선포 건의하여 대통령이 선포
④ 중앙대책본부장이 소방청장에게 선포 건의하여 소방청장이 선포
⑤ 시·도지사가 중앙위원회의 심의를 거쳐 직접 선포

🎯 **해설**

> **더 알아보기 재난사태 선포(「재난 및 안전관리 기본법」 제36조 제1항·제3항)**
> ① 행정안전부장관은 대통령령으로 정하는 재난이 발생하거나 발생할 우려가 있는 경우 사람의 생
> 명·신체 및 재산에 미치는 중대한 영향이나 피해를 줄이기 위하여 긴급한 조치가 필요하다고
> 인정하면 중앙위원회의 심의를 거쳐 재난사태를 선포할 수 있다. 다만, 행정안전부장관은 재난
> 상황이 긴급하여 중앙위원회의 심의를 거칠 시간적 여유가 없다고 인정하는 경우에는 중앙위원
> 회의 심의를 거치지 아니하고 재난사태를 선포할 수 있다.
> ③ 제1항에도 불구하고 시·도지사는 관할 구역에서 재난이 발생하거나 발생할 우려가 있는 등 대
> 통령령으로 정하는 경우 사람의 생명·신체 및 재산에 미치는 중대한 영향이나 피해를 줄이기
> 위하여 긴급한 조치가 필요하다고 인정하면 시·도위원회의 심의를 거쳐 재난사태를 선포할 수
> 있다. 이 경우 시·도지사는 지체 없이 그 사실을 행정안전부장관에게 통보하여야 한다.

28 「재난 및 안전관리 기본법 시행령」에서 정하는 재난사태의 선포대상이 되는 재난에 대한 내용이다. ㄱ ~ ㄷ에 들어갈 내용으로 옳은 것은?

> 재난사태의 선포의 대상이 되는 대통령령으로 정하는 재난이란 극심한 인명 또는 재산의 피해가 발생하거나 발생할 것으로 예상되어 (ㄱ)가 (ㄴ)에게 재난사태의 선포를 건의하거나 (ㄴ)이 재난사태의 선포가 필요하다고 인정하는 재난(「노동조합 및 노동관계조정법」 제4장에 따른 쟁의행위로 인한 (ㄷ)의 일시 정지는 제외한다)을 말한다.

	ㄱ	ㄴ	ㄷ
①	시·도지사	행정안전부장관	국가핵심기반
②	중앙대책본부장	시·도지사	특정관리대상지역
③	행정안전부장관	중앙대책본부장	국가핵심기반
④	시·도지사	중앙대책본부장	특정관리대상지역
⑤	시·도지사	중앙대책본부장	국가핵심기반

⊙해설 | ㄱ. 시·도지사, ㄴ. 행정안전부장관, ㄷ. 국가핵심기반

> **더 알아보기 재난사태의 선포대상 재난(「재난 및 안전관리 기본법 시행령」 제44조 제1항)**
> ① 법 제36조 제1항 본문에서 "대통령령으로 정하는 재난"이란 재난 중 극심한 인명 또는 재산의 피해가 발생하거나 발생할 것으로 예상되어 시·도지사가 행정안전부장관에게 재난사태의 선포를 건의하거나 행정안전부장관이 재난사태의 선포가 필요하다고 인정하는 재난(「노동조합 및 노동관계조정법」 제4장에 따른 쟁의행위로 인한 국가핵심기반의 일시 정지는 제외한다)을 말한다.

29 「재난 및 안전관리 기본법」에서 정하는 재난사태에 관한 내용으로 옳지 않은 것은?

① 행정안전부장관은 대통령령으로 정하는 재난이 발생하거나 발생할 우려가 있는 경우 사람의 생명·신체 및 재산에 미치는 중대한 영향이나 피해를 줄이기 위하여 긴급한 조치가 필요하다고 인정하면 중앙위원회의 심의를 거쳐 재난사태를 선포할 수 있다.

② 행정안전부장관은 재난상황이 긴급하여 중앙위원회의 심의를 거칠 시간적 여유가 없다고 인정하는 경우에는 중앙위원회의 심의를 거치지 아니하고 재난사태를 선포할 수 있다.

③ 행정안전부장관이 재난상황이 긴급하여 중앙위원회의 심의를 거치지 아니하고 재난사태를 선포한 경우에는 지체 없이 중앙위원회의 승인을 받아야 하고, 승인을 받지 못하면 선포된 재난사태를 즉시 해제하여야 한다.

④ 시·도지사는 관할 구역에서 재난이 발생하거나 발생할 우려가 있는 등 대통령령으로 정하는 경우 사람의 생명·신체 및 재산에 미치는 중대한 영향이나 피해를 줄이기 위하여

긴급한 조치가 필요하다고 인정하면 시·도위원회의 심의를 거쳐 재난사태를 선포할 수 있다.

⑤ 시·도지사가 시·도위원회의 심의를 거쳐 재난사태를 선포한 경우 시·도지사는 지체 없이 그 사실을 중앙대책본부장에게 통보하여야 한다.

❖ 해설 | 중앙대책본부장이 아니라 행정안전부장관에게 통보하여야 한다.

> **더 알아보기 재난사태 선포(「재난 및 안전관리 기본법」 제36조 제1항 ~ 제3항)**
> ① 행정안전부장관은 대통령령으로 정하는 재난이 발생하거나 발생할 우려가 있는 경우 사람의 생명·신체 및 재산에 미치는 중대한 영향이나 피해를 줄이기 위하여 긴급한 조치가 필요하다고 인정하면 중앙위원회의 심의를 거쳐 재난사태를 선포할 수 있다. 다만, 행정안전부장관은 재난 상황이 긴급하여 중앙위원회의 심의를 거칠 시간적 여유가 없다고 인정하는 경우에는 중앙위원회의 심의를 거치지 아니하고 재난사태를 선포할 수 있다.
> ② 행정안전부장관은 제1항 단서에 따라 재난사태를 선포한 경우에는 지체 없이 중앙위원회의 승인을 받아야 하고, 승인을 받지 못하면 선포된 재난사태를 즉시 해제하여야 한다.
> ③ 제1항에도 불구하고 시·도지사는 관할 구역에서 재난이 발생하거나 발생할 우려가 있는 등 대통령령으로 정하는 경우 사람의 생명·신체 및 재산에 미치는 중대한 영향이나 피해를 줄이기 위하여 긴급한 조치가 필요하다고 인정하면 시·도위원회의 심의를 거쳐 재난사태를 선포할 수 있다. 이 경우 시·도지사는 지체 없이 그 사실을 행정안전부장관에게 통보하여야 한다.

30 「재난 및 안전관리 기본법」상 대통령령으로 정하는 대규모 재난의 대응·복구 등에 관한 사항을 총괄·조정하고 필요한 조치를 하기 위하여 행정안전부에 두는 조직은?

① 안전관리자문단
② 중앙안전관리위원회
③ 안전정책조정위원회
④ 중앙긴급구조통제단
⑤ 중앙재난안전대책본부

❖ 해설

> **더 알아보기 중앙재난안전대책본부 등(「재난 및 안전관리 기본법」 제14조 제1항)**
> ① 대통령령으로 정하는 대규모 재난의 대응·복구(이하 "수습"이라 한다) 등에 관한 사항을 총괄·조정하고 필요한 조치를 하기 위하여 행정안전부에 중앙재난안전대책본부(이하 "중앙대책본부"라 한다)를 둔다.

◪ 정답 | 28 ① | 29 ⑤ | 30 ⑤ |

31 「재난 및 안전관리 기본법」에 대한 설명으로 옳지 않은 것은?

① 재난 및 안전관리에 관한 사항을 심의하기 위하여 국무총리 소속으로 중앙안전관리위원회를 둔다.

② 중앙재난방송협의회의 구성 및 운영에 필요한 사항은 총리령으로 정한다.

③ 중앙대책본부의 본부장은 행정안전부장관이 되며, 중앙대책본부장은 중앙대책본부의 업무를 총괄하고 필요하다고 인정하면 중앙재난안전대책본부회의를 소집할 수 있다.

④ 중앙위원회에 상정될 안건을 사전에 검토하고 법률에 규정된 사무를 수행하기 위하여 중앙위원회에 안전정책조정위원회를 둔다.

⑤ 대통령령으로 정하는 대규모 재난의 대응·복구 등에 관한 사항을 총괄·조정하고 필요한 조치를 하기 위하여 행정안전부에 중앙재난안전대책본부를 둔다.

해설 | 총리령이 아닌 대통령령으로 정한다.

> **더 알아보기 재난방송협의회(「재난 및 안전관리 기본법」 제12조 제3항)**
> ③ 중앙재난방송협의회의 구성 및 운영에 필요한 사항은 대통령령으로 정하고, 시·도 재난방송협의회와 시·군·구 재난방송협의회의 구성 및 운영에 필요한 사항은 해당 지방자치단체의 조례로 정한다.

32 「재난 및 안전관리 기본법」상 중앙재난안전대책본부에 관한 내용으로 옳지 않은 것은?

① 재난의 효과적인 수습을 위하여 국무총리가 범정부적 차원의 통합 대응이 필요하다고 인정하는 경우에는 대통령이 중앙대책본부장의 권한을 행사한다.

② 해외재난의 경우에는 외교부장관이 중앙대책본부장의 권한을 행사한다.

③ 대통령령으로 정하는 대규모 재난의 대응·복구 등에 관한 사항을 총괄·조정하고 필요한 조치를 하기 위하여 행정안전부에 중앙재난안전대책본부를 둔다.

④ 「원자력시설 등의 방호 및 방사능 방재 대책법」 제2조 제1항 제8호에 따른 방사능 재난의 경우에는 같은 법 제25조에 따른 중앙방사능방재대책본부의 장이 각각 중앙대책본부장의 권한을 행사한다.

⑤ 행정안전부장관이 국무총리에게 건의하거나 수습본부장의 요청을 받아 행정안전부장관이 국무총리에게 건의하는 경우에는 국무총리가 중앙대책본부장의 권한을 행사할 수 있다.

해설

더 알아보기 중앙재난안전대책본부 등(「재난 및 안전관리 기본법」 제14조 제3항·제4항)

③ 중앙대책본부의 본부장(이하 "중앙대책본부장"이라 한다)은 행정안전부장관이 되며, 중앙대책 본부장은 중앙대책본부의 업무를 총괄하고 필요하다고 인정하면 중앙재난안전대책본부회의를 소집할 수 있다. 다만, 해외재난의 경우에는 외교부장관이, 「원자력시설 등의 방호 및 방사능 방재 대책법」 제2조 제1항 제8호에 따른 방사능재난의 경우에는 같은 법 제25조에 따른 중앙방 사능방재대책본부의 장이 각각 중앙대책본부장의 권한을 행사한다.

④ 제3항에도 불구하고 재난의 효과적인 수습을 위하여 다음 각 호의 어느 하나에 해당하는 경우 에는 국무총리가 중앙대책본부장의 권한을 행사할 수 있다. 이 경우 행정안전부장관, 외교부장 관(해외재난의 경우에 한정한다) 또는 원자력안전위원회 위원장(방사능 재난의 경우에 한정한 다)이 차장이 된다.
   1. 국무총리가 범정부적 차원의 통합 대응이 필요하다고 인정하는 경우
   2. 행정안전부장관이 국무총리에게 건의하거나 수습본부장의 요청을 받아 행정안전부장관이 국무총리에게 건의하는 경우

33 「재난 및 안전관리 기본법 시행령」상 특정관리대상지역에 대한 안전등급의 평가기준에 따라 실시하여야 하는 정기안전점검 실시기준으로 옳지 않은 것은?

① 안전등급 A등급 : 반기별 1회 이상
② 안전등급 B등급 : 반기별 1회 이상
③ 안전등급 C등급 : 반기별 2회 이상
④ 안전등급 D등급 : 월 1회 이상
⑤ 안전등급 E등급 : 월 2회 이상

해설 안전등급 C등급 : 반기별 1회 이상

더 알아보기 특정관리대상지역의 안전등급 및 안전점검 등(「재난 및 안전관리 기본법 시행령」 제34조의2 제3항)

③ 재난관리책임기관의 장은 다음 각 호의 구분에 따라 특정관리대상지역에 대한 안전점검을 실시 하여야 한다.
   1. 정기안전점검
      가. A등급, B등급 또는 C등급에 해당하는 특정관리대상지역 : 반기별 1회 이상
      나. D등급에 해당하는 특정관리대상지역 : 월 1회 이상
      다. E등급에 해당하는 특정관리대상지역 : 월 2회 이상
   2. 수시안전점검 : 재난관리책임기관의 장이 필요하다고 인정하는 경우

정답 31 ② 32 ① 33 ③

34 시장·군수·구청장과 지역통제단장은 재난이 발생한 경우 다음 〈보기〉의 조치를 취할 수 있다. 〈보기〉의 조치는 무엇인가?

> **보기**
>
> 시장·군수·구청장과 지역통제단장(대통령령으로 정하는 권한을 행사하는 경우에만 해당한다. 이하 이 조에서 같다)은 대피명령을 받은 사람 또는 위험구역에서의 퇴거나 대피명령을 받은 사람이 그 명령을 이행하지 아니하여 위급하다고 판단되면 그 지역 또는 위험구역 안의 주민이나 그 안에 있는 사람을 강제로 대피 또는 퇴거시키거나 선박·자동차 등을 견인시킬 수 있다.

① 강제대피조치
② 위험구역의 설정 조치
③ 대피명령 조치
④ 동원명령 조치
⑤ 통행제한 조치

> **해설**
>
> **더 알아보기 강제대피조치(「재난 및 안전관리 기본법」 제42조 제1항)**
> ① 시장·군수·구청장과 지역통제단장(대통령령으로 정하는 권한을 행사하는 경우에만 해당한다. 이하 이 조에서 같다)은 대피명령을 받은 사람 또는 위험구역에서의 퇴거나 대피명령을 받은 사람이 그 명령을 이행하지 아니하여 위급하다고 판단되면 그 지역 또는 위험구역 안의 주민이나 그 안에 있는 사람을 강제로 대피 또는 퇴거시키거나 선박·자동차 등을 견인시킬 수 있다.

35 다음 중 국가적 차원에서 관리가 필요한 재난에 대하여 재난관리 체계와 관계 기관의 임무와 역할을 규정한 문서로 재난관리주관기관의 장이 작성하는 것은?

① 위기관리 표준매뉴얼
② 위기관리 대응매뉴얼
③ 현장조치 행동매뉴얼
④ 재난대응 실무매뉴얼
⑤ 재난대응 표준매뉴얼

> **해설**
>
> **더 알아보기 재난분야 위기관리 매뉴얼 작성·운용(「재난 및 안전관리 기본법」 제34조의5 제1항)**
> ① 재난관리책임기관의 장은 재난을 효율적으로 관리하기 위하여 재난유형에 따라 다음 각 호의 위기관리 매뉴얼을 작성·운용하고, 이를 준수하도록 노력하여야 한다. 이 경우 재난대응활동계획과 위기관리 매뉴얼이 서로 연계되도록 하여야 한다.
> 1. 위기관리 표준매뉴얼 : 국가적 차원에서 관리가 필요한 재난에 대하여 재난관리 체계와 관계 기관의 임무와 역할을 규정한 문서로 위기대응 실무매뉴얼의 작성 기준이 되며, 재난관리주관기관의 장이 작성한다.

36 「재난 및 안전관리 기본법 시행령」상 다중이용시설의 관계인이 위기상황에 대비한 매뉴얼을 작성하여 이에 따른 훈련을 주기적으로 실시해야 하는 건축물 또는 시설에 해당하지 않는 것은?

① 바닥면적의 합계가 4,000㎡인 판매시설
② 바닥면적의 합계가 5,000㎡인 운수시설 중 여객용시설
③ 바닥면적의 합계가 6,000㎡인 숙박시설 중 관광숙박시설
④ 바닥면적의 합계가 7,000㎡인 의료시설 중 종합병원
⑤ 바닥면적의 합계가 8,000㎡인 문화 및 집회시설(동물원 및 식물원은 제외)

◉ 해설

> **더 알아보기 위기상황 매뉴얼 작성·관리 대상(「재난 및 안전관리 기본법 시행령」 제43조의8)**
>
> 법 제34조의6 제1항 본문에서 "대통령령으로 정하는 다중이용시설 등의 소유자·관리자 또는 점유자"란 다음 각 호의 어느 하나에 해당하는 건축물 또는 시설(이하 "다중이용시설 등"이라 한다)의 관계인을 말한다.
>
> 1. 「건축법 시행령」 제2조 제17호 가목에 따른 다중이용 건축물
>
> > 「건축법 시행령」 제2조 제17호 가목에 따른 "다중이용 건축물"이란 다음 각 목의 어느 하나에 해당하는 건축물을 말한다.
> > 가. 다음의 어느 하나에 해당하는 용도로 쓰는 바닥면적의 합계가 5천제곱미터 이상인 건축물
> > 　　1) 문화 및 집회시설(동물원 및 식물원은 제외한다)
> > 　　2) 종교시설
> > 　　3) 판매시설
> > 　　4) 운수시설 중 여객용 시설
> > 　　5) 의료시설 중 종합병원
> > 　　6) 숙박시설 중 관광숙박시설
>
> 2. 그 밖에 제1호에 따른 건축물에 준하는 건축물 또는 시설로서 행정안전부장관이 법 제34조의6 제1항 본문에 따른 위기상황에 대비한 매뉴얼(이하 "위기상황 매뉴얼"이라 한다)의 작성·관리가 필요하다고 인정하여 고시하는 건축물 또는 시설

37 「재난 및 안전관리 기본법」상 재난이 발생할 우려가 있거나 재난이 발생하였을 때에 즉시 취해야 하는 응급조치로 옳지 않은 것은?

① 응급지원에 필요한 비용부담
② 피해시설의 응급복구 및 방역과 방범, 그 밖의 질서 유지
③ 긴급수송 및 구조 수단의 확보
④ 급수 수단의 확보, 긴급피난처 및 구호품 등 재난관리자원의 확보
⑤ 현장지휘통신체계의 확보

🎯 **해설**

더 알아보기 **응급조치(「재난 및 안전관리 기본법」 제37조 제1항)**

① 제50조 제2항에 따른 시·도 긴급구조통제단 및 시·군·구 긴급구조통제단의 단장(이하 "지역통제단장"이라 한다)과 시장·군수·구청장은 재난이 발생할 우려가 있거나 재난이 발생하였을 때에는 즉시 관계 법령이나 재난대응활동계획 및 위기관리 매뉴얼에서 정하는 바에 따라 수방(水防)·진화·구조 및 구난(救難), 그 밖에 재난 발생을 예방하거나 피해를 줄이기 위하여 필요한 다음 각 호의 응급조치를 하여야 한다. 다만, 지역통제단장의 경우에는 제2호 중 진화에 관한 응급조치와 제4호 및 제6호의 응급조치만 하여야 한다.

1. 경보의 발령 또는 전달이나 피난의 권고 또는 지시
1의2. 재난예방을 위한 안전조치
2. 진화·수방·지진방재, 그 밖의 응급조치와 구호
3. 피해시설의 응급복구 및 방역과 방범, 그 밖의 질서 유지
4. 긴급수송 및 구조 수단의 확보
5. 급수 수단의 확보, 긴급피난처 및 구호품 등 재난관리자원의 확보
6. 현장지휘통신체계의 확보
7. 그 밖에 재난 발생을 예방하거나 줄이기 위하여 필요한 사항으로서 대통령령으로 정하는 사항

38 지역통제단장의 응급조치에 관한 것이 아닌 것은?

① 진화
② 긴급수송
③ 경보발령
④ 구조 수단의 확보
⑤ 현장지휘통신체계의 확보

🎯 **해설** 지역통제단장이 할 수 있는 응급조치의 권한은 ㉠ 진화, ㉡ 긴급수송, ㉢ 구조 수단의 확보, ㉣ 현장지휘통신체계의 확보까지이다(「재난 및 안전관리 기본법」 제37조 제1항 단서).

39 「재난 및 안전관리 기본법」상 시장·군수·구청장 만이 실행해야 하는 응급조치 사항으로 옳은 것은?

① 진화
② 긴급수송
③ 경보발령
④ 구조 수단의 확보
⑤ 현장지휘통신체계의 확보

해설 지역통제단장이 할 수 있는 응급조치의 권한은 ㉠ 진화, ㉡ 긴급수송, ㉢ 구조 수단의 확보, ㉣ 현장지휘통신체계의 확보까지이다(「재난 및 안전관리 기본법」 제37조 제1항 단서).

40 「재난 및 안전관리 기본법」에 대한 내용에서 (가) ~ (다)에 들어갈 용어를 바르게 연결한 것은?

> (가)은 대통령령으로 정하는 재난이 발생하거나 발생할 우려가 있는 경우 사람의 생명·신체 및 재산에 미치는 중대한 영향이나 피해를 줄이기 위하여 긴급한 조치가 필요하다고 인정하면 (나)의 심의를 거쳐 (다)을/를 선포할 수 있다.

	(가)	(나)	(다)
①	중앙재난안전대책본부장	안전정책조정위원회	재난사태
②	행정안전부장관	중앙안전관리위원회	재난사태
③	중앙재난안전대책본부장	중앙안전관리위원회	특별재난지역
④	행정안전부장관	안전정책조정위원회	특별재난지역
⑤	중앙재난안전대책본부장	중앙안전관리위원회	재난사태

해설 (가) 행정안전부장관, (나) 중앙안전관리위원회, (다) 재난사태이다.

> **더 알아보기 재난사태의 선포(「재난 및 안전관리 기본법」 제36조 제1항)**
> ① 행정안전부장관은 대통령령으로 정하는 재난이 발생하거나 발생할 우려가 있는 경우 사람의 생명·신체 및 재산에 미치는 중대한 영향이나 피해를 줄이기 위하여 긴급한 조치가 필요하다고 인정하면 중앙안전관리위원회의 심의를 거쳐 재난사태를 선포할 수 있다. 다만, 행정안전부장관은 재난상황이 긴급하여 중앙위원회의 심의를 거칠 시간적 여유가 없다고 인정하는 경우에는 중앙위원회의 심의를 거치지 아니하고 재난사태를 선포할 수 있다.

정답 37 ① 38 ③ 39 ③ 40 ②

41 「긴급구조대응활동 및 현장지휘에 관한 규칙」상 통제단이 설치·운영되는 경우에 긴급구조지휘대를 구성하는 사람과 배치되는 해당 부서의 연결이 옳은 것만을 〈보기〉에서 모두 고른 것은?

보기
ㄱ. 상황조사요원 : 대응계획부 　　ㄴ. 통신지원요원 : 현장지휘부
ㄷ. 안전관리요원 : 대응계획부 　　ㄹ. 상황조사요원 : 자원지원부

① ㄱ, ㄴ　　　　　　　　　　② ㄱ, ㄷ
③ ㄱ, ㄴ, ㄹ　　　　　　　　④ ㄴ, ㄷ, ㄹ
⑤ ㄱ, ㄴ, ㄷ, ㄹ

◎ 해설 | ㄷ. 안전관리요원 : 현장지휘부
　　　　　ㄹ. 상황조사요원 : 대응계획부

> **더 알아보기　긴급구조지휘대의 구성(「긴급구조대응활동 및 현장지휘에 관한 규칙」 제16조 제3항)**
> ③ 영 제65조 제1항에 따라 긴급구조지휘대를 구성하는 사람은 통제단이 설치·운영되는 경우 다음 각 호의 구분에 따라 통제단의 해당부서에 배치된다.
> 1. 현장지휘요원 : 현장지휘부
> 2. 자원지원요원 : 자원지원부
> 3. 통신지원요원 : 현장지휘부
> 4. 안전관리요원 : 현장지휘부
> 5. 상황조사요원 : 대응계획부
> 6. 구급지휘요원 : 현장지휘부

42 「긴급구조대응활동 및 현장지휘에 관한 규칙」상 통제단이 설치·운영되는 경우에 긴급구조지휘대를 구성하는 사람과 배치되는 해당 부서의 연결이 옳지 않은 것만 〈보기〉에서 모두 고른 것은?

보기
ㄱ. 현장지휘요원 : 현장지휘부 　　ㄴ. 자원지원요원 : 자원지원부
ㄷ. 안전담당요원 : 현장통제반 　　ㄹ. 경찰파견 연락관 : 연락공보담당

① ㄱ, ㄴ　　　　　　　　　　② ㄱ, ㄷ
③ ㄱ, ㄴ, ㄹ　　　　　　　　④ ㄷ, ㄹ
⑤ ㄱ, ㄴ, ㄷ, ㄹ

🎯해설

> **더 알아보기** 긴급구조지휘대의 구성(「긴급구조대응활동 및 현장지휘에 관한 규칙」 제16조 제3항)
>
> ③ 영 제65조 제1항에 따라 긴급구조지휘대를 구성하는 사람은 통제단이 설치·운영되는 경우 다음 각 호의 구분에 따라 통제단의 해당 부서에 배치된다.
> 1. 현장지휘요원 : 현장지휘부
> 2. 자원지원요원 : 자원지원부
> 3. 통신지원요원 : 현장지휘부
> 4. 안전관리요원 : 현장지휘부
> 5. 상황조사요원 : 대응계획부
> 6. 구급지휘요원 : 현장지휘부

43 긴급구조지휘대의 구성 및 기능에서 긴급구조지휘대 구성에 해당하는 자는 통제단이 설치·운영되는 경우 구분에 따라 해당 부서에 배치되는데, 긴급복구지원과 가장 관계가 깊은 요원은?

① 자원지원요원　　　　　　　② 안전관리요원
③ 통신지원요원　　　　　　　④ 상황조사요원
⑤ 구급지휘요원

🎯해설 ｜ 긴급복구지원은 '자원지원부'의 임무 중 하나이다.

> **더 알아보기** 긴급구조지휘대의 구성(「긴급구조대응활동 및 현장지휘에 관한 규칙」 제16조 제3항)
>
> ③ 영 제65조 제1항에 따라 긴급구조지휘대를 구성하는 사람은 통제단이 설치·운영되는 경우 다음 각 호의 구분에 따라 통제단의 해당 부서에 배치된다.
> 1. 현장지휘요원 : 현장지휘부
> 2. 자원지원요원 : 자원지원부
> 3. 통신지원요원 : 현장지휘부
> 4. 안전관리요원 : 현장지휘부
> 5. 상황조사요원 : 대응계획부
> 6. 구급지휘요원 : 현장지휘부

44 긴급구조지휘대의 구성 및 기능에서 긴급구조지휘대 구성에 해당하는 자는 통제단이 설치·운영되는 경우 구분에 따라 해당 부서에 배치된다. 다음 중 그 배치가 바르지 않은 것은?

① 상황조사요원 : 대응계획부　　　　　② 자원지원요원 : 자원지원부
③ 통신지원요원 : 현장지휘부　　　　　④ 안전관리요원 : 현장지휘부
⑤ 구급지휘요원 : 자원지원부

✋해설　구급지휘요원 : 현장지휘부

> **더 알아보기　긴급구조지휘대의 구성(「긴급구조대응활동 및 현장지휘에 관한 규칙」 제16조 제3항)**
> ③ 영 제65조 제1항에 따라 긴급구조지휘대를 구성하는 사람은 통제단이 설치·운영되는 경우 다음 각 호의 구분에 따라 통제단의 해당 부서에 배치된다.
> 1. 현장지휘요원 : 현장지휘부
> 2. 자원지원요원 : 자원지원부
> 3. 통신지원요원 : 현장지휘부
> 4. 안전관리요원 : 현장지휘부
> 5. 상황조사요원 : 대응계획부
> 6. 구급지휘요원 : 현장지휘부

45 「재난 및 안전관리 기본법」상 재난현장에서 시·군·구 긴급구조통제단장의 긴급구조 현장지휘 사항을 모두 고른 것은?

> ㄱ. 재난현장에서 인명의 탐색·구조
> ㄴ. 추가 재난의 방지를 위한 응급조치
> ㄷ. 사상자의 응급처치 및 의료기관으로의 이송
> ㄹ. 긴급구조에 필요한 재난관리자원의 관리

① ㄱ, ㄴ　　　　　　　② ㄴ, ㄷ
③ ㄱ, ㄴ, ㄷ　　　　　④ ㄴ, ㄷ, ㄹ
⑤ ㄱ, ㄴ, ㄷ, ㄹ

🎯 해설

> **더 알아보기** 긴급구조 현장지휘(「재난 및 안전관리 기본법」 제52조 제1항ㆍ제2항)
>
> ① 재난현장에서는 시ㆍ군ㆍ구 긴급구조통제단장이 긴급구조활동을 지휘한다. 다만, 치안활동과 관련된 사항은 관할 경찰관서의 장과 협의하여야 한다.
> ② 제1항에 따른 현장지휘는 다음 각 호의 사항에 관하여 한다.
> 1. 재난현장에서 인명의 탐색ㆍ구조
> 2. 긴급구조기관 및 긴급구조지원기관의 긴급구조요원ㆍ긴급구조지원요원 및 재난관리자원의 배치와 운용
> 3. 추가 재난의 방지를 위한 응급조치
> 4. 긴급구조지원기관 및 자원봉사자 등에 대한 임무의 부여
> 5. 사상자의 응급처치 및 의료기관으로의 이송
> 6. 긴급구조에 필요한 재난관리자원의 관리
> 7. 현장접근 통제, 현장 주변의 교통정리, 그 밖에 긴급구조활동을 효율적으로 하기 위하여 필요한 사항

---

46 재난관리 단계별 활동내용 중 복구단계에 해당하는 것은?

① 이재민 지원
② 비상경보체계 구축
③ 재난대응계획 수립
④ 위험성 분석 및 위험지도 작성
⑤ 대책본부의 가동

🎯 해설 ②ㆍ③ 대비단계, ④ 예방단계, ⑤ 대응단계

> **더 알아보기** 재난관리 단계별 활동 중 복구단계의 주요내용
> ◦ 피해평가 및 대부ㆍ보조금 지급ㆍ이재민 구호
> ◦ 피해주민 대응활동요원에 대한 재난심리상담(외상 후 스트레스증후군 관리)
> ◦ 피해자 보상 및 배상관리
> ◦ 재난 발생 및 문제점 조사
> ◦ 복구 개선안 및 재발방지대책 마련
> ◦ 임시통신망 구축 및 전염병 통제를 위한 방제활동

> **더 알아보기** 재난관리 단계별 주요활동
> ◦ 예방단계 : 위험성 분석 및 위험지도 작성, 재해보험, 토지이용 관리, 안전관련법 제정, 조세유도 등
> ◦ 대비단계 : 재난대응계획 수립, 비상경보체계 구축, 통합대응체계 구축, 비상통신망 구축, 교육훈련 및 연습 등
> ◦ 대응단계 : 재난대응계획의 적용, 재해의 진압, 구조ㆍ구난, 응급의료체계의 운영, 대책본부의 가동 등
> ◦ 복구단계 : 잔해물 제거, 전염 예방, 이재민 지원, 임시거주지 마련, 시설복구 등

▌정답 | 44 ⑤ **45** ⑤ **46** ① |

PART · 05

47 「재난 및 안전관리 기본법」상 재난지역에 대한 국고보조 등의 지원에 대한 설명으로 옳지 않은 것은?

① 국가는 자연재난의 원활한 복구를 위하여 필요하면 대통령령으로 정하는 바에 따라 그 비용의 전부 또는 일부를 국고에서 부담하거나 지방자치단체, 그 밖의 재난관리책임자에게 보조할 수 있다.

② 국가와 지방자치단체는 재난으로 피해를 입은 시설의 복구와 피해주민의 생계 안정을 위하여 주거용 건축물의 복구비를 지원할 수 있다.

③ 국가와 지방자치단체는 재난으로 피해를 입은 사람에 대하여 심리적 안정과 사회적응을 위한 상담 활동을 지원할 수 있다.

④ 재난복구사업의 재원은 대통령령으로 정하는 재난의 구호 및 재난의 복구비용 부담기준에 따라 국고의 부담금 또는 보조금과 지방자치단체의 부담금·의연금 등으로 충당한다.

⑤ 국가와 지방자치단체로부터 재난으로 피해를 입은 시설의 복구와 피해주민의 생계 안정 및 피해기업의 경영 안정을 위해 지원되는 금품 또는 이를 지급받을 권리는 양도하거나 담보로 제공할 수 있다.

🎯 해설

더 알아보기　재난지역에 대한 국고보조 등의 지원(「재난 및 안전관리 기본법」제66조 제7항)

⑦ 국가와 지방자치단체로부터 재난으로 피해를 입은 시설의 복구와 피해주민의 생계 안정 및 피해기업의 경영 안정을 위해 지원되는 금품 또는 이를 지급받을 권리는 양도·압류하거나 담보로 제공할 수 없다.

48 재난 및 안전관리 기본법령상 재난사태 선포와 특별재난지역의 선포에 관한 설명으로 옳지 않은 것은?

① 재난사태 선포는 재난의 대응 활동에 해당된다.

② 특별재난지역의 선포는 재난의 복구 활동에 해당된다.

③ 특별재난지역 선포권자는 대통령이다.

④ 행정안전부장관은 대통령령으로 정하는 재난이 발생하거나 발생할 우려가 있는 경우 사람의 생명·신체 및 재산에 미치는 중대한 영향이나 피해를 줄이기 위하여 긴급한 조치가 필요하다고 인정하면 중앙위원회의 심의를 거쳐 재난사태를 선포할 수 있다.

⑤ 행정안전부장관의 재난사태 선포권에도 불구하고 시·도지사는 관할 구역에서 재난이 발생하거나 발생할 우려가 있는 등 대통령령으로 정하는 경우 사람의 생명·신체 및 재산에 미치는 중대한 영향이나 피해를 줄이기 위하여 긴급한 조치가 필요하다고 인정하면 중앙위원회의 심의를 거쳐 재난사태를 선포할 수 있다.

해설

> **더 알아보기** 재난사태 선포(「재난 및 안전관리 기본법」 제36조 제1항·제3항)
> ① 행정안전부장관은 대통령령으로 정하는 재난이 발생하거나 발생할 우려가 있는 경우 사람의 생명·신체 및 재산에 미치는 중대한 영향이나 피해를 줄이기 위하여 긴급한 조치가 필요하다고 인정하면 중앙위원회의 심의를 거쳐 재난사태를 선포할 수 있다. 다만, 행정안전부장관은 재난상황이 긴급하여 중앙위원회의 심의를 거칠 시간적 여유가 없다고 인정하는 경우에는 중앙위원회의 심의를 거치지 아니하고 재난사태를 선포할 수 있다.
> ③ 제1항(행정안전부장관의 재난사태 선포권)에도 불구하고 시·도지사는 관할 구역에서 재난이 발생하거나 발생할 우려가 있는 등 대통령령으로 정하는 경우 사람의 생명·신체 및 재산에 미치는 중대한 영향이나 피해를 줄이기 위하여 긴급한 조치가 필요하다고 인정하면 시·도위원회의 심의를 거쳐 재난사태를 선포할 수 있다. 이 경우 시·도지사는 지체 없이 그 사실을 행정안전부장관에게 통보하여야 한다.

49 행정안전부장관 및 지방자치단체장이 재난사태가 선포된 재난지역에 할 수 있는 조치로 적절하지 않은 것은?

① 재난경보의 발령, 재난관리자원의 동원, 위험구역 설정, 대피명령, 응급지원 등
② 재난 발생지역에 소재하는 행정기관 소속 공무원의 비상소집
③ 재난이 확산되지 않도록 재난예방에 필요한 조치
④ 재난지역에 대한 여행 등 이동 자제 권고
⑤ 응급대책 및 재난구호와 복구에 필요한 행정상·재정상·금융상·의료상의 특별지원

해설

응급대책 및 재난구호와 복구에 필요한 행정상·재정상·금융상·의료상의 특별지원은 국가나 지방자치단체가 특별재난지역으로 선포된 지역에 대해 할 수 있는 지원이다.

> **더 알아보기** 재난사태 선포(「재난 및 안전관리 기본법」 제36조 제5항)
> ⑤ 행정안전부장관 및 지방자치단체의 장은 제1항에 따라 재난사태가 선포된 지역에 대하여 다음 각 호의 조치를 할 수 있다.
> 1. 재난경보의 발령, 재난관리자원의 동원, 위험구역 설정, 대피명령, 응급지원 등 이 법에 따른 응급조치
> 2. 해당 지역에 소재하는 행정기관 소속 공무원의 비상소집
> 3. 해당 지역에 대한 여행 등 이동 자제 권고
> 4. 「유아교육법」 제31조, 「초·중등교육법」 제64조 및 「고등교육법」 제61조에 따른 휴업명령 및 휴원·휴교 처분의 요청
> 5. 그 밖에 재난예방에 필요한 조치

50 행정안전부장관이 재난상황에서 해당 기관·단체의 핵심기능을 유지하는 것이 특별히 필요하다고 인정하여 고시하는 기관·단체(민간단체를 포함한다) 및 민간업체는 기능연속성계획을 수립·시행하여야 한다. 이 경우 기능연속성계획에 포함되어야 하는 사항으로 바르지 않은 것은?

① 기능연속성계획수립기관의 핵심기능의 선정과 우선순위에 관한 사항
② 생활안전, 교통안전, 산업안전, 시설안전, 범죄안전, 식품안전, 안전취약계층 안전 및 그 밖에 이에 준하는 안전관리에 관한 대책
③ 핵심기능의 유지를 위한 대체시설, 장비 등의 확보에 관한 사항
④ 재난상황에서의 소속 직원의 활동계획 등 기능연속성계획의 구체적인 시행절차에 관한 사항
⑤ 소속 직원 등에 대한 기능연속성계획의 교육·훈련에 관한 사항

⊙ 해설 생활안전, 교통안전, 산업안전, 시설안전, 범죄안전, 식품안전, 안전취약계층 안전 및 그 밖에 이에 준하는 안전관리에 관한 대책은 국가안전관리기본계획에 포함되어야 하는 사항이다.

> **더 알아보기 기능연속성계획에 포함되어야 하는 사항(「재난 및 안전관리 기본법 시행령」 제29조의4 제3항)**
> ◦ 기능연속성계획수립기관의 핵심기능의 선정과 우선순위에 관한 사항
> ◦ 재난상황에서 핵심기능을 유지하기 위한 의사결정권자 지정 및 그 권한의 대행에 관한 사항
> ◦ 핵심기능의 유지를 위한 대체시설, 장비 등의 확보에 관한 사항
> ◦ 재난상황에서의 소속 직원의 활동계획 등 기능연속성계획의 구체적인 시행절차에 관한 사항
> ◦ 소속 직원 등에 대한 기능연속성계획의 교육·훈련에 관한 사항
> ◦ 그 밖에 기능연속성계획수립기관의 장이 재난상황에서 해당 기관의 핵심기능을 유지하는 데 필요하다고 인정하는 사항

51 다음 중 지역통제단 및 중앙통제단을 운영할 때 구성할 수 있는 부서를 모두 고르시오.

ㄱ. 대응계획부	ㄴ. 현장지휘부
ㄷ. 자원지원부	ㄹ. 긴급복구부
ㅁ. 현장지휘대	

① ㄱ
② ㄱ, ㄴ
③ ㄱ, ㄴ, ㄷ
④ ㄱ, ㄴ, ㄷ, ㄹ
⑤ ㄱ, ㄴ, ㄷ, ㄹ, ㅁ

合格까지 **박문각**

> **○ 해설**
>
> **더 알아보기 중앙통제단의 구성 및 운영(「재난 및 안전관리 기본법 시행령」 제55조 제3항)**
> ③ 제2항에 따른 부단장은 소방청 차장이 되며, 중앙통제단에는 대응계획부·현장지휘부 및 자원 지원부를 둔다.

52 「재난 및 안전관리 기본법」상 재난의 예방단계에 포함되어야 할 내용으로 옳은 것만을 〈보기〉에서 모두 고른 것은?

> **보기**
>
> ㄱ. 국가핵심기반의 지정
> ㄴ. 재난안전분야 종사자 교육
> ㄷ. 재난분야 위기관리 매뉴얼 작성·운용
> ㄹ. 재난현장 긴급통신수단의 마련

① ㄱ, ㄴ   ② ㄴ, ㄷ
③ ㄷ, ㄹ   ④ ㄱ
⑤ ㄴ

> **○ 해설**
> • 예방단계(「재난 및 안전관리 기본법」 기준)
>   ㄱ. 국가핵심기반의 지정(법 제26조)
>   ㄴ. 재난안전분야 종사자 교육(법 제29조의2)
> • 대비단계(「재난 및 안전관리 기본법」 기준)
>   ㄷ. 재난분야 위기관리 매뉴얼 작성·운용(법 제34조의5)
>   ㄹ. 재난현장 긴급통신수단의 마련(법 제34조의2)

53 「재난 및 안전관리 기본법」상 대응단계에 해당하지 않는 것은?

① 재난사태 선포   ② 재난현장 긴급통신수단의 마련
③ 재난 예보·경보체계 구축·운영   ④ 통행제한
⑤ 위험구역의 설정

> **○ 해설**
> 재난현장 긴급통신수단의 마련은 「재난 및 안전관리 기본법」 제34조의2에 규정되어 있으며 대비단계에 해당된다.

▮정답 50 ② 51 ③ 52 ① 53 ②

54 「재난 및 안전관리 기본법 시행령」상 재난 및 사고유형별 재난관리주관기관 중 자연재난의 주관기관으로 옳지 않은 것은?

① 「우주개발 진흥법」 제2조 제3호 나목에 따른 자연우주물체의 추락·충돌 등으로 인해 발생하는 재해 – 과학기술정보통신부 및 우주항공청
② 「자연재해대책법」 제2조 제2호에 따른 자연재해로서 낙뢰, 가뭄, 폭염 및 한파로 인해 발생하는 재해 – 행정안전부
③ 황사로 인해 발생하는 재해 – 환경부
④ 「자연재해대책법」 제2조 제3호에 따른 풍수해(조수로 인해 발생하는 재해는 제외한다) – 해양수산부
⑤ 「산림보호법」 제2조 제10호에 따른 산사태로 인해 발생하는 재해 – 산림청

🔎 **해설**
- 해양수산부
  - 「농어업재해대책법」 제2조 제3호에 따른 어업재해 중 적조현상 및 해파리의 대량발생으로 인해 발생하는 수산양식물 및 어업용 시설의 피해
  - 「자연재해대책법」 제2조 제3호에 따른 풍수해 중 조수로 인해 발생하는 재해
- 행정안전부
  - 「자연재해대책법」 제2조 제2호에 따른 자연재해로서 낙뢰, 가뭄, 폭염 및 한파로 인해 발생하는 재해
  - 「자연재해대책법」 제2조 제3호에 따른 풍수해(조수로 인해 발생하는 재해는 제외한다)
  - 「지진·화산재해대책법」 제2조 제1호에 따른 지진재해
  - 「지진·화산재해대책법」 제2조 제2호에 따른 화산재해

55 재난현장 통합자원봉사지원단의 지역대책본부장은 재난의 효율적 수습을 위하여 지역대책본부에 통합자원봉사지원단을 설치·운영할 수 있는데, 그 업무로 옳지 않은 것은?

① 자원봉사자의 모집·등록
② 자원봉사자의 배치 및 운영
③ 자원봉사자에 대한 교육훈련
④ 자원봉사자에 대한 비상연락망 구축
⑤ 자원봉사 관련 정보의 수집 및 제공

🔎 **해설**

> **더 알아보기 재난현장 통합자원봉사지원단의 설치 등(「재난 및 안전관리 기본법」 제17조의2 제2항)**
> ② 통합자원봉사지원단은 다음 각 호의 업무를 수행한다.
>   1. 자원봉사자의 모집·등록
>   2. 자원봉사자의 배치 및 운영
>   3. 자원봉사자에 대한 교육훈련
>   4. 자원봉사자에 대한 안전조치
>   5. 자원봉사 관련 정보의 수집 및 제공
>   6. 그 밖에 자원봉사 활동의 지원에 관한 사항

56 「재난 및 안전관리 기본법」상 지역통제단장과 시장·군수·구청장의 응급조치에 관한 것이 아닌 것은?

① 경보의 발령 또는 전달이나 피난의 권고 또는 지시
② 긴급수송 및 구조 수단의 확보
③ 해당 지역에 소재하는 행정기관 소속 공무원의 비상소집
④ 피해시설의 응급복구 및 방역과 방범, 그 밖의 질서 유지
⑤ 현장지휘통신체계의 확보

해설 해당 지역에 소재하는 행정기관 소속 공무원의 비상소집은 행정안전부장관 및 지방자치단체의 장이 재난사태가 사태가 선포된 지역에 할 수 있는 조치이다(「재난 및 안전관리 기본법」제36조 제5항 제2호).

57 지역통제단장의 응급조치사항에 해당하는 것을 모두 고르면?

ㄱ. 경보의 발령 또는 전달이나 피난의 권고 또는 지시
ㄴ. 재난예방을 위한 안전조치
ㄷ. 수방·지진방재
ㄹ. 진화
ㅁ. 피해시설의 응급복구 및 방역과 방범, 그 밖의 질서 유지
ㅂ 긴급수송 및 구조 수단의 확보
ㅅ. 급수 수단의 확보, 긴급피난처 및 구호품 등 재난관리자원의 확보
ㅇ. 현장지휘통신체계의 확보

① ㄱ, ㄴ, ㄷ
② ㄷ, ㄹ, ㅁ
③ ㄹ, ㅂ, ㅇ
④ ㅂ, ㅅ, ㅇ
⑤ ㄷ, ㄹ, ㅇ

해설 지역통제단장은 진화, 긴급수송 및 구조 수단의 확보, 현장지휘통신체계의 확보의 응급조치만 하여야 한다(「재난 및 안전관리 기본법」제37조 제1항 단서).

정답 | 54 ④ 55 ④ 56 ③ 57 ③

58 「재난 및 안전관리 기본법 시행령」상 긴급구조기관의 장이 수립하는 재난유형별 긴급구조대응계획에 포함되어야 할 내용으로 옳은 것은?

> ㄱ. 긴급구조대응계획의 기본방침과 절차
> ㄴ. 긴급구조대응계획의 목적 및 적용범위
> ㄷ. 주요 재난유형별 대응 매뉴얼에 관한 사항
> ㄹ. 비상경고 방송메시지 작성 등에 관한 사항
> ㅁ. 긴급구조대응계획의 운영책임에 관한 사항
> ㅂ. 재난 발생 단계별 주요 긴급구조 대응활동 사항

① ㄱ, ㄴ, ㄷ
② ㄱ, ㄴ, ㅁ
③ ㄴ, ㄹ, ㅂ
④ ㄷ, ㄹ, ㅁ
⑤ ㄷ, ㄹ, ㅂ

⊙ 해설

> **더 알아보기 긴급구조대응계획의 수립(「재난 및 안전관리 기본법 시행령」 제63조 제1항)**
> ① 법 제54조에 따라 긴급구조기관의 장이 수립하는 긴급구조대응계획은 기본계획, 기능별 긴급구조대응계획, 재난유형별 긴급구조대응계획으로 구분하되, 구분된 계획에 포함되어야 하는 사항은 다음 각 호와 같다.
> 1. 기본계획
>   가. 긴급구조대응계획의 목적 및 적용범위
>   나. 긴급구조대응계획의 기본방침과 절차
>   다. 긴급구조대응계획의 운영책임에 관한 사항
> 2. 기능별 긴급구조대응계획
>   가. 지휘통제 : 긴급구조체제 및 중앙통제단과 지역통제단의 운영체계 등에 관한 사항
>   나. 비상경고 : 긴급대피, 상황 전파, 비상연락 등에 관한 사항
>   다. 대중정보 : 주민보호를 위한 비상방송시스템 가동 등 긴급 공공정보 제공에 관한 사항 및 재난상황 등에 관한 정보 통제에 관한 사항
>   라. 피해상황분석 : 재난현장상황 및 피해정보의 수집·분석·보고에 관한 사항
>   마. 구조·진압 : 인명 수색 및 구조, 화재진압 등에 관한 사항
>   바. 응급의료 : 대량 사상자 발생 시 응급의료서비스 제공에 관한 사항
>   사. 긴급오염통제 : 오염 노출 통제, 긴급 감염병 방제 등 재난현장 공중보건에 관한 사항
>   아. 현장통제 : 재난현장 접근 통제 및 치안 유지 등에 관한 사항
>   자. 긴급복구 : 긴급구조활동을 원활하게 하기 위한 긴급구조차량 접근 도로 복구 등에 관한 사항
>   차. 긴급구호 : 긴급구조요원 및 긴급대피 수용주민에 대한 위기 상담, 임시 의식주 제공 등에 관한 사항
>   카. 재난통신 : 긴급구조기관 및 긴급구조지원기관 간 정보통신체계 운영 등에 관한 사항
> 3. 재난유형별 긴급구조대응계획
>   가. 재난 발생 단계별 주요 긴급구조 대응활동 사항
>   나. 주요 재난유형별 대응 매뉴얼에 관한 사항
>   다. 비상경고 방송메시지 작성 등에 관한 사항

59 다음 중 「재난 및 안전관리 기본법 시행령」에 따른 기능별 긴급구조대응계획에 포함되지 않는 것은?

① 긴급오염통제
② 피해상황분석
③ 동원명령
④ 긴급구호
⑤ 지휘통제

◎해설 동원명령은 포함되지 않는다.

더 알아보기 긴급구조대응계획의 수립(「재난 및 안전관리 기본법 시행령」 제63조 제1항)

① 법 제54조에 따라 긴급구조기관의 장이 수립하는 긴급구조대응계획은 기본계획, 기능별 긴급구조대응계획, 재난유형별 긴급구조대응계획으로 구분하되, 구분된 계획에 포함되어야 하는 사항은 다음 각 호와 같다.
  1. 기본계획
    가. 긴급구조대응계획의 목적 및 적용범위
    나. 긴급구조대응계획의 기본방침과 절차
    다. 긴급구조대응계획의 운영책임에 관한 사항
  2. 기능별 긴급구조대응계획
    가. 지휘통제 : 긴급구조체제 및 중앙통제단과 지역통제단의 운영체계 등에 관한 사항
    나. 비상경고 : 긴급대피, 상황 전파, 비상연락 등에 관한 사항
    다. 대중정보 : 주민보호를 위한 비상방송시스템 가동 등 긴급 공공정보 제공에 관한 사항 및 재난상황 등에 관한 정보 통제에 관한 사항
    라. 피해상황분석 : 재난현장상황 및 피해정보의 수집·분석·보고에 관한 사항
    마. 구조·진압 : 인명 수색 및 구조, 화재진압 등에 관한 사항
    바. 응급의료 : 대량 사상자 발생 시 응급의료서비스 제공에 관한 사항
    사. 긴급오염통제 : 오염 노출 통제, 긴급 감염병 방제 등 재난현장 공중보건에 관한 사항
    아. 현장통제 : 재난현장 접근 통제 및 치안 유지 등에 관한 사항
    자. 긴급복구 : 긴급구조활동을 원활하게 하기 위한 긴급구조차량 접근 도로 복구 등에 관한 사항
    차. 긴급구호 : 긴급구조요원 및 긴급대피 수용주민에 대한 위기 상담, 임시 의식주 제공 등에 관한 사항
    카. 재난통신 : 긴급구조기관 및 긴급구조지원기관 간 정보통신체계 운영 등에 관한 사항
  3. 재난유형별 긴급구조대응계획
    가. 재난 발생 단계별 주요 긴급구조 대응활동 사항
    나. 주요 재난유형별 대응 매뉴얼에 관한 사항
    다. 비상경고 방송메시지 작성 등에 관한 사항

PART · 05

60 재난현장에서 긴급대피, 상황 전파, 비상연락 등을 담당하는 기능별 긴급구조대응계획으로 옳은 것은?

① 비상경고
② 대중정보
③ 피해상황분석
④ 지휘통제
⑤ 긴급오염통제

해설 비상경고 : 긴급대피, 상황 전파, 비상연락 등에 관한 사항
② 대중정보 : 주민보호를 위한 비상방송시스템 가동 등 긴급 공공정보 제공에 관한 사항 및 재난상황 등에 관한 정보 통제에 관한 사항
③ 피해상황분석 : 재난현장상황 및 피해정보의 수집·분석·보고에 관한 사항
④ 지휘통제 : 긴급구조체제 및 중앙통제단과 지역통제단의 운영체계 등에 관한 사항
⑤ 긴급오염통제 : 오염 노출 통제, 긴급 감염병 방제 등 재난현장 공중보건에 관한 사항

61 긴급구조기관의 장이 수립하는 긴급구조대응계획 중 기능별 긴급구조대응계획에 대한 내용으로 옳지 않은 것은?

① 대중정보 : 주민보호를 위한 비상방송시스템 가동 등 긴급 공공정보 제공에 관한 사항 및 재난상황 등에 관한 정보 통제에 관한 사항
② 재난통신 : 긴급구조기관 및 긴급구조지원기관 간 정보통신체계 운영 등에 관한 사항
③ 긴급오염통제 : 오염 노출 통제, 긴급 감염병 방제 등 재난현장 공중보건에 관한 사항
④ 긴급복구 : 긴급구조요원 및 긴급대피 수용주민에 대한 위기 상담, 임시 의식주 제공 등에 관한 사항
⑤ 피해상황분석 : 재난현장상황 및 피해정보의 수집·분석·보고에 관한 사항

해설 더 알아보기 **기능별 긴급구조대응계획(「재난 및 안전관리 기본법 시행령」 제63조 제1항 제2호)**
◦ 지휘통제 : 긴급구조체제 및 중앙통제단과 지역통제단의 운영체계 등에 관한 사항
◦ 비상경고 : 긴급대피, 상황 전파, 비상연락 등에 관한 사항
◦ 대중정보 : 주민보호를 위한 비상방송시스템 가동 등 긴급 공공정보 제공에 관한 사항 및 재난상황 등에 관한 정보 통제에 관한 사항
◦ 피해상황분석 : 재난현장상황 및 피해정보의 수집·분석·보고에 관한 사항
◦ 구조·진압 : 인명 수색 및 구조, 화재진압 등에 관한 사항
◦ 응급의료 : 대량 사상자 발생 시 응급의료서비스 제공에 관한 사항
◦ 긴급오염통제 : 오염 노출 통제, 긴급 감염병 방제 등 재난현장 공중보건에 관한 사항
◦ 현장통제 : 재난현장 접근 통제 및 치안 유지 등에 관한 사항
◦ 긴급복구 : 긴급구조활동을 원활하게 하기 위한 긴급구조차량 접근 도로 복구 등에 관한 사항
◦ 긴급구호 : 긴급구조요원 및 긴급대피 수용주민에 대한 위기 상담, 임시 의식주 제공 등에 관한 사항
◦ 재난통신 : 긴급구조기관 및 긴급구조지원기관 간 정보통신체계 운영 등에 관한 사항

62 「재난 및 안전관리 기본법」상 특별재난지역의 선포권자는 누구인가?

① 소방청장   ② 시·도지사
③ 행정안전부장관   ④ 국무총리
⑤ 대통령

🎯 **해설** 특별재난지역의 선포권자는 대통령이다(「재난 및 안전관리 기본법」 제60조 제3항).

> **더 알아보기 특별재난지역의 선포(「재난 및 안전관리 기본법」 제60조)**
> ① 중앙대책본부장은 대통령령으로 정하는 규모의 재난이 발생하여 국가의 안녕 및 사회질서의 유지에 중대한 영향을 미치거나 피해를 효과적으로 수습하기 위하여 특별한 조치가 필요하다고 인정하거나 제3항에 따른 지역대책본부장의 요청이 타당하다고 인정하는 경우에는 중앙위원회의 심의를 거쳐 해당 지역을 특별재난지역으로 선포할 것을 대통령에게 건의할 수 있다.
> ② 제1항에 따라 대통령령으로 재난의 규모를 정할 때에는 다음 각 호의 사항을 고려하여야 한다.
>   1. 인명 또는 재산의 피해 정도
>   2. 재난지역 관할 지방자치단체의 재정 능력
>   3. 재난으로 피해를 입은 구역의 범위
> ③ 제1항에 따라 특별재난지역의 선포를 건의받은 대통령은 해당 지역을 특별재난지역으로 선포할 수 있다.
> ④ 지역대책본부장은 관할 지역에서 발생한 재난으로 인하여 제1항에 따른 사유가 발생한 경우에는 중앙대책본부장에게 특별재난지역의 선포 건의를 요청할 수 있다.

63 재난관리기금의 적립 및 운용에 관한 설명 중 옳지 않은 것은?

① 지방자치단체는 재난관리에 드는 비용에 충당하기 위하여 매년 재난관리기금을 적립하여야 한다.
② 재난관리기금의 매년도 최저적립액은 최근 3년 동안의 「지방세법」에 의한 보통세의 수입결산액의 평균연액의 100분의 1에 해당하는 금액으로 한다.
③ 재난관리기금에서 생기는 수입의 70%는 재난관리기금에 편입하여야 한다.
④ 매년도 최저적립액 중 대통령령으로 정하는 일정 비율 이상은 응급복구 또는 긴급한 조치에 우선적으로 사용하여야 한다.
⑤ 재난관리기금의 용도·운용 및 관리에 필요한 사항은 대통령령으로 정한다.

🎯 **해설** 재난관리기금에서 생기는 수입의 70%가 아니라 전액을 재난관리기금에 편입하여야 한다(「재난 및 안전관리 기본법」 제68조 제1항).

▶**정답**   60 ①   61 ④   62 ⑤   63 ③

64 국가는 국민의 안전의식 수준을 높이기 위하여 국민안전의 날을 정해 필요한 행사 등을 하고 있는데, 국민안전의 날은 매년 언제인가?

① 4월 15일
② 4월 16일
③ 5월 15일
④ 5월 16일
⑤ 5월 25일

🎯 **해설** 국가는 국민의 안전의식 수준을 높이기 위하여 매년 4월 16일을 국민안전의 날로 정하여 필요한 행사 등을 한다(「재난 및 안전관리 기본법」 제66조의7 제1항).

> **더 알아보기** 안전점검의 날 등(「재난 및 안전관리 기본법 시행령」 제73조의6 제1항)
> ① 법 제66조의7에 따른 안전점검의 날은 매월 4일로 하고, 방재의 날은 매년 5월 25일로 한다.

65 「재난 및 안전관리 기본법」상 다음 〈보기〉의 (   ) 안에 들어갈 내용을 순서대로 바르게 나열한 것은?

> **보기**
>
> (   )는/은 재난 및 안전관리에 관한 과학기술의 진흥을 위하여 (   )마다 관계 중앙행정기관의 재난 및 안전관리기술개발에 관한 계획을 종합하여 조정위원회의 심의와 「국가과학기술자문회의법」에 따른 국가과학기술자문회의의 심의를 거쳐 재난 및 안전관리기술개발 종합계획(개발계획)을 수립하여야 한다.

① 국무총리　　　1년
② 국무총리　　　5년
③ 행정안전부장관　1년
④ 행정안전부장관　5년
⑤ 소방청장　　　5년

🎯 **해설** 행정안전부장관은 재난 및 안전관리에 관한 과학기술의 진흥을 위하여 5년마다 관계 중앙행정기관의 재난 및 안전관리기술개발에 관한 계획을 종합하여 조정위원회의 심의와 「국가과학기술자문회의법」에 따른 국가과학기술자문회의의 심의를 거쳐 재난 및 안전관리기술개발 종합계획(개발계획)을 수립하여야 한다(「재난 및 안전관리 기본법」 제71조의2 제1항).

▶**정답** | 64 ② 65 ④ |

정태화
소방학개론 단원별 500제

제1판인쇄 | 2024. 9. 5.   **제1판발행** | 2024. 9. 10.   **편저자** | 정태화

발행인 | 박 용   **발행처** | (주) 박문각출판   **등록** | 2015년 4월 29일 제2019-000137호

주소 | 06654 서울특별시 서초구 효령로 283 서경 B/D 4층   **팩스** | (02) 584-2927

전화 | 교재 주문·내용 문의 (02) 6466-7202

저자와의
협의하에
인지생략

이 책의 무단 전재 또는 복제 행위를 금합니다.

정가 20,000원   **ISBN** 979-11-7262-139-1